Wer den Hafen nicht kennt,

für den ist kein Wind günstig

Seneca

Als junger Mann war der Autor Bergmann und hat erkundet, wie es unter der Erdoberfläche aussieht. Nach der Bergmannszeit und einem Studium der Rechts- und Staatswissenschaften versuchte er sich als Strafrichter. Dabei erfuhr er eine Menge über die Menschen, über gute und böse, starke und schwache, aber auch über Pechvögel. Auf Dauer war es jedoch nicht seine Sache, über das Schicksal von Menschen entscheiden zu müssen. Viel lieber wollte er ihnen beistehen, ihre Rechte durchzusetzen und sich gegen Ungerechtigkeiten zu wehren. Deshalb wechselte er die Seiten und wurde Rechtsanwalt.

Auf die Frage, weshalb er das Ikaros-Buch geschrieben habe, antwortete er: Ich wollte aufzeigen, dass sich hinter Wahrheiten häufig andere Wahrheiten verstecken und wohin Machttrieb, Eifersucht, Lüge, Feigheit und Misstrauen führen können, dass aber nichts alternativlos ist, weil man immer eine Wahl hat. Darüber hinaus soll das Buch den Leser in das antike Griechenland locken, in die Wiege der europäischen Kultur.

© 2018 Schultze-Zeu, Dieter
2. überarbeitete Auflage
Umschlaggestaltung, Illustration: Mike Klar
Konzept, Marketing: Wolfgang Kittlick
Verlag & Druck: tredition GmbH, Hamburg
ISBN: 978-3-7469-6288-7

Das Autorenhonorar fließt an die gemeinnützige Kreuzberger Kinderstiftung in Berlin.

Ikaros

auf der Suche nach der Wahrheit

Nach den Erinnerungen des weissen Raben niedergeschrieben

von Dieter Schultze-Zeu

Inhalt

Prolog

Der Athener Jüngling Ikaros lebte vor ungefähr 3500 Jahren in dem sagenumwobenen dunklen Zeitalter Griechenlands. An das goldene Zeitalter mit den bis heute bewunderten Philosophen Sokrates, Platon und Aristoteles war noch nicht zu denken.

Das Buch spielt auf der Balkanhalbinsel, an der Westküste Kleinasiens und in der Inselwelt der Ägäis. Dort gab es viele kleine Königreiche und Stadtstaaten. Deren machtgierige Könige und Tyrannen führten ihre Untertanen immer wieder in blutige Eroberungs- oder Vergeltungskriege. Und das für den Handel wichtige Mittelmeer wurde von Piraten und räuberischen Seevölkern kontrolliert.

Der Legende nach soll Ikaros mit einem von seinem Vater Dädalos gebauten, den Vögeln nachempfundenen Fluggerät voller Übermut die Sonne angesteuert haben, sodass das Bienenwachs, mit dem die Federn an den Flügeln befestigt waren, in der Hitze der Sonne schmolz, sich die Federn lösten, Ikaros abstürzte und im Ägäischen Meer ertrank.

Die Legende irrt jedoch. Ikaros war keineswegs so irrwitzig, die Sonne anfliegen zu wollen. Er ist auch nicht im Ägäischen Meer ertrunken. Ikaros war vielmehr ein nachdenklicher junger Mann, der, als es an der Zeit war, sein Leben in die eigene Hand nahm und sich auf die Suche nach der Wahrheit machte.

Woher ich das weiß? Eigene Recherchen. Außerdem hatte ich den weissen Raben als Zeitzeugen. Dies mag einigen meiner geschätzten Leser unglaubhaft erscheinen. Ich schulde deshalb eine Erklärung.

Früher, lange vor unserer Zeit, als die Welt noch von unzähligen Göttern beherrscht wurde, gab es ausschließlich weisse Raben. Wegen ihrer Intelligenz dienten sie den Göttern als Kundschafter. Ihre Aufgabe war es, die Götter laufend darüber zu informieren, was in der Welt so alles passierte.
Da diese sich nicht ständig an neue Raben gewöhnen wollten, verliehen sie ihnen die Unsterblichkeit. Eines Tages geschah es, dass einer der Raben dem Sonnengott Apollon meldete, dass seine Geliebte, die schöne Koronis, fremdgehe. Blind vor Eifersucht tötete Apollon daraufhin die vermeintlich Treulose. Wenig später stellte sich jedoch heraus, dass sich der Rabe geirrt hatte.

Jetzt schäumte Apollo erst recht vor Wut, berief eine Götterversammlung ein, auf der er von seinen Götterkollegen forderte, alle Raben wegen Unzuverlässigkeit auszurotten. Ausrotten wollten die Götter die Raben aber nun doch nicht. Stattdessen beschlossen sie, die Raben schwarz zu färben – sie sollten wegen des Todes der schönen Koronis Trauer tragen – und ihnen die Unsterblichkeit zu entziehen. Nur ein Rabe entging der Strafaktion und blieb weiß und unsterblich. Das machte ihn aber nicht unbedingt glücklich. Zum einen verspotteten ihn viele seiner Artgenossen als Außenseiter. „Wie kann man nur weiß sein?", krächzten sie herablassend. Zum anderen fragte er sich immer wieder, welchen Sinn es habe, unsterblich zu sein, wenn alle Freunde nach Ablauf ihrer Lebensuhr sterben müssen.

Die Unsterblichkeit hatte aber auch Vorteile. Da der weisse Rabe mit einem computerähnlichen Gedächtnis ausgestattet war, wurde sein Wissens- und Erfahrungsschatz von Jahrhundert zu Jahrhundert größer, sodass er sich heute in der Welt weit besser zurechtfindet als alle anderen Lebewesen.

Dieser weisse Rabe war mit Ikaros befreundet und hat sich mir dankenswerterweise als Zeitzeuge zur Verfügung gestellt.

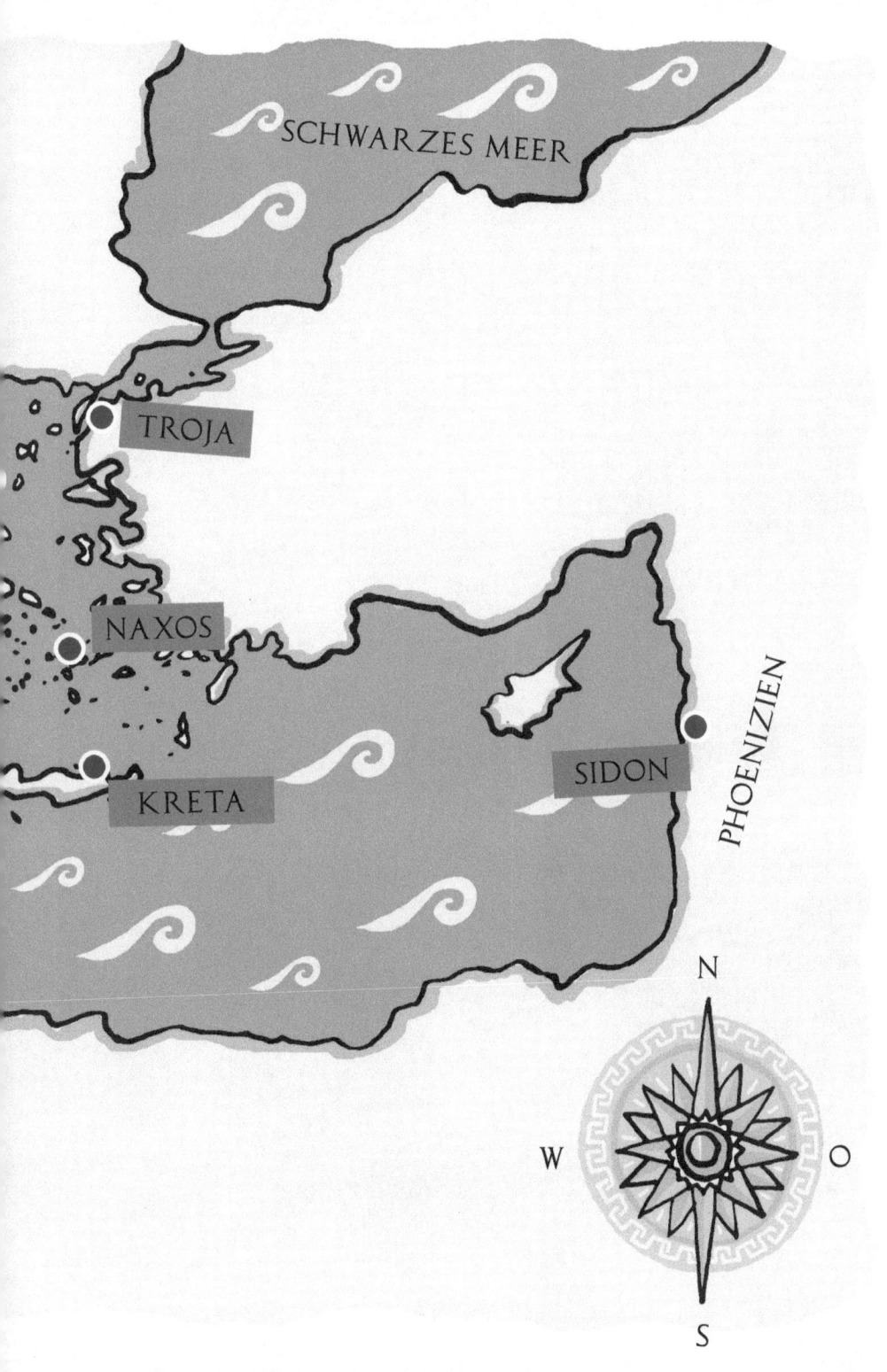

Einleitung

In meinem Buch, „Ikaros fliegt sich frei"[1], berichte ich über Ikaros´ Kindheit und seine frühe Jugend. Dieses neue Ikaros-Buch setzt den Bericht fort und schildert, welche Hürden der Athener Jüngling zu überwinden hatte, um seine Wahrheit zu finden und ein selbstbestimmter Mensch zu werden. Da ich nicht ausschließen kann, dass der eine oder andere Leser das erstgenannte Ikaros-Buch nicht kennt, fasse ich es hiermit noch einmal kurz zusammen.

Ikaros wuchs ohne Mutter - eine unmittelbar nach seiner Geburt aus Athen geflohene trojanische Sklavin – gemeinsam mit seinem fast gleichaltrigen Cousin Talos in der Athener Akropolis auf, liebevoll umsorgt von dessen Mutter Perdix, einer Schwester seines Vaters Dädalos.
Dädalos war einer der berühmtesten Erfinder, Bildhauer und Baumeister des antiken Griechenlands. Wegen seiner außerordentlichen Fähigkeiten war er ein gesuchter Ratgeber, selbst für Aigeus, den damaligen König von Athen.

Dies machte ihn stolz, manche Athener Bürger sagten auch überheblich, und verschaffte ihm viele Neider.

Dädalos erzog Ikaros und Talos nach seinen Vorstellungen. Dies bedeutete, sie mussten lernen und gehorchen. Allerdings hatte er für die beiden Jungen wenig Zeit, sodass sie meistens unter sich blieben. Ikaros interessierte sich eher für die Natur und für alles, was da kreuchte und fleuchte. Talos hingegen bastelte gerne und fand es spannend, neue Geräte und Werkzeuge zu erfinden. Trotz der unterschiedlichen Interessen liebten sie einander wie echte Brüder.

Eines Nachts riss Dädalos den damals fünfzehnjährigen Ikaros aus dem Schlaf. „Wir müssen sofort aufbrechen", flüsterte er ihm zu. „Der Kreterkönig Minos hat mich wegen einer höchst geheimen Staatssache nach Kreta eingeladen." Auf die Frage von Ikaros, ob Talos mitkomme, antwortete er, dass Talos ihnen bald folgen werde.

In Knossos, der Residenz des Kreterkönigs, wurden Vater und Sohn nicht wie Staatsgäste, sondern wie unerwünschte Ausländer empfangen. Als Dädalos Minos dann auch noch unterwürfig um Asyl bat, begann Ikaros an seinem Vater zu zweifeln. Was steckte wirklich hinter dem plötzlichen Aufbruch nach Kreta, fragte er sich. Dädalos beruhigte ihn und behauptete, der unfreundliche Empfang sei nur vorgetäuscht. Kein Kreter dürfe nämlich erfahren, dass Minos ihn wegen der geheimen Staatssache nach Kreta gerufen habe.

In Wirklichkeit hasste Minos alle Athener, denn einige Jahre zuvor war sein Lieblingssohn Androgeos in Athen ermordet worden. Gleichwohl gewährte er Dädalos das erbetene Asyl, weil er dessen Genialität und Erfindungsreichtum für die Modernisierung der veralteten Kriegsflotte Kretas einsetzen wollte. Da er ihm jedoch nicht traute, beschränkte er das Asyl auf Knossos. Dädalos nahm den Auftrag zur Modernisierung der Kriegsflotte freudig an. Außerdem versprach er dem Kreterkönig, für ihn eine Superwaffe zu entwickeln, mit der man tödliche Blitze auf seine Feinde schleudern kann.

Ikaros war auf Kreta zunächst sehr unglücklich. Er kannte niemanden und sein Vater war so stark beschäftigt, dass Ikaros ihn kaum zu Gesicht bekam. Auch litt Ikaros darunter, dass er Knossos nicht verlassen durfte. Deshalb bat Dädalos den König, Ikaros zu erlauben, sich auf Kreta ein wenig umzuschauen. Er könne sich auf die Arbeit an den Kriegsschiffen nicht richtig konzentrieren, solange sein Sohn unglücklich sei, gab er vor. Minos beauftragte daraufhin seine sechzehnjährige Tochter Ariadne, Ikaros die Umgebung von Knossos zu zeigen.

Ikaros erinnerte Ariadne stark an ihren ermordeten Bruder Androgeos, den sie sehr geliebt hatte. So geschah es, dass sich zwischen ihnen trotz des Standesunterschiedes eine tiefe Freundschaft entwickelte.

Eines Tages besuchte sie mit ihm ihren von Minos aus Knossos verbannten ehemaligen Lehrer Kelios. Der weise Mann erzählte ihnen von dem im Labyrinth eingesperrten Ungeheuer Minotauros, halb Stier, halb Mensch, dem alle drei Jahre vierzehn junge Athener geopfert werden mussten. Ariadne und Ikaros waren entsetzt. Als wenig später verkündet wurde, dass ein griechisches Schiff mit vierzehn als Opfer für den Minotauros vorgesehenen Athenern nach Kreta unterwegs sei, überlegten Ariadne und Ikaros, wie sie diese jungen unschuldigen Menschen davor bewahren könnten, dem Untier zum Fraß vorgeworfen zu werden. Bald wurde ihnen klar, dass es nur eine Möglichkeit gab: die Tötung des Minotauros.

Bislang hatte es jedoch noch niemand gewagt, gegen das gewaltige Untier zu kämpfen, zumal der Kampf im Labyrinth stattfinden musste, das so konstruiert war, dass man nicht mehr zum Ausgang zurückfand, wenn man es erst einmal betreten hatte.

Die Athener wurden von Theseus, dem Kronprinzen von Athen, angeführt. Der hatte seinem Vater versprochen, den Minotauros zu töten, damit Athen endlich von dem blutigen Zwang frei wird, immer wieder menschliche Opfer nach Kreta schicken zu müssen.

Theseus kannte allerdings weder die tückische Konstruktion des Labyrinths, noch wusste er, dass er auf Kreta keine Waffen tragen durfte, er also praktisch keine Chance hatte, den Minotauros zu besiegen.

Nach Ankunft der Athener auf Kreta suchte Ikaros den Kronprinzen auf, um ihn vor der tödlichen Gefahr zu warnen. Dabei erfuhr er, dass sein Vater in Athen wegen Mordes an Talos vor Gericht gestellt werden sollte. Entsetzt stellte er seinen Vater zur Rede. Dädalos bestritt den Mord, gab aber zu, dass Talos tot war. Es sei ein Unfall gewesen, den er nicht habe verhindern können, behauptete er. Ikaros bezweifelte das.

Vater hat gelogen, als er versprach, Talos werde nach Kreta nachkommen. Er hat auch gelogen, als er sagte, Minos habe ihn wegen einer geheimen Staatssache nach Kreta eingeladen. Wie kann ich ihm da überhaupt noch glauben, fragte er sich. Außerdem, wenn Vater unschuldig ist, weshalb ist er denn aus Athen geflohen?

Ikaros tat aber so, als würde er seinem Vater glauben, und bat ihn um eine Idee, wie man Theseus vor dem sicheren Tod bewahren könne. Zunächst lehnte Dädalos jede Unterstützung ab, weil er sich gegenüber Minos in der Pflicht glaubte. Erst als Ikaros ihm sagte, dass Theseus sie nach einem Sieg über den Minotauros nach Athen mitnehmen und ihn, Dädalos, in Athen vor einer Verurteilung schützen würde, versprach er, über eine Rettung des Prinzen nachzudenken. Schließlich schlug er vor, eine Doppelaxt und eine Lanze in das Labyrinth zu schmuggeln, damit Theseus dem Minotauros bewaffnet gegenübertreten könne. Außerdem müsse Theseus mit einem langen Faden ausgestattet werden. Das eine Ende solle er am Eingang des Labyrinths befestigen und das andere bis zu der Stelle mit sich führen, an der der Kampf stattfinden würde. Wenn Theseus dann das Untier getötet habe, könne er mit Hilfe des Fadens zum Eingang zurückfinden.

Ikaros und Ariadne fanden den Plan genial. Kelios übernahm es, die Waffen in das Labyrinth zu schmuggeln und Ariadne, den Rettungsfaden zu knüpfen. Als sie Theseus entsprechend informierten, war er überaus dankbar und schwor ihnen ewige Freundschaft.

Der Plan ging auf. Theseus besiegte den Minotauros, entkam dem Labyrinth und gelangte zu dem Schiff, das ihn, seine Kameraden sowie Ikaros und Dädalos nach Athen bringen sollte. Theseus bat Ariadne, gleichfalls mitzukommen. Er gestand ihr, sie zu lieben und sie in Athen heiraten zu wollen. Sie stimmte freudig zu.

Minos verdächtigte Dädalos und Ikaros, Theseus geholfen zu haben. Wutschnaubend sperrte er sie in das Labyrinth. Als Minos gemeldet wurde, dass sich Ariadne Theseus angeschlossen hatte, rastete er völlig aus und beschloss, Dädalos und Ikaros hinzurichten. Der listige Dädalos fragte Minos daraufhin, ob er denn auf die ihm versprochene Superwaffe verzichten wolle.

Da Minos erkannt hatte, dass die Superwaffe ihn in die Lage versetzen würde, jeden Gegner zu besiegen und jedes Land auszuplündern, gewährte er Dädalos und Ikaros einen Hinrichtungsaufschub. Er werde sie begnadigen und freilassen, wenn Dädalos die Superwaffe innerhalb von vierzig Tagen abliefere, versprach er. Obwohl Dädalos nicht vorhatte, die Waffe zu bauen – er wollte nicht, dass irgendein Sterblicher in ihren Besitz kam –, sagte er Minos die Fertigstellung innerhalb der gesetzten Frist zu.

In Wirklichkeit plante Dädalos jedoch, die geschenkte Zeit zu nutzen, um zwei Fluggeräte zu bauen, mit denen er und Ikaros aus dem Labyrinth entkommen könnten. Mit den Fluggeräten würden sie, dies versprach er seinem Sohn hoch und heilig, gemeinsam nach Athen fliegen.

Als die Fluggeräte fertig waren, teilte Dädalos Ikaros plötzlich mit, dass sie doch nicht nach Athen fliegen würden, sondern nach Sizilien. Kokalos, der König von Sizilien, habe ihn gebeten, Siziliens Hauptstadt Kamikos in eine Festung umzubauen und Siziliens Wasserversorgung zu erneuern. Diesen ehrenvollen Auftrag könne er nicht ablehnen. Ikaros erinnerte seinen Vater an das Versprechen, mit ihm nach Athen zurückzukehren. Dädalos blieb jedoch bei seiner Entscheidung.

Für Ikaros fiel die Welt zusammen. Schon wieder hatte ihn sein Vater angelogen. Weshalb nur?

Schließlich starteten sie. Ikaros als Erster. Dädalos folgte und übernahm die Führung. Sie flogen nach Westen, in Richtung Sizilien. Doch dann drehte Ikaros nach Norden ab. Er hatte sich dazu durchgerungen, seinem Vater diesmal nicht zu gehorchen, sondern nach Athen zu fliegen.

„Pass auf, mein Sohn", rief ihm Dädalos hinterher, „steige nicht zu hoch, sonst schmilzt in der Hitze der Sonne das Wachs an deinen Flügeln und du stürzt ins Meer."

Die Notlandung

Ikaros flog leicht wie eine Feder, von einer kräftigen südlichen Windströmung eingefangen und nach Norden getragen. Über ihm der grenzenlose Himmel - unter ihm das unendlich weite Meer. Hinter ihm die Insel Kreta - vor ihm seine geliebte Heimat Athen. „Heureka!", rief er freudetrunken in die Welt hinaus. „Ich danke dir, Aiolos, Gott der Winde, dass du mir Südwind geschickt hast. Bitte mach, dass er mich schnell nach Athen bringt!"

Ikaros war glücklich und stolz. Glücklich war er, weil er aus dem Labyrinth fliehen und dadurch der drohenden Hinrichtung entrinnen konnte. Und stolz, weil er als erster Mensch den Raum zwischen Himmel und Erde überwunden hatte.
Ikaros freute sich auf den Athener Kronprinzen Theseus und auf die schöne Königstochter Ariadne. Er freute sich auch auf

Perdix, die Vaterschwester, die ihn viele Jahre mütterlich umsorgt hatte. Vergessen war die Wut auf den Vater, der sein Versprechen, mit ihm nach Athen zurückzukehren, gebrochen hatte und jetzt nach Sizilien flog.

Ikaros drehte den Kopf und blickte nach Westen, in die Richtung, in die sein Vater geflogen war. Vielleicht hat er doch noch die Richtung geändert und folgt mir nach Athen, hoffte er. Vom Vater aber keine Spur.

Warum nur will Vater unbedingt nach Sizilien, fragte er sich. War es wirklich der ehrenvolle Auftrag des sizilianischen Königs? Oder war es am Ende doch pure Angst vor der in Athen drohenden Mordanklage? Aber weshalb fürchtete Vater eine Anklage, wenn er den Tod des Talos nicht verschuldet hat?

Diese und andere Gedanken schwirrten durch seinen Kopf, während er sich immer weiter von Kreta entfernte. Bald sah er kein Land mehr unter sich. Kreta war hinter dem Horizont verschwunden. Jetzt existierten nur noch der strahlend blaue Himmel, das grenzenlose Meer und – in einiger Entfernung – ein großer Seeadler, der, getragen von mächtigen Schwingen, Beute suchend seine Kreise zog. Möge Zeus verhindern, dass er mich entdeckt und angreift, hoffte Ikaros.

Er hatte Glück. Der Seeadler hatte keinen Appetit auf Menschenfleisch und drehte ab.

Eigentlich flog Ikaros nicht. Ohne jedes Zeitgefühl segelte er, die Flügelarme weit ausgestreckt, gen Norden.

Er wusste weder, wie lange noch wie weit er schon geflogen war. Nie hätte er gedacht, selbst nicht in seinen kühnsten Träumen, dass Fliegen so einfach und so wunderschön sein könnte. Vielleicht werde ich später einmal bis an das Ende der Welt fliegen, überlegte er. Wo aber mag das Ende der Welt sein? Ist es eine Mauer, gegen die man prallt, oder ein schwarzes Loch, das jeden verschluckt, der das Ende der Welt sucht? Oder ist das Ende der Welt gar kein Ende, sondern die Tür zu einer anderen Welt? Und wie würde die wohl sein? Besser und gerechter als unsere Welt? Eine Welt ohne Kriege, Unterdrückung, Angst, Hunger und Not?

Plötzlich, aus dem Nichts kommend, flog Pegasos² an seiner Seite, das geflügelte Pferd, das ihm bereits einmal auf Kreta begegnet war. Ob die Prophezeiung des Vaters wohl stimmte, dass das geheimnisvolle Wesen nur den Menschen erscheint, mit denen die Götter etwas ganz Besonderes vorhaben, fragte er sich.

„Hallo, Ikaros", begrüßte ihn Pegasos, „weshalb springst du nicht auf meinen Rücken und begleitest mich nach Atlantis?"³

„Was soll ich da?", fragte Ikaros zurück.

„Du würdest dort sehr glücklich werden. Weißt du nicht, dass Atlantis der Traum aller Menschen ist?"

„Danke, Pegasos, für Träume habe ich keine Zeit, denn ich muss schnellstens nach Athen", antwortete Ikaros. „Und glücklich, das bin ich bereits. Sei bitte nicht böse, wenn ich dich nicht begleite."

„Okay, das verstehe ich", antwortete Pegasos und verschwand. Und mit ihm verschwand auch der Südwind. Der Wind kam nunmehr von vorne, aus Nord, und blies ihm heftig ins Gesicht. Ikaros versuchte, gegen ihn anzufliegen. Das kostete viel Kraft, denn jetzt konnte er nicht mehr segeln, sondern musste mit den beflügelten Armen wie ein Vogel schlagen. Seine Schultern und Arme begannen zu schmerzen. „Verdammt! Lange kann ich den Gegenwind nicht mehr aushalten", stöhnte er. Aber er vertraute immer noch dem Windgott Aiolos. Der wird bestimmt dafür sorgen, dass sich der Wind bald wieder dreht, hoffte er.

Der Wind drehte sich jedoch nicht. Er wurde sogar stärker. Bald hatte er sich in einen Sturm verwandelt. Und dann begann es auch noch zu regnen. Die Flügel wurden nass und damit immer schwerer. Ikaros kam jetzt überhaupt nicht mehr vorwärts. Im Gegenteil, der Sturm drängte ihn zurück, in

Richtung Kreta. Dorthin wollte er aber auf keinen Fall.

Vielleicht ist der Sturm weiter unten schwächer als hier oben, überlegte er und verringerte die Flughöhe.

Das brachte aber nichts. Der Wind blies ihm weiter stürmisch ins Gesicht. Ikaros kam ins Trudeln. „Hilf mir, Aiolos!", rief er. „Siehst du nicht, dass ich abstürze? Willst du wirklich, dass mich das Meer verschlingt?"

Ob durch die Hilfe des Windgottes oder weil er sich mit all seinen Kräften gegen den Absturz wehrte, Ikaros gewann wieder an Höhe. Der kalte, nasse Sturm und die unerträglich gewordenen Schmerzen in den Schultern und Armen hatten ihm jedoch die Hoffnung genommen, ohne Unterbrechung nach Athen fliegen zu können.

„Wenn kein Wunder geschieht, werde ich mich nicht mehr lange in der Luft halten können", keuchte er. „Ich muss schnellstens einen Landeplatz finden. Weshalb nur lässt mich Aiolos auf einmal in Stich? Habe ich ihn etwa verärgert? Aber wodurch? Oder will er nur herausfinden, ob ich auch ohne ihn mit dem Sturm fertig werde? Aber müsste er dies als Gott nicht wissen? Oder bin ich das Opfer eines Streits zwischen Aiolos und einem womöglich mächtigeren Gott, der dem Windgott eins auswischen will? Oder betrachtet mich Aiolos als Spielzeug, das er nach eigenem Belieben zerstören kann?"

Ikaros erschrak: „Ist das, was soeben durch meinen Kopf geht, nicht Gotteslästerung?"

Damit endete das Fragespiel, denn kaum hundert Meter vor ihm tauchte Land auf und nahm seine ganze Aufmerksamkeit in Anspruch. Athen kann das nicht sein, überlegte er. So weit bin ich bestimmt noch nicht geflogen. Aber egal, Land ist Land und Land bedeutet Rettung. Die kurze Strecke werde ich auch noch schaffen.

Ikaros versuchte einen Gleitflug. Unmittelbar vor der Landung wurde er jedoch von einer heftigen Windböe erfasst, kam ins Trudeln, stürzte ab und knallte mit dem Kopf gegen einen Felsbrocken. Er verlor das Bewusstsein. Das Fluggerät zerschellte.

Ikaros wurde schwarz vor Augen. Er sah und hörte nichts mehr. Sein Kopf dröhnte, und seine Schultern und Arme fühlten sich an, als gehörten sie nicht zu ihm. Er versuchte, die Augen zu öffnen. Vergeblich.

„Bin ich tot?", stöhnte er. „Ist das die Strafe für… ja, für was eigentlich? Etwa, weil ich gegen den Willen der Götter den Raum zwischen Himmel und Erde überwunden habe?"

Dann aber hörte er das vertraute Krächzen des weissen Raben:

„Hey, Ikaros, wach endlich auf!

Du musst aus der prallen Sonne raus, sonst fängst du dir einen gewaltigen Sonnenstich ein."

Endlich gelang es Ikaros, die Augen zu öffnen. Und in der Tat, neben ihm hockte der weisse Rabe und wedelte ihm flügelschlagend kühlende Luft zu.

„Mann, bin ich froh, dass ich dich sehe", rief er erleichtert.

„Ich bin wohl doch nicht tot."

„Nein, das bist du nicht", krächzte der weisse Rabe, „aber viel hat nicht gefehlt."

„Wo bin ich überhaupt?", fragte Ikaros weiter.

„Du bist auf der Insel Dia."

„Dia? Davon habe ich noch nie gehört."

„Dia ist eine winzige Insel, ungefähr zehn Kilometer nördlich von Kreta."

„Und wie bin ich hierher gekommen?"

„Mein Freund, erinnerst du dich nicht? Du wolltest mit deinem Fluggerät nach Athen fliegen, bist in einen Sturm geraten und dann hier abgestürzt."

Schrittweise kam sein Gedächtnis zurück. Er erinnerte sich an die große Enttäuschung während der letzten Minuten seines Fluges, als er erkennen musste, dass er sich wegen des Sturms nicht mehr in der Luft halten konnte. Und er erinnerte sich an das Labyrinth, in das er und sein Vater eingekerkert waren, sowie daran, dass sie der Hinrichtung durch König Minos nur entkommen konnten, weil sein Vater mit Unterstützung des weissen Raben aus Knochen, Leder und Federn ein Fluggerät gebaut hatte, das sie aus dem Labyrinth getragen hatte. Auch daran, dass er mit seinem Vater nach Athen fliegen wollte, erinnerte er sich wieder. Er sah sich um. Vom Vater keine Spur.

„Wo ist mein Vater?", fragte er den weissen Raben. „Weshalb ist er nicht bei mir?"

„Dein Vater wollte nicht mit nach Athen. Er ist auf dem Weg nach Sizilien. Wahrscheinlich weil er befürchtet, man würde ihn in Athen wegen Mordes an deinem Freund Talos vor Gericht stellen."

„Richtig, jetzt erinnere ich mich", sagte Ikaros und tastete nach seiner Beule am Kopf. „Wie konnte ich das nur vergessen? Der Absturz muss meinen Kopf ja ziemlich durcheinandergebracht haben."

„Das sieht ganz so aus", krächzte der weisse Rabe. „Dabei hast du noch das Glück gehabt, nicht an einer der felsigen

Steilküsten der Insel abzustürzen, sondern an einem sanften Hügel. Dadurch war der Aufprall nicht ganz so brutal."

„Kannst du mir erklären, weshalb mein Fluggerät nicht funktioniert hat, als der Gegenwind aufkam? Mein Vater hat es doch nach dem Bauplan von euch Vögeln konstruiert, und ihr habt bei Gegenwind keine Probleme."

„Es gibt halt Unterschiede zwischen uns Vögeln und euch Menschen. Wir fliegen schon seit zigtausend Jahren und haben es nach und nach gelernt, wie man auch mit den schlimmsten Wetterkapriolen fertig wird. Außerdem sind unsere Knochen leichter als eure. Bei deinem Gewicht hätten die Flügel viel länger und breiter sein müssen als die, die dein Vater für dich konstruiert hat, ich schätze, mindestens doppelt so lang und doppelt so breit. Aber mit so riesigen Flügeln kommt man nur zurecht, wenn man gigantische Kräfte hat."

„Das leuchtet mir ein", antwortete Ikaros. „Hat mein Vater das denn nicht gewusst? Hast du es ihm nicht erklärt?"

„Und ob", krächzte der weisse Rabe, „das habe ich. Aber es war wohl unter seiner Würde, sich von einem Raben belehren zu lassen."

„Ja, leider ist mein Vater so", sagte Ikaros, „und deshalb bin ich jetzt hier auf dieser blöden Insel und nicht in Athen. Vielleicht hätte ich doch Pegasos nach Atlantis folgen sollen."

„Hat dich Pegasos tatsächlich nach Atlantis mitnehmen wollen?", fragte der weisse Rabe erstaunt.

„Weshalb hast du denn seine Einladung nicht angenommen?"

„Du weißt doch, dass ich unbedingt nach Athen muss und für Atlantis keine Zeit habe. Kennst du Atlantis?"

„Nein", krächzte der weisse Rabe, „ich war noch nie dort. Ich habe auch noch nie jemanden getroffen, der dort war. Angeblich ist Atlantis ein Inselreich, in dem es keine Not und Gewalt gibt und in dem alle Menschen gleichberechtigt und friedlich zusammenleben."

„Das klingt ja wirklich wie ein schöner Traum", sagte Ikaros nachdenklich. Und nach einer Weile: „Ich glaube, Träume sind nichts für mich. Träume bringen mich jedenfalls nicht nach Athen. Hast du eine Idee, wie ich jetzt nach Athen komme? Wenn ich die Reste meines Fluggeräts betrachte, wird es mit einem Flug wohl nicht klappen."

Alara und Kaschka

Bevor der weisse Rabe antworten konnte, tauchten – hundert Meter entfernt – zwei pechschwarze mit Speeren bewaffnete junge Männer auf. Vermutlich waren sie auf der Jagd.

„Die sehen aus, als seien sie so hungrig, dass sie selbst mich fressen würden", krächzte der weisse Rabe.

„Ich verschwinde lieber, bevor sie mich entdecken."

Er hüpfte auf den Felsbrocken, gegen den Ikaros bei seiner Bruchlandung mit dem Kopf gestoßen war, schlug mit den Flügeln und verschwand in den Lüften. „Pass auf dich auf, mein Freund!", rief er zum Abschied.

Enttäuscht sahen die beiden Jäger dem Raben hinterher. Aber sie kamen nicht näher. Sie hockten sich auf die Erde und beobachteten Ikaros. Wahrscheinlich waren sie sich nicht sicher, wie sie sich gegenüber dem plötzlich aus dem Himmel aufgetauchten Fremden verhalten sollten. Ikaros rappelte sich mühsam hoch und humpelte auf sie zu. Jetzt standen sie auf, zogen sich dann aber in dem gleichen Rhythmus zurück, in dem Ikaros sich ihnen zu nähern versuchte. Er einen Schritt vorwärts, sie einen Schritt zurück.

Was ist mit den Burschen nur los, fragte sich Ikaros. Haben die etwa Angst vor mir? Ich bin doch alleine und unbewaffnet.

Nein, verängstigt sahen die beiden eigentlich nicht aus. Eher unterwürfig und ehrerbietig. Sie legten sogar ihre Speere nieder.

„Hallo, ihr zwei!", rief Ikaros. „Weshalb bleibt ihr nicht stehen? Ich bin durstig und hungrig. Könnt ihr mir helfen?"

Sie antworteten nicht, ließen ihn aber näher kommen.

Dann, unmittelbar bevor er sie erreicht hatte, warfen sie sich mit ausgebreiteten Armen auf die Erde.

Ikaros schüttelte verwundert den Kopf. „Was soll das?", fragte er. „Steht bitte auf, ich will mit euch reden."

Nunmehr standen sie vorsichtig auf. Ihre Köpfe blieben aber gesenkt. Keiner von ihnen wagte es, Ikaros in die Augen zu schauen.

„Wer seid ihr?", fragte Ikaros weiter.

„Wir sind Nubier"[4], antwortete der Größere von ihnen und blickte Ikaros ehrfurchtsvoll an. „Ich heiße Alara und das ist mein Bruder Kaschka."

„Mit euren Namen kann ich nichts anfangen. Verratet mir lieber, was ihr auf dieser öden Insel macht?"

„Wir versuchen zu überleben und warten auf das, was das Schicksal uns bringt. Wer aber bist du? Bist du ein Gott oder hat dich ein Gott geschickt, um uns zu helfen?"

Jetzt begriff Ikaros: Weil er für sie plötzlich vom Himmel gefallen war, hielten ihn die beiden Gestalten für einen Gott oder zumindest für den Beauftragten eines Gottes.

„Wäre ich ein Gott oder der Beauftragte eines Gottes ginge es mir wesentlich besser", antwortete er etwas spöttisch.

Die Nubier schüttelten ungläubig den Kopf. „Du kommst doch aus dem Himmel. Wenn du kein Gott oder Götterbote bist, wer bist du dann?"

„Ich bin Ikaros, der Sohn des Athener Erfinders und Baumeisters Dädalos. Von dem habt ihr bestimmt schon gehört."

Die Brüder wurden blass, soweit sie, die als Nubier ja pechschwarz waren, überhaupt blass werden konnten. „Natürlich haben wir von Dädalos gehört. Der berät doch Minos, den grausamen König der Kreter!"

„Na und, was stört euch daran?"

„Wenn du der Sohn von Dädalos bist", antwortete Alara, „dann bist du bestimmt im Auftrag von Minos hier, um uns nach Kreta zurückzuholen. Daraus wird aber nichts. Eher sterben wir!" Er richtete seinen Speer drohend auf Ikaros.

„Sehe ich etwa so aus, als könnte ich bewaffnete Jäger wie euch überwältigen und gefangen nehmen?", rief Ikaros erschrocken. „Um Zeus' Willen, leg deinen Speer nieder!"

„Eigentlich sieht er nicht wirklich gefährlich aus", flüsterte Kaschka seinem Bruder zu. „Hören wir ihn doch erst einmal an."

Alara senkte den Speer. „Was willst du denn hier?", fragte er.

„Absolut nichts", antwortete Ikaros. „Ich bin nur hier, weil ich mit meinem Fluggerät abgestürzt bin. Ich will nichts anderes als schnell wieder weg! Besser heute als morgen!"

„Und du lügst uns nicht an?", fragte Alara skeptisch.

„Weshalb sollte ich lügen? Außerdem - ihr habt doch meinen Absturz gesehen."

„Aber gerade das verwirrt uns", antwortete Alara. „Wir haben gesehen, dass du aus dem Himmel gefallen bist.

Aber wie bist du denn in den Himmel gekommen? Hat das etwas damit zu tun, das dein Vater Erfinder ist? Wir haben gehört, dass er sogar zaubern kann."

„Unfug", antwortete Ikaros, „mein Vater kann nicht zaubern. Er hat jedoch das Fluggerät gebaut, das mich in den Himmel getragen hat und mit dem ich hier abgestürzt bin."

„Das musst du uns aber erst einmal genau erklären", sagte Kaschka. „Vorher glauben wir dir kein einziges Wort."

Alsdann erzählte Ikaros den beiden die ganze lange Geschichte: Wie er mit seinem Vater aus Athen nach Kreta gekommen war, Minos den Vater mit der Modernisierung seiner Kriegsflotte beauftragt hatte, sie gemeinsam mit Minos' Tochter Ariadne dem Athener Kronprinzen Theseus halfen, den Minotauros zu besiegen und aus Kreta zu fliehen, und sie deshalb von Minos in das Labyrinth gesperrt wurden, aus dem sie schließlich mithilfe der vom Vater gebauten Fluggeräte entkommen konnten.

„Und wo ist dein Vater jetzt?", fragte Kaschka.

„Auf dem Weg nach Sizilien. Ursprünglich wollten wir nach Athen fliegen. Mein Vater hat sich dann aber für Sizilien entschieden."

Dass Dädalos in Athen eine Anklage wegen Mordes an Talos drohte, erwähnte Ikaros nicht.

Er wollte die Nubier nicht noch misstrauischer machen, als sie es schon waren.

„Und wieso bist du nicht auch auf dem Weg nach Sizilien?", fragte Kaschka.

„Ich wollte nicht nach Sizilien, sondern – wie wir ursprünglich geplant hatten – nach Athen. Deshalb habe ich mich nach dem Start von meinen Vater getrennt und bin nicht mit nach Sizilien geflogen, sondern nach Norden, Richtung Athen, abgedreht. Leider geriet ich in einen heftigen Sturm und bin abgestürzt. Dass dies hier geschah, ist reiner Zufall. Ihr seht, Leute, ich bin nicht vom Himmel gefallen, sondern auf meinem Flug nach Athen abgestürzt."

„Ich verstehe nicht, weshalb du deinem Vater nicht gehorcht hast. Bei uns müssen die Söhne tun, was die Väter wollen", sagte Kaschka.

„Mich meinem Vater zu widersetzen, ist mir auch sehr schwer gefallen", antwortete Ikaros. „Aber es musste sein. Weshalb, das werde ich euch vielleicht später einmal erklären. Jetzt seid ihr jedoch dran, meine Fragen zu beantworten. Gibt es auf der Insel außer euch noch andere Menschen?"

„Nein, leider nein, wir sind hier die einzigen Menschen. Da hinter dem Hügel haben wir unser Lager."

„Und wie seid ihr hierher gekommen? Denn geboren seid ihr hier wohl nicht?"

„Wir sind aus Kreta geflohen. Dort waren wir mit unseren Eltern zuerst Sklaven eines reichen Grundbesitzers und dann Sklaven des Königs."

„Aha, jetzt verstehe ich eure Angst. Ihr seid geflohene Sklaven."

„Ja, das stimmt, Herr. Wir sind Sklaven. Unsere Eltern wurden in Nubien geraubt und nach Kreta verschleppt. Wir selbst sind auf Kreta zur Welt gekommen."

„Und wo sind eure Eltern jetzt?"

„Die sind tot. Sie haben sich mit ihrer Versklavung niemals abgefunden. Vor einigen Jahren beschlossen sie zu fliehen. Leider wurden sie geschnappt und zu Tode gepeitscht", schluchzte Alara, während Kaschka tröstend den Arm um ihn legte.

„Das mit euren Eltern tut mir sehr leid", sagte Ikaros mitfühlend, aber inzwischen auch etwas genervt, weil er den Brüdern praktisch jedes Wort aus der Nase ziehen musste. „Wussten eure Eltern denn nicht, wie gefährlich es für einen Sklaven ist, seinem Herrn und Eigentümer zu entfliehen?"

„Bestimmt wussten sie das. Aber ihr Freiheitsdrang war stärker als die Angst."

„Und wieso seid ihr nicht mit euren Eltern geflohen?"

„Wir haben sie angefleht, uns mitzunehmen. Sie haben das aber abgelehnt, wahrscheinlich weil wir damals noch zu jung waren und sie uns nicht den Gefahren der Flucht aussetzen wollten. Außerdem ging es uns auf Kreta zunächst auch ganz gut. Wir gehörten einem reichen Grundbesitzer. Der war ganz in Ordnung. Wir mussten zwar hart arbeiten. Aber er hat uns nie geschlagen und uns immer genug zu essen und zu trinken gegeben. Vor etwa zwei Jahren fiel er jedoch bei Minos in Ungnade. Dem hatten Spitzel zugetragen, dass unser Herr einen Aufruhr anzetteln wollte, weil er mit den von Minos geforderten hohen Steuern unzufrieden war. Er wurde zur Strafe enteignet und Minos übernahm all seine Sklaven, also auch uns. Das war für uns ein furchtbarer Schock, denn wir wussten, dass Minos seine Sklaven wie den letzten Dreck behandelt und dass selbst seine Schweine es bei ihm besser hatten als seine Sklaven.

Trotz der Gefahr wieder eingefangen und dann wie unsere armen Eltern zu Tode gepeitscht zu werden, beschlossen wir zu fliehen. Wir haben ein Fischerboot geklaut und sind aus Kreta abgehauen."

„Wo wolltet ihr denn hin?"

„Darüber haben wir nicht nach gedacht", antwortete Alara. „Nur weg wollten wir, weit weg, irgendwohin, wo uns Minos nicht finden konnte. Außerdem dachten wir, kommt Zeit, kommt Rat. Es kam jedoch kein Rat, sondern ein heftiger Sturm, der eine riesige Flutwelle vor sich hertrieb, der wir mit unserem kleinen Boot nicht gewachsen waren und die uns schließlich auf den Strand dieser Insel geschleudert hat."

„Dann sind wir ja Schicksalsgenossen!", rief Ikaros. „Auch ich bin vor dem schrecklichen König Minos geflüchtet. Und auch mich hat ein Sturm auf diese Insel geworfen. Egal, ob das Zufall, Schicksal oder die Entscheidung der Götter war, als Schicksalsgenossen müssen wir zusammenhalten."

„Wenn du meinst, Herr", antworteten die beiden.

„Selbstverständlich meine ich das", sagte Ikaros. „Wenn wir nicht zusammenhalten, werden wir hier verrotten. Und das will ich nicht. Ich habe nämlich noch viel vor."

„Wir wollen hier auch nicht verrotten, Herr."

„Hört endlich mit dem Herr auf. Ich heiße Ikaros und nicht Herr."

„Ja, Herr."

„Schluss damit, ich kann das nicht mehr hören!", rief Ikaros.

„Aber wir sind doch Sklaven, und du bist ein freier Bürger",
erwiderten die Brüder ein wenig hilflos.

„Unsinn!. Denkt doch einmal richtig nach. Sklave ist nur der,
der einen Herrn hat. Ohne Herr kein Sklave. Ich sehe hier
keinen Herrn. Seht ihr einen?"

„Nein, Ikaros."

„Und wenn es hier keine Herren gibt, dann seid ihr auch keine
Sklaven."

„Der Grundbesitzer war doch unser Herr, und anschließend
Minos", wandte Kaschka schüchtern ein.

„Sind die denn hier?"

Die Brüder schwiegen.

Ikaros fuhr fort: „Begreift doch endlich, ihr seid frei, genauso
frei wie ich. Und ihr werdet frei bleiben, wenn ihr das wirklich
wollt. Das garantiere ich euch."

Kaum hatte er diese Worte ausgesprochen, wurde es ihm
mulmig. Wer bin ich denn, dass ich den beiden armen
Burschen Freiheit garantieren kann? Ich bin doch selbst nur
ein armseliger Flüchtling, dachte er.

Die Nubier aber antworteten: „Wir würden schon gerne frei
sein und frei bleiben. Aber wir waren noch nie frei. Wir wissen
gar nicht, wie das ist, frei zu sein. Wirst du uns dabei helfen?"

„Klar helfe ich euch", antwortete Ikaros. „Aber ihr müsst mir auch helfen."

„Wie könnten wir dir denn helfen?", fragten sie verwundert.

„Ich habe euch doch schon gesagt, dass ich sehr hungrig und durstig bin. Bitte helft mir, etwas für meinen knurrenden Magen und meine ausgetrocknete Kehle zu finden."

Jetzt wurden die Brüder munter. „Komm mit", riefen sie, „in unserem Haus haben wir ein Kaninchen eingesperrt.

Falls es sich nicht befreit hat, werden wir es für dich braten. Außerdem gibt es da eine kleine Süßwasserquelle für deine ausgetrocknete Kehle."

„Das klingt gut", antwortete Ikaros, „nichts wie hin. Mein kaputtes Fluggerät lasse ich hier. Auf der Insel gibt es ja niemanden, der es klauen könnte."

„Wozu brauchst du denn noch das Fluggerät?", fragte Alara erschrocken. „Willst du es etwa reparieren und wieder wegfliegen?"

„Nein, Freunde", rief Ikaros, „entweder verlassen wir die Insel gemeinsam oder gar nicht. Aber vielleicht können wir einige Teile des Geräts noch für andere Zwecke einsetzen. Man kann nie wissen."

Das Haus der Brüder war eigentlich eine kleine Hütte. Sie bestand aus einem kaum mannshohen viereckigen Raum, hatte Wände aus getrockneten Lehmziegeln, ein Dach aus Zweigen, die mit Gras und Moos zugedeckt waren, und eine mit Fellen zugehängte Öffnung.

Hinter der Hütte plätscherte eine kleine Quelle und vor der Hütte hatten die Brüder eine Feuerstelle angelegt.

„Das ist ja ein prächtiges Haus", spottete Ikaros. „Wie lange lebt ihr denn schon hier?"

„Ich schätze, zwei Jahre. Aber weshalb machst du dich über unser Haus lustig? Es hat uns immerhin bereits über einen sehr kalten Winter gebracht", sagte Alara stolz. „Außerdem benutzen wir es manchmal als Käfig für eingefangene Kaninchen. Mal sehen, ob das Kaninchen noch da ist. Sonst musst du weiter hungern."

„Entschuldigt bitte meine dumme Bemerkung über eurer Haus. Ich hätte es bestimmt nicht so perfekt bauen können."

„Ist schon okay", erwiderte Alara.

Das Kaninchen war noch da. Kaschka hob es an den Hinterpfoten hoch, tötete es mit einem Handkantenschlag in den Nacken, zog ihm das Fell ab, nahm es aus und briet es an einem angespitzten Ast über der Feuerstelle. Nach einer Weile nahm er das Kaninchen vom Spieß und teilte es mit einer

Doppelaxt in drei Stücke. Das größte Stück reichte er Ikaros, der es heißhungrig verschlang. Obwohl auch die Brüder sehr hungrig waren, hielten sie sich höflich zurück. Sie freuten sich, dass es ihrem neuen Freund schmeckte.

„Danke, Leute", sagte Ikaros, „selten habe ich so etwas Köstliches gegessen wie euer Kaninchen. Es ist ein tolles Gefühl, endlich wieder einmal richtig satt zu sein."

„Es freut uns, dass es dir geschmeckt hat", antworteten die Brüder geschmeichelt. „Leider gibt es hier kaum noch Kaninchen. Seit Monaten war dies das erste, welches wir fangen konnten."

Beginn einer Freundschaft

Zwischenzeitlich war die Sonne untergegangen.
„Ich bin ziemlich müde", sagte Ikaros gähnend. „Es war ein verdammt anstrengender Tag. Der Flug, der Absturz und ..."
„Du brauchst uns das doch nicht zu erklären", sagte Kaschka.
„Sobald es dunkel wird, werden wir auch müde. Lasst uns eine Runde schlafen. Wo willst du schlafen, in unserem Haus oder

an der Feuerstelle? Du entscheidest, denn du bist der Gast."

„Das ist nett von euch", erwiderte Ikaros. „Aber bitte vergesst das mit dem Gast. Ich will nicht euer Gast sein, sondern euer Freund, mit den gleichen Pflichten und Rechten wie ihr. Einverstanden?"

„Kein Problem," sagte Alara. „Aber wie soll das mit den gleichen Rechten und Pflichten funktionieren? Bevor du aufgetaucht bist, musste ich mich nur mit meinem Bruder einigen. Jetzt sind wir aber zu dritt. Wer entscheidet, wenn wir drei uns nicht einigen?"

„Dann reden wir so lange miteinander, bis wir uns geeinigt haben. Notfalls stimmen wir ab und machen das, was die Mehrheit will", antwortete Ikaros.

„Und das ist dann immer auch das Richtige?", fragte Alara skeptisch.

„Hoffen wirs", antwortete Ikaros. „Aber lasst mich jetzt bitte ein wenig schlafen. Wenn es für euch okay ist, lege ich mich an die Feuerstelle. Ich liebe es, unter Sternen zu schlafen. Könnt ihr mir zwei Felle besorgen, eins als Unterlage und eins zum Zudecken?"

„Wenns weiter nichts ist", erwiderte Kaschka und holte aus der Hütte einen Stapel weicher Ziegenfelle. „Wir werden auch unter den Sternen schlafen."

Wenig später hörte man die drei schnarchen, laut genug, um

auch die gefährlichsten Raubtiere – gäbe es die auf der Insel – abzuschrecken. Bei Sonnenaufgang wachten sie nahezu gleichzeitig auf.

„Wo bin ich?", stöhnte Ikaros benommen, sich hin und her wälzend. „Mein Körper fühlt sich an, als hätte man mich die ganze Nacht verprügelt."

Im Schlaf waren ihm viele unruhige Bilder durch den Kopf gegangen, meistens Bilder von der kretischen Königstochter Ariadne.

In der letzten Traumszene war sie an einem knorrigen Baum gefesselt, weinte und streckte ihm die Arme hilfesuchend entgegen, während er auf sie zulaufen wollte, was ihm aber nicht gelang, denn seine Beine waren gelähmt. Dann rief ihm Ariadne noch einmal verzweifelt zu: „Weshalb hilfst du mir nicht?" Mit diesem Hilfeschrei im Ohr war Ikaros aufgewacht.

Die Brüder versuchten, den stark verwirrten Ikaros zu beruhigen. „Du bist hier bei uns. Erkennst du uns nicht? Niemand hat dich verprügelt. Auch deine Beine sind nicht gelähmt. Du bist mit einem seltsamen Fluggerät abgestürzt und hast dich dabei ein wenig am Kopf verletzt."
Ikaros stand vorsichtig auf, machte einige Kniebeugen, wedelte mit den Armen und atmete mehrmals tief durch. Das

half. Bald war er wieder klar im Kopf.

„Natürlich erkenne ich euch", sagte er, „ich weiß auch, wo ich bin."

„Zeus sei gedankt, dass es dir wieder gut geht", sagte Alara. „Aber verrate uns, weshalb du im Schlaf immer wieder ‚Ariadne, ich komme' gerufen hast? Ist Ariadne deine Braut?"

„Quatsch, ich habe keine Braut. Dafür bin ich viel zu jung."

„Aber verliebt bist du doch bestimmt in sie?", stichelte Kaschka.

Ikaros wurde rot. Er erinnerte sich, dass er sich immer sehr gut gefühlt hatte, wenn er mit Ariadne zusammen war, auch an das Prickeln, wenn sie ihn zufällig berührte, und an die Verlegenheit, die ihn packte, wenn sich ihre Augen trafen. Falls das verliebt bedeutet, dann bin ich wohl in sie verliebt, dachte er, antwortete aber: „Nein, absolut nicht. Ariadne ist nur eine sehr gute Freundin aus Kreta. Ich hoffe, dass ich sie in Athen wiedersehe."

„Na, na", machten die Brüder. „Wie alt bist du eigentlich?"

„Sechzehn Jahre. Und ihr, wie alt seid ihr?"

„Ich bin so alt wie du, sechzehn. Mein Bruder Alara ist allerdings schon siebzehn Jahre", antwortete Kaschka.

Ikaros schaute die beiden nachdenklich an. „Wie ist es eigentlich, eine schwarze Haut zu haben, wie ihr sie habt?", fragte er nach einer Weile. „Und wie ist es, eine weisse Haut zu haben, wie du sie hast?", erwiderte Alara.

Ikaros zog die Stirn in Falten. „Ich verstehe", sagte er dann, „meine Frage war wohl nicht besonders intelligent. Bitte vergesst sie. Okay?"

„Geschenkt", sagte Alara und fuhr dann fort: „Leider gibt es heute kein Frühstück. Das Kaninchen war unsere eiserne Reserve. Mehr Vorräte haben wir nicht."

„Macht nichts, ich bin von dem Kaninchen noch satt", antwortete Ikaros. „Wie aber kommt es, dass ihr nichts zum Essen habt? Gibt es auf der Insel kein Wild, das man jagen kann? Auch keine Oliven, Datteln, Pistazien oder andere Früchte?"

„Leider nein. Seit Monaten hat es hier nicht mehr geregnet. Die Sonne hat alles verbrannt, was sonst hier wächst. Früher gab es eine Menge Kaninchen und auch ein paar Ziegen. Die sind alle verhungert", antwortete Kaschka. „Dass wir ein Kaninchen fangen konnten, war ein reiner Glücksfall."

„Aber ich höre doch Vogelstimmen. Weshalb fangt ihr keine Vögel und sammelt keine Vogeleier?"

„Mann, das ist ja richtig, warum haben wir daran noch nicht gedacht?", antwortete Kaschka. „Gestern waren wir allerdings so hungrig, dass wir ernsthaft überlegt haben, einen Vogel zu töten, und zwar den seltsamen weissen Raben, der bei dir hockte, nachdem du vom Himmel gefallen warst. Der weisse

Rabe ist aber abgehauen, bevor wir an ihn heran kamen. Hast du das nicht mitgekriegt?"

Bei der Vorstellung, dass die Brüder kurz davor waren, den weissen Raben zu töten, und dass sie ihm dann möglicherweise den Raben anstelle des Kaninchens als Abendessen vorgesetzt hätten, lief es Ikaros kalt den Rücken hinunter.

Eigentlich wollte er den Brüdern gleich erzählen, dass der weisse Rabe kein gewöhnlicher Vogel, sondern ein guter Freund sei und sogar sprechen könne.

Er ließ das dann jedoch sein. Dafür werde ich später noch Zeit haben, sagte er sich. Jetzt würde das viel zu lange dauern.

Er ließ Kaschkas Frage unbeantwortet und fragte stattdessen, ob es in dem Meer unmittelbar vor der Küste keine Fische gebe, die man fangen könne.

„Auch daran haben wir noch nicht gedacht", antwortete Kaschka. „Außerdem, wie fängt man die denn?"

„Das kriegen wir schon hin", sagte Ikaros selbstbewusst.

„Wie kommt es nur, dass dir immer so viel einfällt?", fragte Alara verlegen. Er schämte sich, weil er und sein Bruder bislang nur in den Tag hinein gelebt hatten, in der Erwartung, dass irgendwann irgendwer kommen und sie retten würde.

Ikaros blieb Alaras Verlegenheit nicht verborgen. Auch

Kaschka schien ihm beschämt. Sie taten ihm leid. Um sie etwas aufzubauen, sagte er: „Ich bin nicht klüger als ihr. Manchmal braucht man aber einen Anstoß von außen, damit man richtig wach wird. Aber selbst wenn ich heute vielleicht etwas mehr als ihr wissen sollte, so liegt das nur daran, dass ich in meinem genialen Vater einen guten Lehrer hatte. Auch mein Freund Talos hat mir viel beigebracht.

Ihr hingegen hattet keine Lehrer und musstet immer nur hart arbeiten."

„Meinst du?", fragte Alara, wenig überzeugt.

„Erzähl uns von deinem Freund Talos", bat Kaschka. „Wieso konnte der dir viel beibringen. War er denn älter als du? War er etwa ein Erfinder wie dein Vater?"

„Talos und ich sind gemeinsam aufgewachsen, wie richtige Brüder. Er war der Sohn der Schwester meines Vaters, ein Jahr älter als ich und wahnsinnig klug und geschickt. Schon als Kind hat er eine Menge nützlicher Dinge erfunden. Er war meinem Vater ähnlicher als ich. Ob er auch ein großer Erfinder geworden wäre? Das wird man niemals erfahren, denn er ist leider viel zu früh gestorben."

„Wie das?", fragte Alara.

„Er wurde getötet. Wie, das weiß ich nicht. In Athen behauptet man, dass er ermordet worden sei. Ich glaube aber nicht an einen Mord, sondern hoffe, dass er verunglückt ist.

Was aber wirklich geschehen ist, kann ich nur in Athen herausfinden."

„Macht es denn einen Unterschied, ob es ein Unfall oder ein Mord war?", fragte Kaschka. „Tot ist doch tot."

„Für mich schon", antwortete Ikaros. „Aber lassen wir das. Wir haben jetzt Wichtigeres zu tun. Wir müssen überlegen, wie wir auf dieser kargen Insel überleben."

„Richtig, als Erstes müssen wir das Nahrungsproblem lösen", sagte Alara. „Mein Bruder und ich sind bereits sehr schwach und werden von Tag zu Tag schwächer. Seit Wochen haben wir kaum etwas gegessen, nur Wurzeln, Beeren und das Kaninchen von gestern Abend. Wenn sich daran nicht schnell etwas ändert, werden wir bald zu schwach sein, um überhaupt noch nach Nahrung suchen zu können."

„Alara hat recht", schloss sich Kaschka ihm an. „Wir sollten sofort mit der Vogeljagd beginnen."

„Okay", antwortete Ikaros, „ich schlage aber vor, dass wir parallel dazu auch gleich nach den besten Fischgründen suchen."

„Gute Idee", sagte Kaschka. „Was haltet ihr davon, wenn ich mich auf die Vogeljagd mache und ihr euch um die Fische kümmert?"

Die beiden anderen nickten zustimmend.

Kaschka wollte gerade aufbrechen, als Ikaros ihn zurückhielt: „Warte, mir ist noch etwas eingefallen. Vergiss erst einmal die Jagd auf die Vögel und suche nur nach Vogelnestern mit Eiern."

„Das verstehe ich nicht", sagte Kaschka. „Wie sollen wir von den kleinen Eiern satt werden?"

„Nicht so ungeduldig, mein Freund", antwortete Ikaros.

„Sobald die Küken geschlüpft sind, werden wir die Nester mit grobmaschigen Netzen zudecken, damit die Küken nicht wegfliegen können, wenn sie flügge sind. Dann werden die Vogeleltern ihre Küken weiter füttern, auch wenn sie bereits kräftig genug sind, sich ihr Futter selbst zu suchen. Auf diese Weise werden sie größer und fetter als frei herumfliegende Vögel."

„Das ist genial!", rief Kaschka. „Aber es dauert doch bestimmt recht lange, bis die Küken fett gefüttert sind? Was wollen wir denn in der Zwischenzeit essen?"

„Hast du die Fische vergessen, die Alara und ich fangen werden?", antwortete Ikaros. „Außerdem müsste es doch gelingen, auch noch das eine oder andere Kaninchen zu erlegen und irgendwelche essbaren Früchte aufzutreiben."

„Woher willst du die Netze für das Einsperren der Küken nehmen?", fragte Alara seinen Bruder.

„Kein Problem, beim Bau des Fluggeräts hat Ikaros Vater Leder verwendet. Ich werde das Leder in schmale Streifen schneiden und daraus Netze knüpfen. Ist das okay für dich, Ikaros?"

„Klar, geh aber bitte sparsam mit dem Leder um. Allzu viel haben wir davon nicht. Und wer weiß, vielleicht brauchen wir es noch für andere Zwecke. Womit willst du das Leder in Streifen schneiden?"

„Mit dem Stein hier." Kaschka zeigte Ikaros einen vielfarbig schimmernden, scharfkantigen Feuerstein. „Mein Vater hat mir den Stein kurz vor seiner Flucht geschenkt. Er hat ihn in Nubien von seinem Vater bekommen, und der wiederum von seinem Vater. Vater hat mich beschworen, den Stein wie einen Schatz zu hüten, weil er sehr selten und sehr nützlich sei."

„Da hatte dein Vater recht", sagte Ikaros, „Feuersteine sind etwas ganz Besonderes. Mit ihnen kann man schneiden, schnitzen und sogar Feuer anzünden. Welche Werkzeuge, Geräte und Waffen habt ihr denn sonst noch hier?"

„Nur zwei Speere, eine Doppelaxt, einen Tonkrug, eine flache Bronzeschüssel sowie einen kleinen Bronzespieß. Mehr konnten wir auf der Flucht nicht mitnehmen. Und dann haben wir natürlich noch das Boot, mit dem wir aus Kreta geflohen sind. Das Boot liegt dahinten am Strand." Kaschka richtete seinen Speer auf eine Bucht unweit der Lagerstelle. Dort, kaum erkennbar, sah man ein kleines hölzernes Fischerboot.

„Das ist ja ein mickriges Ding", rief Ikaros enttäuscht. „Es sieht nicht aus, als könnte man damit auf hohe See. Wir müssen uns schon eine Menge einfallen lassen, wenn wir mit dem Ding nach Athen kommen wollen."

„Es ist halt nur ein altes Fischerboot und nicht für lange Seefahrten gebaut. Aber immerhin hat es uns aus Kreta hierher gebracht", verteidigte Kaschka das Boot und machte sich endgültig auf den Weg zu dem zerfledderten Fluggerät, um das Leder zu holen, das er für die Netze in Streifen schneiden wollte.

„Wenn du nach Vogelnestern suchst", rief Ikaros ihm hinterher, „halte die Augen offen, ob du nicht ein paar Dattelpalmen entdeckst. Auf Kreta wachsen die überall. Auch hier müsste es welche geben."

„Wird gemacht!", rief Kaschka zurück.

Alara und Ikaros liefen zur Küste, zu der Stelle, an der das Fischerboot lag. Von hier aus wollten sie langsam die Insel umkreisen, um herauszufinden, wo es die besten Fanggründe gibt.

„Weißt du denn, wie man Fische fängt?", fragte Alara.

„Nicht genau", antwortete Ikaros. „Ich habe das noch nie gemacht.

Die Athener Fischer ziehen Schleppnetze durchs Meer. Da wir keine Schleppnetze haben, müssen wir versuchen, die Fische mit den Händen zu packen."

„Und wenn sie beißen?"

„Dann musst du die Hände halt blitzschnell zurückziehen. Aber keine Angst. Irgendwie werden wir das schon hinkriegen. Notfalls spießen wir die Fische mit dem Bronzespieß auf."

„Woher nimmst du nur deinen Optimismus?", fragte Alara.

„Was heißt Optimismus?", antwortete Ikaros. „Mein Vater hat mir beigebracht, dass es besser ist, positiv an die Lösung von Problemen zu gehen, als sich gleich von möglichen Schwierigkeiten oder Gefahren abschrecken zu lassen."

„Das sagt sich so leicht", erwiderte Alara.

Aus der Umkreisung der Insel wurde nichts. Abgesehen davon, dass es in dem flachen Wasser vor der Küste nur winzig kleine Fische gab, wurden sie nach etwa drei Stunden von einer felsigen bis zum Meer hinunterreichenden Steilküste gestoppt.

„Wir müssen wohl doch aufs offene Meer hinaus", sagte Alara enttäuscht. „Hoffentlich gibt es da größere Fische."

„Nur nicht den Mut verlieren, mein Freund", erwiderte Ikaros. „Ich bin sicher, draußen tummeln sich viele große Fische. Irgendwo müssen die ja sein. Also zurück zum Boot."

Das Boot war ziemlich marode, was nicht verwundert, wenn man bedenkt, dass es seit fast zwei Jahren ungeschützt am Meeresstrand gelegen hatte und vielen heftigen Stürmen ausgesetzt gewesen war.

Alara ging mehrmals prüfend um das Boot herum. „Ich glaube, es ist nicht mehr zu gebrauchen", seufzte er traurig.

„Da bin ich aber anderer Meinung", widersprach Ikaros. „Für kurze Fahrten können wir es benutzen. Allerdings sollten wir nur so weit hinausfahren, dass wir notfalls zur Küste zurück schwimmen können."

„Wenn du meinst", antwortete Alara zögerlich. „Aber wir haben doch kein Ruder. Wie wollen wir das Boot denn steuern?"

„Ganz einfach. Wir nehmen deinen Speer. Der ist gut zwei Meter lang. Solange wir mit ihm den Meeresboden berühren können, ist er fast so gut wie ein Ruder."

„Dir fällt auch immer wieder eine Lösung ein", rief Alara bewundernd. „Den Göttern sei Dank, dass du hier auf der Insel Dia abgestürzt bist!"

„Ich bin mir nicht so ganz sicher, ob ich den Göttern dafür danken sollte", antwortete Ikaros.

„Wenn ich ehrlich bin, viel lieber wäre ich in Athen abgestürzt."

Es war Schwerstarbeit, das vergammelte Boot von Schlamm und Dreck zu befreien. Kurz vor Sonnenuntergang war es aber geschafft. Wenn die vom Meerwasser angefressenen Bordwände nicht gewesen wären, hätte es fast wie neu ausgesehen.

Durstig und hungrig liefen sie zum Lagerplatz, wo sie von Kaschka erwartet wurden.

„Leute", rief er ihnen stolz entgegen, „ich habe nicht nur eine Dattelpalme mit reifen Datteln entdeckt, sondern auch zwölf

Vogelnester. Sechs mit je vier Eiern und sechs mit je vier geschlüpften Küken." Er zeigte auf vierundzwanzig bunt gesprenkelte Eier, die neben der Feuerstelle in heißer Asche lagen.

„Weshalb hast du die Eier in die heiße Asche gelegt?", fragte Ikaros.

„Das weißt du nicht?", erwiderte Kaschka. „In der heißen Asche werden die Eier hart, ich meine das Innere der Eier. Wenn man dann die Schale abpellt, schmecken sie viel besser, als wenn man sie roh aufschlägt und austrinkt. Allerdings sind die Eier sehr klein. Für den ersten Hunger müssten sie jedoch reichen. Über die sechs Nester mit den geschlüpften Küken, habe ich, wie von Ikaros vorgeschlagen, Netze gespannt. Ich glaube, in zwei bis drei Tagen werden die Küken groß genug sein, dass er sich lohnt, sie zu braten. Wie weit seid ihr denn mit euren Fischen gekommen?"

Alsdann berichten Ikaros und Alara, wie ihre Suche nach Fischgründen ausgegangen war.

„Dann habt ihr ja nicht viel erreicht", sagte Kaschka etwas herablassend. Für Ikaros überraschend, konterte Alara: „Morgen gehts mit dem Boot aufs Meer. Dann werden wir mindestens so viele Fische fangen wie du Eier mitgebracht hast."

„Wie wollt ihr die Fische denn aus dem Meer herausholen?",
fragte Kaschka skeptisch.

„Wir werden sie mit den Händen packen, aus dem Meer
ziehen, ins Boot werfen und ihnen dann den Kopf abhacken",
antwortete Alara. „Und falls das nicht klappt, nehmen wir den
Bronzespieß und spießen sie auf."

„Mach dir darüber keine Sorgen", schloss sich Ikaros seinem
Mitstreiter an, froh über dessen plötzlichen Optimismus. „Jetzt
bin ich aber erst einmal hungrig. Die Vogeleier warten. Los,
probieren wir, wie sie schmecken."

Während die jungen Männer die ausgepellten Vogeleier
genüsslich verschlangen und jeder zusätzlich ein halbes
Dutzend süßer Datteln, besprachen sie das Programm für die
kommenden Tage.

„Wenn nichts schief geht, werden wir in wenigen Tagen keine
Probleme mehr haben, satt zu werden und sogar in der Lage
sein, Vorräte anzulegen", sagte Ikaros. „Aber was machen wir,
um von hier wegzukommen? Wo wollt ihr eigentlich hin?"

„Keine Ahnung", antwortete Alara. „Eine Heimat, wie du sie
hast, haben wir leider nicht. Nubien ist nicht unsere Heimat,
denn wir waren noch nie dort und kennen dort auch keinen
einzigen Menschen. Wir sprechen noch nicht einmal nubisch."

„Dann kommt doch einfach mit nach Athen", schlug Ikaros spontan vor.

Verblüfft blicken ihn die Brüder an. Mit diesem Vorschlag hatten sie nicht gerechnet.

„Du würdest uns wirklich nach Athen mitnehmen?", fragte Kaschka.

„Selbstverständlich würde ich das. Schließlich sind wir Schicksalsgenossen", antwortete Ikaros.

Alara schluckte. „Wie stellst du dir das vor? Uns als entlaufende Sklaven mitzunehmen."

„Papperlapapp. Ich habe euch doch schon erklärt, dass ihr keine Sklaven mehr seid."

„Das mag auf dieser kleinen Insel stimmen, denn hier gibt es außer uns keine anderen Menschen", sagte Alara, „aber in Athen, wo so viele Menschen leben, wird man anders denken. Weil wir armselig gekleidet und pechschwarz sind, wird man schnell merken, dass wir geflohene Sklaven sind, uns festnehmen und einkerkern."

„Das werde ich verhindern", beruhigte ihn Ikaros. „Solange wir zusammenbleiben, passiert euch nichts. Außerdem gibt es immer noch Theseus, den Athener Kronprinzen. Der wird uns bestimmt helfen."

„Weshalb sollte er?", fragte Alara.

„Weil er mein Freund ist und weil ich ihm geholfen habe, aus Kreta zu fliehen."

„Ich hoffe, dass du recht hast", sagte Alara wenig überzeugt.

„Dir wird er vielleicht helfen. Aber uns?"

„Selbst dann seid ihr mit mir sicher. Notfalls werde ich behaupten, dass ihr meine Sklaven seid. Mir wird man glauben, denn ich bin Athener Bürger und stamme aus einer alten Athener Familie."

Kaschka, den die ständigen Bedenken seines Bruders zu nerven begannen, unterbrach Ikaros und fragte: „Wie lange werden wir auf hoher See sein, bis wir in Athen sind?"

„Genau wissen das nur die Götter", antwortete Ikaros, „und die verraten das nicht.

Mein Vater und ich haben von Athen nach Kreta vier Tage und vier Nächte gebraucht. Wir hatten jedoch ein schmales wendiges Segelschiff, das man mit eurem klobigen Fischerboot nicht vergleichen kann."

Alara brütete düster vor sich hin.

„Was bedrückt dich?", fragte Ikaros.

Nunmehr brach es aus Alara heraus: „Macht euch doch nichts vor. Mit unserem kleinen Fischerboot schaffen wir es niemals bis nach Athen, weder in vier noch in hundert Tagen.

Ich möchte nicht ertrinken. Lieber bleibe ich hier."

„Schon wieder deine verdammte Schwarzseherei", schimpfte Ikaros. „Weißt du nicht, was das für dich bedeuten würde? Wenn du nicht mitkommst, wirst du hier jämmerlich vermodern. Willst du das wirklich?"

„Höre bitte auf Ikaros", rief Kaschka. „Mit dem Boot haben wir wenigstens eine Chance, heil nach Athen zu kommen und dort ein gutes Leben zu führen. Wenn wir dies jedoch noch nicht einmal versuchen, ist es aus mit uns. Ich gehe lieber mit dem Boot unter und ertrinke, als dass ich hier bleibe. Ich flehe dich an, Bruder, lass mich jetzt nicht im Stich! Wir haben doch einander versprochen, immer zusammenzubleiben. Ich müsste auch hierbleiben, wenn du nicht mitkommst."

„Das gilt auch für mich", sagte Ikaros, „denn ich brauche euch. Ohne euch komme ich nie nach Athen."

„Du siehst, Bruder, von deiner Entscheidung hängt auch mein Leben und das unseres Freundes Ikaros ab. Reiß dich zusammen und kneife nicht! Haben uns die Götter nicht bei der Flucht aus Kreta geholfen? Weshalb sollten sie uns nicht auch noch bis nach Athen helfen?"

Jetzt knickte Alara ein: „Freunde, bitte verzeiht. Ich bin ein verdammter Angsthase. Selbstverständlich mache ich mit."

Inzwischen war es stockdunkel. Am Himmel nur einige wenige Sterne und als schmale silberne Sichel, der Mond.

Obwohl Ikaros erschöpft und müde war, konnte er nicht einschlafen. Er machte sich große Sorgen. Der Optimismus, den er gegenüber seinen Freunden gezeigt hatte, war nicht echt. Im Grunde genommen teilte er Alaras Bedenken. Mit dem maroden Boot nach Athen zu kommen, wäre wirklich ein Wunder, dachte er. Außerdem gingen ihm eine Menge Fragen durch den Kopf, für die er keine Antwort wusste.

Kann ich es verantworten, meinen nubischen Freunden einzureden, dass wir eine realistische Chance haben, mit dem vergammelten Boot Athen zu erreichen? Wie machen wir das Boot hochseetüchtig? Zumindest brauchen wir ein Segel und ein Steuerruder. Sonst wäre es wahnwitzig, die lange Seereise anzutreten. Aber wie beschaffen wir uns hier, auf dieser von allen Göttern verlassenen Insel ein Segel und ein Ruder? Was würde Vater wohl an meiner Stelle tun? Wo mag er jetzt sein? Hoffentlich sicher in Sizilien. Werde ich ihn jemals wieder sehen? Was wird mich in Athen erwarten, wenn ich überhaupt dahin komme?

Wird es mir gelingen, Vaters Unschuld zu beweisen?

Endlich schlief er ein.

Wie am Vortag wachten die drei Freunde mit den ersten Sonnenstrahlen auf.

„Leute", rief Ikaros, nachdem er sich den Schlaf aus den Augen gerieben hatte, „mir ist heute Nacht etwas Wichtiges eingefallen. Habt ihr die Insel eigentlich schon einmal richtig untersucht? Ich meine, nicht nur die Umgebung hier, sondern auch die vielen Steilküsten?"

„Nein", antwortete Alara. „Weshalb sollten wir?"

„Könnt ihr wirklich ausschließen, dass es auf dieser Insel nicht doch noch andere Menschen gibt?"

„Ja, das können wir", erwiderten Alara und Kaschka. „Denn das hätten wir gemerkt. Schließlich sind wir bereits fast zwei Jahre hier."

„Aber es wäre doch möglich, dass früher, vor eurer Zeit, Menschen hier waren, die wieder abgehauen oder gestorben sind?"

„Na und?", fragte Kaschka. „Wenn sie abgehauen oder tot sind, weshalb sollten sie uns dann noch interessieren?"

„Da bin ich aber anderer Meinung", erwiderte Ikaros. „Stellt euch vor, auf der Insel gab es früher Menschen. Die könnten doch Werkzeuge, Krüge, Felle oder andere für uns nützliche Sachen zurückgelassen haben. Außerdem habe ich gehört, dass die kleinen Inseln im Umkreis von Kreta häufig von Piraten angelaufen werden, um dort ihre Beute zu verstecken.

Weshalb sollten sie dies nicht auch hier getan haben? Ist dies nicht Grund genug, die Insel bis in den letzten Winkel zu durchforsten?"

„Mann, da hast du wieder einmal voll recht", rief Kaschka. „Das müssen wir sofort nachholen!"

„Was heißt sofort? Zunächst ist es doch viel wichtiger, unser Nahrungsproblem zu lösen", wandte Alara ein.

„Das stimmt", sagte Ikaros. „Die Insel läuft uns nicht weg. Deshalb sollten wir erst einmal untersuchen, ob wir hier wirklich genügend Fische fangen können. Machen wir das Boot klar und dann rauf aufs Meer."

„Das ist aber euer Ding", rief Kaschka. „Ich werde mich um die Vögel und die Eier kümmern und nach weiteren Dattelpalmen suchen."

Das Boot lag im tiefen Sand, etwa zwanzig Meter vom Küstensaum entfernt. Alara und Ikaros mussten ihre gesamten Kräfte aufbieten, um es ins Meer zu ziehen. Erleichtert stellten sie fest, dass das Bootsinnere trocken blieb. Das Boot hatte also kein Leck. Eine Sorge weniger, dachte Ikaros.

Vom Meer blies ein heftiger Wind gegen die Küste. Es war deshalb nicht leicht, das stark schwankende Boot durch die Brandung in das offene Meer zu lavieren. Glücklicherweise gab es hinter der Brandung kaum noch Wellen, sodass das Boot zur Ruhe kam und nur noch leicht in der Dünung schaukelte.

„Wo sind denn die Fische?", fragte Alara. „Ich sehe keinen einzigen."

„Nur Geduld, mein Freund. Wahrscheinlich hat unser Manöver die Fische erschreckt und vertrieben. Sobald sie sich an das Boot gewöhnt haben, werden sie zurückkommen. Unser Boot darf aber nicht schlingern oder schaukeln."

Alara versuchte das Boot ins Gleichgewicht zu bringen. Nach einigen Anläufen hatte er Erfolg. Bald dümpelte das Boot ruhig vor sich hin. Ikaros tastete sich vorsichtig zum Bug. Mit einem Astspieß stichbereit in der Faust, hockte er sich hin und starrte konzentriert in das tiefblaue Meer unter dem Boot. Das Wasser war so klar und durchsichtig, dass er bis auf den Meeresboden blicken konnte. Er sah aber ausschließlich Korallen, Muscheln, Quallen und Algen.

Obwohl das Boot bewegungslos im Wasser lag und die beiden keinen Laut von sich gaben, ließ sich kein einziger Fisch blicken.

„Ich glaube", sagte Ikaros nach einer Weile, „hier ist das Meer noch zu flach. Die Fische werden im tieferen Wasser sein. Komm, fahren wir weiter hinaus."

Nach wenigen Minuten, schon ein gutes Stück von der Küste entfernt, hatte sich das Meer völlig verändert. Es war nicht mehr blau, sondern fast schwarz und so tief, dass man den Meeresboden nicht mehr sehen konnte. Dann kam plötzlich Bewegung auf. Das Boot war in einen Makrelenschwarm geraten. Unzählige Makrelen tummelten sich unter und neben dem Boot. Jetzt ging alles ganz schnell.

Binnen kurzem hatte Ikaros ein halbes Dutzend Makrelen aufgespießt und ins Boot geworfen. Und dann tauchte inmitten des Makrelenschwarms ein großer Thunfisch auf.

„Den muss ich haben!", rief Ikaros voller Jagdeifer und stach mit dem Astspieß zu. Der kräftige Fisch wehrte sich und schlug mit Schwanz und Flossen so heftig um sich, dass Ikaros den Spieß kaum noch halten konnte. Geistesgegenwärtig griff Alara mit seinem Speer ein. Das brach den Widerstand des tapferen Fisches. Wenig später lag er bei den zappelnden Makrelen im Boot.

„Mann, das war wirklich harte Arbeit", stöhnte Alara. „Ich hätte nie gedacht, dass die Jagd nach Fischen so anstrengend ist."

„Ich bin auch total kaputt", keuchte Ikaros. „Für heute haben wir genug. Kehren wir zurück."

Auf der Rückfahrt hatten sie keine Probleme, die Brandung zu überwinden. Das Boot wurde von den Wellen praktisch an Land getragen. Ikaros und Alara zogen es aus dem Wasser, packten ihre Beute und liefen zur Lagerstelle. Dort nahmen sie die Fische aus, schnitten ihnen die Köpfe, Flossen und Schwänze ab und säuberten sie mit dem Wasser aus der Quelle. Anschließend legten sie die Makrelen aufgeklappt in den heißen Sand neben der Feuerstelle. Den Thunfisch hackten sie in handliche Stücke. Als sie damit gerade fertig waren, tauchte Kaschka auf. Bescheidener als am Vortag.

„Leute", rief er ihnen zu, „heute habe ich nur Datteln mitgebracht. Beinahe hätte ich ein fettes Kaninchen erlegt. Aber es war schneller als mein Speer. Wart ihr wenigstens erfolgreich?"

Bevor Ikaros und Alara antworten konnten, entdeckte Kaschka ihren Fang. „Mann, da können wir uns heute ja richtig satt essen", rief er.

„Aber nicht an den Makrelen", sagte Alara. „Die werden getrocknet und kommen in unser Vorratslager. Heute gibt es nur Thunfisch. Aber auch davon haben wir genug. Selbst du wirst satt werden."

„Wenn du das meinst, großer Bruder?"

„Ja, das meine ich. Außerdem meine ich, dass Ikaros und ich ein wenig Lob verdient haben."

„Natürlich, Bruderherz", rief Kaschka, „ihr seid wirklich großartige Fischfänger. Erzählt, wie ihr die vielen Fische erbeutet habt."

Alsdann berichtete Ikaros von den Schwierigkeiten, das Boot ins Meer und durch die Brandung zu bringen, ihrer Auseinandersetzung mit dem unruhigen Meer und von ihrem Kampf mit dem widerspenstigen Thunfisch.

„Da habt ihr ja höchst gefährliche Abenteuer erlebt", bemerkte Kaschka mit leichtem Spott in der Stimme. „Seid ihr sicher, dass ihr noch mehr Fische erbeuten könnt?"

„Dumme Frage", antwortete Ikaros, „im Meer warten Tausende Fische nur darauf, von uns gefangen zu werden. Wenn nicht etwas absolut Unerwartetes passiert, steht seit heute fest, dass wir hier nicht mehr verhungern werden."

„Super", rief Kaschka, „dann können wir ja endlich damit beginnen, die Insel nach versteckten Schätzen abzusuchen!"

„Aber vorher werden wir uns die Bäuche voll schlagen, um wieder zu Kräften kommen", bestimmte Ikaros. „Den Thunfisch kann man übrigens auch roh essen."

„Wirklich?", fragten die Brüder.

„Probiert es einfach, er schmeckt roh fast noch besser als gebraten."

„Was du alles weißt", sagte Alara.

„Quatsch, ich weiß nicht alles", entgegnete Ikaros. „Außerdem wisst ihr viele Dinge, von denen ich keine Ahnung habe.

Und das, was ihr noch nicht wisst, könnt ihr leicht nachholen.

Sobald wir in Athen sind, beschaffe ich für euch die besten Lehrer, die es gibt."

Im Stillen dachte er jedoch: Hoffentlich habe ich nicht schon wieder zu viel versprochen.

„Das wird bestimmt sehr spannend", antwortete Alara, „ich freue mich schon darauf."

Während des Essens fragte Ikaros seine schwarzen Freunde, ob sie eine Ahnung hätten, wie man Fische trocknet.

„Eigentlich nicht", antwortete Alara, „damit hatten wir noch nie etwas zu tun."

„Aber manchmal mussten wir Ziegenfleisch trocknen", korrigierte Kaschka seinen Bruder. „Mit den Fischen könnten wir das genauso machen."

„Und wie wurde das Ziegenfleisch getrocknet?", fragte Ikaros genervt. „Muss ich euch denn immer alles aus der Nase ziehen?"

„Bitte entschuldige", antwortete Alara. „Wir haben uns das so angewöhnt. Als Sklaven durften wir den Mund nur aufmachen, wenn wir gefragt wurden."

„Nun gut", sagte Ikaros besänftigt, „also wie habt ihr Ziegenfleisch getrocknet?"

„Als erstes haben wir das Fleisch mit Salzwasser eingerieben, dann in fingerdicke Streifen geschnitten, dann die Streifen auf eine Schnur gezogen und schließlich die Schnur mit den Fleischstreifen an einem sonnigen und windigen Platz aufgehängt. Nach spätestens zwei Wochen war das Fleisch knochentrocken", erklärte Kaschka.

„Wie wollen wir hier an eine Schnur herankommen?", wandte Alara ein.

„Kein Problem, wir kriegen das auch ohne Schnur hin. Wir benutzen Äste statt Schnüre", antwortete der praktisch veranlagte Kaschka.

„Und wie stellst du dir das vor?", fragte Alara weiter.

„Wir suchen Äste, die lang genug sind, dass wir mindestens ein halbes Dutzend Fische aufspießen können. Dann errichten wir aus den hier herumliegenden Steinen zwei halbhohe Stelen, und zwar so weit auseinander, wie die Äste lang sind. Dann legen wir die Äste mit den aufgespießten Fischen auf die Stelen. Dabei müssen wir nur darauf achten, dass die Fische frei hängen, sie also weder einander noch die Erde berühren."

„Das müsste funktionieren", meinte Ikaros. „Aber weshalb extra Stelen bauen? Weshalb rammen wir nicht zwei kräftige, an einem Ende gegabelte Äste in die Erde und legen den Ast mit den aufgespießten Makrelen in die Gabeln?"

„Das klingt vernünftig", sagte Alara.

„Dann sind wir uns ja wieder einmal einig", rief Ikaros. „So machen wir das. Aber bitte nicht mehr heute. Mir fallen vor Müdigkeit gleich die Augen zu. Ich muss erst einmal eine Runde schlafen."

Wenig später war von den Freunden nur noch ein gleichmäßiges Schnorcheln zu hören. Morgens gab es als Frühstück, was am Abend von dem Thunfisch übrig geblieben war. Anschließend machten sie sich an den Bau der Hängevorrichtung für das Trocknen der Makrelen. Da sie perfekt zusammenarbeiteten, war das schnell erledigt. Und bevor die Sonne ihren Scheitelpunkt erreicht hatte, hingen die sechs Makrelen aufgespießt zwischen den zwei als Ständer in den Boden gerammten Astgabeln.

„So, Kameraden, jetzt gibt es aber wirklich keinen Grund mehr, die Erkundung unserer Insel weiter aufzuschieben", sagte Kaschka.

„Wo wollen wir anfangen?", fragte Ikaros. „Was meint ihr? Ihr kennt die Insel besser als ich."

„Ich schlage vor, dass wir da hinten anfangen."

Alara zeigte auf einen Berg in der Mitte der Insel, offensichtlich ihre höchste Erhebung.

„Quatsch," widersprach Kaschka, „sollte es hier Piratenschätze geben, sind sie bestimmt in einer Höhle an einer der Steilküsten versteckt. Da müssen wir beginnen."

„Das leuchtet ein", sagte Ikaros. „Weshalb sollten die Piraten ihre Schätze auf einen Berg geschleppt haben, wenn es Verstecke in Küstennähe gibt? Nehmen wir uns als Erstes die südliche Steilküste vor. Da gibt es eine Bucht, die sich als Ankerplatz für Schiffe eignet."

„Woher weißt du das schon wieder?" Alara sah Ikaros skeptisch an.

„Ich habe meine Augen offen gehalten", antwortete Ikaros. „Die Bucht habe ich entdeckt, als wir mit dem Boot auf dem Meer waren. Und von meinem Vater weiß ich, dass Schiffe meistens in Buchten ankern, weil sie dort vor Stürmen geschützt sind und, was auch sehr wichtig ist, weil sie dort vom offenen Meer aus nicht entdeckt werden können."

Sie nahmen nicht den direkten Weg, sondern liefen zum Strand, um an der Küste entlang bis zur südlichen Steilküste zu gelangen. Dies war zwar ein Umweg. Aber sie wollten nicht die hohe Steilküste hinunterklettern müssen, um an die Höhlen zu kommen. Von unten hinaufzuklettern, erschien ihnen einfacher.

Der Weg war wesentlich länger, als sie vermutet hatten, und verdammt anstrengend. Sehr schmal, felsig und stark abschüssig zum Meer. Häufig wurden sie auch von im Weg liegenden Felsbrocken gezwungen, ins Meer auszuweichen und im kalten Meerwasser zu waten.

„Tempo!", rief Kaschka nach einer Weile. „Wenn wir heute noch fündig werden wollen, müssen wir uns beeilen, denn die Sonne geht bald unter. Es macht keinen Sinn, im Dunkeln etwas zu suchen, von dem wir noch nicht einmal wissen, ob es überhaupt existiert."

„Wenn ich daran denke, dass wir den langen Weg auch wieder zurückmüssen, möchte ich am liebsten gleich umkehren", stöhnte Alara.
„Nichts da, Bruder", bestimmte Kaschka, „wir haben beschlossen, heute die ganze südliche Steilküste abzusuchen. Und dabei bleibt es."
„Okay, okay", grummelte Alara, „ich habe ja auch nur gemeint…"

Nach gut einer Stunde Marsch erreichten sie die erste Steilküste, mit einigen kleinen Höhlen, die sie jedoch nicht beachteten.

„Es wäre reine Zeitverschwendung, wenn wir auch diese mickrigen Höhlen durchsuchen würden", hatte Ikaros gesagt. „Die Bucht, die ich gestern vom Meer aus gesehen habe, liegt mindestens eine Stunde südlich von hier. Wir müssen also weiter. Wenn die Piraten ihre Beute in einer Höhle gebunkert haben, dann dort."

Und tatsächlich, nach einer weiteren Stunde Marsch erreichten sie die von Ikaros am Vortag entdeckte Bucht. Sie ragte etwa fünfzig Meter in die Steilküste hinein und bot sich als Ankerplatz für Schiffe, die vom offenen Meer aus nicht gesehen werden sollten, geradezu an. Die Steilküste selbst bestand aus mehreren zerklüfteten, ineinander verschachtelten bis zu dreißig Meter hohen schroffen Felsen.

„Mann, hier gibt es aber viele Höhlen!", rief Alara. „Wenn wir die alle durchsuchen wollen, brauchen wir Tage."

„Weshalb denn gleich alle?", fragte Ikaros. „Wir nehmen uns zunächst nur die Höhlen vor, die man ohne große Kletterei erreichen kann."

„Wieso das denn?", wunderte sich Kaschka.

„Versetz dich in die Piraten, mein Freund. Glaubst du, dass die viel klettern wollen, um an ihre Lager zu kommen?

Für die ist nur wichtig, dass die Lager einfach zu erreichen sind und Fremden verborgen bleiben."

„Okay, das leuchtet ein. Beginnen wir also mit den leicht erreichbaren Höhlen."

„Wollen wir wirklich noch heute anfangen?", gab Alara zu bedenken. „Ich finde, dafür ist es schon zu spät. Wenn in ein, zwei Stunden die Sonne untergeht, müssen wir sowieso aufhören. Und dann müssten wir die ganze Strecke zum Lager zurück, das heißt, im Dunklen den schmalen Küstenstreifen entlang stolpern. Es wäre doch viel vernünftiger, sofort umzukehren und morgen, möglichst ganz früh, mit frischen Kräften zur Steilküste zurückzulaufen. Morgen hätten wir dann genug Zeit, um vor Sonnenuntergang alle Höhlen zu untersuchen."

„Bruder, ich kenne dich. Du willst wieder einmal kneifen", unterbrach ihn Kaschka. „Ich bin dafür, dass wir sofort anfangen. Vor Eintritt der Dunkelheit können wir noch eine Menge Höhlen untersuchen. Vielleicht haben wir Glück und stoßen sogar schon auf die mit dem Piratenschatz. Und wenn es dunkel wird, schlafen wir einfach in einer Höhle. Dadurch gewinnen wir Zeit."

„Möglicherweise hat Alara aber doch recht", wandte Ikaros ein. „Wenn wir in einer Höhle übernachten wollen, müssten wir heute Abend hungern. Denn zu essen gibt es hier nichts."

„Ich kann einen Tag ohne Essen überleben, ihr etwa nicht?" Kaschka sah herausfordernd in die Runde.

„Ohne Essen schon," antwortete Ikaros. Aber es gibt hier auch kein Süßwasser, und bis morgen Abend kommen wir ohne Wasser nicht aus. Meine Kehle ist bereits jetzt ausgetrocknet."

„Meine Kehle eigentlich auch", gab Kaschka zu. „Weshalb nur haben wir Blödmänner kein Wasser mitgenommen?"

„Ja, weshalb nur", sagte Alara nachdenklich. „Künftig müssen wir unsere Aktionen viel besser vorbereiten. Jetzt bleibt uns wirklich nichts anderes übrig, als umzukehren."

Es gab keinen Widerspruch. Sie machten kehrt, und nach einem anstrengenden Dreistundenmarsch – die letzte Stunde in totaler Dunkelheit – erreichten sie erschöpft ihr Lager. Ausgedörrt warfen sie sich über die Wasserstelle und tranken, bis sie fast platzten. Als Abendmahlzeit gab es die wenigen Datteln, die vom Frühstück übrig geblieben waren. Die zum Trocknen aufgehängten Makrelen rührten sie nicht an.

„Angetrocknete Fische darf man nicht essen", hatte Ikaros gewarnt, „davon wird man krank."

„Wenn das so ist", erklärte Alara, „dann müssen wir die Durchsuchung der Höhlen noch einmal verschieben."

„Weshalb denn schon wieder?", fragte Kaschka.

„Weil wir uns vorher einen ordentlichen Vorrat an frischen Fischen anlegen sollten. Ein weiteres Mal möchte ich nämlich nicht mit knurrendem Magen einschlafen müssen."

„Recht hast du", antworteten Kaschka und Ikaros schläfrig.

Alara und Kaschka schliefen sofort ein. Ikaros blieb noch lange wach. Er machte sich um seine nubischen Freunde Sorgen. Was würde in Athen aus ihnen werden? War es nicht voreilig gewesen, ihnen großspurig zu versprechen, sie in Athen schützen zu können? War es richtig, einfach zu behaupten, sie seien jetzt keine Sklaven mehr, weil sie auf Dia keinen Herrn hätten? Was, wenn man sie in Athen als geflohene Sklaven erkennt? Es war zwar unwahrscheinlich, dass Athen Alara und Kaschka dem verhassten Kreterkönig Minos ausliefern würde. Aber man würde sie mit Sicherheit festnehmen und auf einem Sklavenmarkt versteigern. Könnte ich als Sohn des wegen Mordes gesuchten Dädalos das wirklich verhindern? fragte er sich.

Bislang hatte sich Ikaros noch niemals Gedanken über das Schicksal eines Sklaven gemacht. Sie waren einfach da, hatten einen Herrn, dem sie gehorchen mussten, und wurden bestraft, wenn sie das nicht taten. Er erinnerte sich auch nicht, jemals einen einzelnen Sklaven wirklich zur Kenntnis genommen zu haben. Vielleicht Agluja, Ariadnes schöne trojanische Sklavin. Er dachte an das Entsetzen, das ihn gepackt hatte, als Minos damit prahlte, dass seine Henker Agluja zu Tode gefoltert hätten. Wie ist es nur dazu gekommen, dass ich mir jetzt Sorgen um die entlaufenen Sklaven Alara und Kaschka mache? fragte er sich. Empfinde ich Freundschaft für sie? Empfinden die beiden Freundschaft für mich? Geht das überhaupt, dass Sklaven Freunde von freien Bürgern sind und freie Bürger Freunde von Sklaven? Setzt Freundschaft nicht gleiche Rechte voraus? Und haben Alara und Kaschka die gleichen Rechte wie ich, nur weil ich sie wie Gleiche behandele? Nein, das haben sie nicht. Überall, wo es freie Bürger gibt, sind und bleiben sie Sklaven, nahezu rechtlos ihrem Eigentümer ausgeliefert. Wie mögen Sklaven wohl über freie Bürger denken. Gehorchen sie ihnen aus Respekt oder nur aus Angst vor Strafe?

Plötzlich fiel Ikaros seine Mutter ein, die er nur aus Erzählungen kannte. Sie sei eine wunderschöne trojanische Sklavin gewesen und kurz nach seiner Geburt aus Athen geflohen, hatte ihm der Vater erzählt. Weshalb mochte sie wohl geflohen sein? Liebte sie mich nicht? Oder konnte sie es nicht ertragen, als Sklavin zu leben?

Und wenn Mutter wirklich eine Sklavin gewesen sein sollte, war er dann nicht auch ein Sklave? Unsinn, dachte Ikaros. Alle Leute haben mich doch stets mit Respekt behandelt, als Sohn des berühmten Erfinders Dädalos.

Und Vater, wie hat der mich eigentlich behandelt? Wie ein liebevoller Vater seinen Sohn? Nein, eher wie einen Schüler, der wie ein Sklave widerspruchslos gehorchen muss. Wie mögen Sklaven denken und fühlen? Etwa genauso wie wir? Hoppla, darf ich überhaupt *wir* sagen, wo ich doch möglicherweise selbst ein Sklave bin? Ikaros kam mit der Grübelei nicht weiter. Jede Frage führte zu einer neuen Frage. Schließlich fielen ihm die Augen zu und er schlief ein.

Am nächsten Morgen, unmittelbar nach Sonnenaufgang, rappelten sich die Freunde mühsam auf. Sie waren von dem gestrigen kräfteverschleißenden Ausflug zur Steilküste noch ziemlich angeschlagen. Außerdem waren sie missmutig, weil ihre Mägen knurrten.

„Jungs, seid ihr damit einverstanden, dass ihr die Jagd auf die Fische übernehmt?", fragte Ikaros verschlafen. „Ich glaube, dafür bin ich heute nicht fit genug. Ich habe verdammt schlecht geschlafen."

Überrascht blickte Alara auf: „Traust du uns wirklich zu, dass wir ohne deine Hilfe auch nur einen Fisch aus dem Meer ziehen?"

„Dumme Frage."

„Das meine ich auch", sagte Kaschka. „Weshalb sollte Ikaros uns das nicht zutrauen? Das Boot beherrschen wir, sonst wären wir ja kaum hier angekommen. Und die Makrelen, die werden wir schon ins Boot kriegen."

„Genau das wollte ich hören", sagte Ikaros.

„Und was machst du in der Zwischenzeit?", fragte Alara.

„Jedenfalls nicht auf der faulen Haut liegen. Ich werde weitere Vorrichtungen für das Trocknen von Fischen bauen. Außerdem werde ich das Buschwerk da hinten nach Vogelnestern absuchen. Vielleicht entdecke ich dabei auch einige Dattelpalmen mit reifen Datteln."

Sobald die beiden außer Sichtweite waren, setzte sich Ikaros auf einen Stein, um nachzudenken. Was müssen wir noch alles erledigen, bevor wir nach Athen aufbrechen können? überlegte er. Das Wichtigste ist, dass wir das alte Fischerboot hochseetüchtig machen. Dafür brauchen wir ein Segel, einen Mast, und neben dem Steuerruder zwei weitere Ruder.

Den Mast können wir aus einem Baum zimmern. Die Ruder wohl auch. Aber woher nehmen wir das Segel? Außerdem brauchen wir Nahrungsvorräte. Ich schätze, die Fahrt wird gut eine Woche dauern. Das heißt, wir brauchen Nahrung für mindestens eine Woche. Das ist machbar. Zwölf getrocknete Makrelen und ein paar Handvoll Datteln dürften genügen. Außerdem brauchen wir Süßwasser. Wir haben aber nur einen Wasserkrug, und der fasst kaum drei Liter. Viel zu wenig für eine Woche. Unterwegs irgendwo zwischenlanden, um Trinkwasser aufzunehmen? Schwierig. Darauf sollten wir uns auch nicht verlassen. Wenn ich nichts vergessen habe, haben wir also zwei echte Probleme: Segel und Süßwasser.

Obwohl er hin und her überlegte, ihm kam keine Idee, wie man diese beiden Probleme lösen könnte. Er beschloss deshalb, erst einmal etwas Praktisches zu machen, nämlich zwei weitere Vorrichtungen zum Trocknen von Fischen zu bauen. Nachdem das erledigt war, lief er zu dem Buschwerk, um nach Vogelnestern zu suchen. Das Buschwerk bestand aus kugeligen, immergrünen dornigen Sträuchern. Für Vögel der ideale Ort zum Nisten.

Die dornigen dicht stehenden Sträucher hinderten ihn jedoch, zu den Nestern, so es welche gab, durchzudringen.

Er umlief das Buschwerk und stieß auf eine kleine Waldung mit Pistazienbäumen und Zypressen. Leider waren die Pistazien noch nicht reif. Aber immerhin handelte es sich um richtige Bäume und nicht um Büsche und Sträucher.

Super, dachte Ikaros, hier wachsen die Ruder und der Mast für unser Boot. Das sind genau die Bäume, aus denen wir die Ruder und den Mast zimmern werden.

Ikaros entdeckte noch etwas: Spuren von Wildziegen. Jedenfalls glaubte er, dass die am Rand der Waldung liegenden, olivenkerngroßen dunkelbraunen Köttel von Wildziegen stammten. Wo Ziegenköttel sind, muss es auch Ziegen geben, überlegte er, und versteckte sich hinter einen dichten Busch, wenige Meter vom Waldrand entfernt, den vorsorglich mitgebrachten Bronzespieß wurfbereit.

Lange Zeit passierte nichts. Er wollte schon aufgeben. Da hörte er das typische Meckern von Ziegen, und am Waldrand tauchten drei Ziegen auf, die nach Kräutern und Gräsern suchten. Ein Bock mit langen nach hinten gebogenen Hörnern und zwei kleine Geißen. Ikaros schlich sich vorsichtig näher. Offensichtlich nicht vorsichtig genug. Der Bock hob witternd den behörnten Schädel, blickte Ikaros erschrocken an und stürmte davon. Die beiden Geißen folgten. Ikaros zögerte keine Sekunde und schleuderte den Bronzespieß in Richtung der davonrasenden Ziegen. Zu seiner Überraschung – er hatte eigentlich nicht damit gerechnet – holte der Spieß die kleinste der Ziegen ein und bohrte sich in ihren Rücken. Die Ziege schrie laut auf und brach tot zusammen. Der Schrei der kleinen Ziege klang wie der Schrei eines tödlich verletzten Kindes.

„Was habe ich nur getan?", dachte er entsetzt. „Was bedeutet der grauenhafte Schrei? Stand das Zicklein etwa unter dem Schutz eines Gottes? Wohl kaum. Denn wie hätte mein Spieß die Ziege ohne die Hilfe der Jagdgöttin Artemis treffen können?"

Diese Überlegung beruhigte Ikaros.

Er warf die tote Ziege über seine Schulter und machte sich auf den Rückweg. Als er an dem Lagerplatz eintraf, waren Alara und Kaschka bereits da, ziemlich niedergeschlagen.

„Heute haben wir kein Glück gehabt", riefen sie ihm entgegen. „Es war viel zu stürmisch. Wir mussten deshalb ohne Beute zurück ans Land. Sonst wären wir womöglich gekentert und ertrunken."

„Das war richtig so", sagte Ikaros. „Aber verratet mir bitte, könnt ihr etwa nicht schwimmen?"

„Nein, das können wir leider nicht", antwortete Alara.

„Wer sollte uns das beigebracht haben?"

„Macht nichts", tröstete Ikaros die beiden. „Aber ihr müsst das unbedingt noch lernen, bevor wir in See stechen. Wenn ihr wollt, werde ich euch dabei helfen."

Jetzt erst bemerkten die Brüder, welche Beute Ikaros auf der Schulter trug. „Wie bei Zeus ist dir das gelungen?", riefen sie verblüfft. „Wir leben hier bereits seit fast zwei Jahren und haben noch keine einzige Ziege erbeutet!"

„Ich hatte halt Glück", antwortete Ikaros.

„Glück hat aber nur der Tüchtige", sagte Alara bitter, „und zu den Tüchtigen gehören wir Sklaven offenbar nicht."

„Totaler Unsinn!", widersprach Ikaros. „Wer hat dir das erzählt? Und hör endlich auf, dich zu bemitleiden, nur weil du einmal ein Sklave warst. Glaube mir, Glück hat mit Tüchtigkeit nichts zu tun. Man hat Glück, wenn man zur richtigen Zeit am richtigen Ort ist. Und wenn – so sagen die Priester – die Götter helfen. Ob das mit den Göttern wirklich stimmt, weiß ich nicht genau. Ich habe da meine Zweifel. Sehen wir die Sache mit der Ziege doch einfach so: Mein heutiges Glück war der Ausgleich für euer heutiges Pech."

„Das klingt logisch", sagte Kaschka, „ist aber eigentlich egal. Viel wichtiger als euer schlaues Gerede ist es, dass wir die Ziege ausweiden und ihr das Fell abziehen. Wenn ihr einverstanden seid, werde ich das übernehmen."

„Weshalb sollten wir nicht", antwortete Ikaros, „schneide die kompakteren Fleischstücke bitte in Streifen. Die werden wir trocknen und mit den Makrelen als eiserne Reserve zurücklegen."

Alsdann berichtete Ikaros von dem mit dornigen Sträuchern und Büschen bewachsenen Hügel und der kleinen Waldung, die er entdeckt hatte.

„Meint ihr, dass wir es hinkriegen, aus den Baumstämmen den Mast und die Ruder zu zimmern?"

„Aber sicher", rief Kaschka, „notfalls schaffe ich das allein."

„Dann fehlt uns eigentlich nur noch das Segel. Habt ihr eine Idee, wie wir an ein Segel kommen?"

Nach längerem Schweigen meldete sich Alara zu Wort: „Wir haben doch eine ganze Menge Felle. Können wir die nicht verwenden?"

„Vielleicht. Wir müssten sie aber erst einmal abschaben und geschmeidig machen, damit sie zu Leder werden. Wisst ihr, wie man das macht? Ich habe null Ahnung."

„Da sind wir sogar echte Experten", sagte Kaschka stolz.

„Wir haben oft Felle abschaben müssen und geschmeidig gemacht. Unser Herr hat nämlich mit Leder gehandelt."

„Super", antwortete Ikaros, „versuchen wir es also mit den Fellen."

„Worin werden wir das Trinkwasser aufbewahren?", fragte Alara. „Der eine Krug, den wir haben, reicht bestimmt nicht bis nach Athen. Wir brauchen mindestens zwei weitere Krüge."

„Ich weiß zwar noch nicht wie, aber irgendwie werden wir auch dieses Problem lösen", sagte der wie immer optimistische Kaschka.

„So die Götter wollen", meinte Alara skeptisch.

„Weshalb sollten sie das nicht wollen?", beruhigte Kaschka seinen Bruder. „Mussten wir vor zwei Tagen nicht noch befürchten, verhungern zu müssen? Und heute? Das zeigt doch, dass die Götter uns wohlgesinnt sind."

Obwohl Ikaros bezweifelte, dass seine Idee, Fische zu fangen und Vogelnester zu plündern, von irgendeinem Gott kam, widersprach er nicht. Wenn Alara und Kaschka dies glaubten und deshalb der Meinung sind, dass die Götter uns auch künftig helfen werden, umso besser, sagte er sich.

„Und wie geht es jetzt weiter?", fragte Alara.

„Wir machen uns über das restliche Ziegenfleisch her. Ich bin nämlich verdammt hungrig", antwortete Kaschka.

„Essen wir das Fleisch etwa auch roh, wie den Thunfisch?"

„Unsinn", entgegnete Ikaros. „Es wird natürlich geröstet."

Und so geschah es. Wenig später saßen die Freunde an der Feuerstelle und vertilgten heißhungrig geröstetes, mit Kräutern köstlich gewürztes Ziegenfleisch.

„Für morgen schlage ich vor", sagte Ikaros kauend, „dass Kaschka die Bäume für den Mast und die Ruder aussucht und auf dem Rückweg die Vogelnester mit den eingesperrten Küken überprüft. Einige der Küken dürften inzwischen groß genug sein, dass es sich lohnt, sie zu braten. Währenddessen könnten Alara und ich noch einmal zum Fischen aufs Meer fahren."

Der Vorschlag wurde ohne Diskussion angenommen.

Obwohl die Freunde weder wussten, ob die Piraten auf der Insel überhaupt ein Vorratslager angelegt hatten, noch, was sie darin finden würden, beschlossen sie, sich an die Umrüstung ihres Bootes erst nach der Durchsuchung aller in Betracht kommenden Höhlen zu machen. Sie hofften nämlich, auch Werkzeuge und Geräte zu finden, die ihre Arbeit an dem Boot erleichtern könnten. Anschließend rollten sie sich in ihre Felle und schliefen schnell ein.

Gleich nach Sonnenaufgang zog Kaschka los, um für den Mast und die Ruder geeignete Bäume zu suchen. Ikaros und Alara fuhren zum Fischen aufs Meer.

Gegen Mittag trafen die drei wieder zusammen. Alara und Ikaros hatten ein Dutzend Makrelen gefangen. Und Kaschka brachte sechs gut genährte Vogelküken und zwei Dutzend Datteln mit.

„Ich habe die Bäume für den Mast und die Ruder gekennzeichnet, damit wir sie auch wieder finden. Wollen wir gleich los, um sie zu fällen?", fragte Kaschka.

„Ich würde mich lieber für den Rest des Tages ausruhen", wandte Alara ein. „Denn morgen geht es in die Höhlen, und das wird bestimmt kein Kinderspiel werden."

„Davon müssen wir ausgehen", sagte Ikaros. „Wir haben heute Morgen vom Boot aus versucht, uns einen Überblick über die südliche Steilküste zu verschaffen. Ich kann nur sagen, morgen wird ein verdammt anstrengender Tag. Beim Überprüfen der Steilküste ist uns übrigens etwas Seltsames aufgefallen, für das wir keine Erklärung haben. Es sah wie die Rauchsäule einer Feuerstelle aus. Können wir wirklich absolut sicher sein, dass es hier keine anderen Menschen gibt?"

„Wann kann man schon absolut sicher sein?", sagte Alara. „Für mich wäre es allerdings ein Wunder. Denn gäbe es hier noch andere Menschen, wären wir doch längst auf sie gestoßen oder die auf uns. Außerdem ist die Rauchsäule sehr schnell wieder verschwunden. Wer weiß, was das war."

Anschließend, während die Küken am Spieß vor sich hin brutzelten und auch noch, als sie die Küken und die Datteln mit großem Genuss aßen, unterhielten sich die Freunde über dies und das, auch über die Welt der Götter.

„Welche Götter verehrst du ?", fragte Alara Ikaros.

„Natürlich den Göttervater Zeus und seine Tochter Athena, die über meine Heimatstadt Athen wacht, sowie Poseidon, den Gott der Meere. Eigentlich alle griechischen Götter[5], denn es ist möglicherweise gefährlich, einen auszulassen. Und welche Götter verehrt ihr?"

„Diese Frage habe ich mir bereits oft gestellt", antwortete Alara. „Aber ich weiß ja noch nicht einmal genau, ob es Götter gibt, die für uns Sklaven zuständig sind.

Unsere Eltern haben den widderköpfigen Gott Amun angebetet, den obersten Gott der Nubier. Der hat unseren Eltern bei ihrer Flucht jedoch nicht geholfen.

Vielleicht sind für Sklaven auch die Götter ihrer Herren zuständig. Vielleicht wäre unseren Eltern die Flucht gelungen, wenn sie nicht Amun, sondern die Götter der Kreter angebetet hätten. Manchmal denke ich auch, dass es völlig egal ist, welche Götter wir Sklaven anbeten, denn die stehen im Zweifel doch immer auf der Seite der Herren."

„Bitte sei vorsichtig", stoppte Kaschka seinen Bruder.

„Verärgere die Götter nicht. Wir brauchen sie noch!"

„Apropos brauchen, es wäre gut, wenn wir wenigstens wüssten, welchen Gott wir brauchen, um nach Athen zu kommen", sagte Ikaros mit einem verschmitzten Lächeln. „Dann könnten wir versuchen, ihn mit einer kleinen Spende zu bestechen, zum Beispiel mit einigen Eiern."

„Darüber darf man keine Scherze machen", rief Alara erschrocken. „Götter sind nicht bestechlich."

Wenn das mal stimmt, dachte Ikaros.

Am nächsten Morgen, sofort nach Sonnenaufgang, machten sich die Freunde auf den Weg zur südlichen Steilküste, diesmal – darauf hatte Alara bestanden – mit einem vollen Wasserkrug. Da sie ausgeruht waren, kamen sie zügig voran. Nach knapp zwei Stunden hatten sie ihr Ziel erreicht:

Die Bucht, bis zu der sie zwei Tage zuvor gekommen waren.

„Falls hier schon einmal ein Schiff gelandet ist, muss es Spuren hinterlassen haben. Danach sollten wir als Erstes suchen", schlug Kaschka vor.

Gesagt, getan. Aber Fehlanzeige.

„Das heißt überhaupt nichts", sagte Ikaros. „Wenn es hier Spuren gegeben hat, werden sie vom Meer weggespült worden sein. Beginnen wir also mit der Durchsuchung der Höhlen. Wir wollen doch heute noch damit fertig werden."

Das Mädchen aus Sidon

Gerade als sie in die erste und am leichtesten zu erreichende Höhle klettern wollten, wurde Alara unruhig. „Wartet", flüsterte er, „ich glaube, wir werden beobachtet."

„Deshalb musst du doch nicht flüstern", sagte Ikaros spöttisch. „Wenn uns jemand beobachtet, weiß der doch schon, dass wir hier sind. Aus welcher Richtung meinst du denn, dass wir beobachtet werden?"

„Genau kann ich das nicht sagen. Wahrscheinlich von da hinten", antwortete Alara und zeigte auf einen etwa hundert Meter entfernten schroffen Felsvorsprung. „Hoffentlich lauern da keine Piraten auf uns."

„Du hast wirklich eine blühende Fantasie", sagte Ikaros.

„Wie sollten die hier hergekommen sein? Oder siehst du irgendwo ein Schiff?" Dann rief Ikaros übermütig: „Hallo, egal wer ihr seid, kommt hervor und zeigt euch!"

Nichts passierte.

Und Kaschka: „Entweder ihr kommt freiwillig heraus, oder wir holen euch mit Gewalt!"

„Bruder, du willst doch nicht wirklich unbewaffnet nachsehen, ob sich dahinten jemand versteckt?", fragte Alara erschrocken.

„Stell dir vor, plötzlich springen bewaffnete Piraten auf dich zu. Was machst du dann?"

„Ganz einfach", lachte Kaschka, „ich rufe dich zu Hilfe."

„Leute, wie lange wollt ihr noch herumalbern", meinte Ikaros, „soll ich etwa alleine in die Höhle klettern!"

Und dann geschah doch etwas. Hinter dem Felsvorsprung eine Bewegung. Und dann eine verängstigte Mädchenstimme: „Bleibt wo ihr seid! Ich werde euch töten, wenn ihr auch nur einen Schritt näher kommt."

Ikaros übernahm das Kommando: „Weshalb willst du uns gleich töten?", rief er. „Sollten wir nicht erst einmal miteinander sprechen, bevor wir uns gegenseitig umbringen?"

„Gut, dann sagt mir, was ihr von mir wollt!"

„Eigentlich nichts, wir sind nur neugierig."

Ikaros ging ein Stück auf den Felsvorsprung zu.

„Wenn ihr nichts wollt, dann lasst mich in Frieden."

„Du brauchst vor uns wirklich keine Angst zu haben. Wir sind unbewaffnet. Aber vielleicht können wir dir helfen oder du uns."

„Das kann jeder sagen. Und wie kommst du eigentlich darauf, dass ich Angst habe? Weil ich ein Mädchen bin? Passt nur auf, ich bin bewaffnet."

„Weshalb bist du so misstrauisch? Ich schwöre bei Zeus, wir wollen dir wirklich nichts tun. Außerdem bist du bewaffnet. Siehst du eine Waffe bei uns?"

„Ich bin nicht misstrauisch. Ich bin nur vorsichtig. Und Waffen? Die könntet ihr versteckt haben."

„Aber ich habe dir doch bei Zeus geschworen, dass wir nichts Böses vorhaben."

„Dein Schwur auf Zeus nützt mir überhaupt nichts, denn Zeus ist nicht mein Gott. Sage mir endlich, wer ihr seid und was ihr hier macht."

„Entschuldigung, dass ich uns noch nicht vorgestellt habe. Wir sind Flüchtlinge aus Kreta. Hier sind wir rein zufällig gelandet. Wenn wir könnten, würden wir die öde Insel sofort verlassen. Leider wissen wir nicht, wie. Wir haben nämlich nur ein altes, marodes Fischerboot."

„Und wo wollt ihr hin?"

„Nach Athen, in meine Heimatstadt. Ich bin Ikaros, der Sohn des Athener Erfinders und Baumeisters Dädalos. Und das sind meine Freunde Alara und Kaschka. Sie begleiten mich nach Athen."

„Da will ich auch hin. Nehmt ihr mich mit?"

Langsam wurde Ikaros ungeduldig. „Wenn du dich vor uns versteckst, wie sollen wir dich da mitnehmen? Und wie sollen wir entscheiden, ob wir dich mitnehmen, wenn du uns nicht sagst, wer du bist und was mit dir los ist?"

„Da ist was dran", antwortete die Stimme, und ein zierliches, etwa fünfzehn Jahre altes Mädchen, fast eine junge Frau, sprang hinter dem Felsvorsprung hervor. Es war einen Kopf kleiner als Ikaros, hatte lange schwarze Haare, braune Augen mit einem leichten Silberblick und war bekleidet mit einem knöchellangen Gewand aus chinesischer Seide, das einmal weiß gewesen sein musste, jetzt aber grau und mit Flecken übersät war.

„So, hier bin ich", rief es. „Ich heiße Saida und komme aus Sidon in Phönizien[6]. Außerdem knurrt mein Magen. Habt ihr etwas zu essen für mich?"

„Leider nur ein paar Datteln", antwortete Alara, vor Aufregung stotternd. „Hier nimm sie. Nachher, in unserem Lager, gibt es mehr. Wir könnten Makrelen für dich braten."

„Du gehst ja ganz schön ran", unterbrach ihn Kaschka. „Hast du vergessen, dass deine neue Freundin uns vor wenigen Minuten noch töten wollte? Meinst du nicht, dass sie uns erst einmal erklären muss, wer sie ist und was sie hier auf der Insel macht, bevor wir sie in unser Lager einladen?"

„Kein Problem", sagte das junge Mädchen selbstbewusst. „Ich bin vor einer Piratenbande abgehauen, bin also Flüchtling wie ihr. Weshalb aber seid ihr aus Kreta geflohen? Kreta soll doch schön sein. Mein Vater hat mir erzählt, dass man dort gute Geschäfte machen kann."

Grausamer Herrscher aber gute Geschäfte. So kann man Kreta also auch sehen, dachte Ikaros. Er ging darauf aber nicht weiter ein, sondern fragte das seltsame Mädchen, wie sie denn in die Hände von Piraten geraten sei.

„Es war so", antwortete sie: „Mein Vater handelt mit Zedernholz, das er mit eigenen Schiffen überall dahin liefert, wo man das Holz braucht, nach Kreta, Sizilien oder auch nach Athen. Vor einigen Wochen wollte er mit einer Ladung Zedernholz nach Kreta. Weil ich gerade Geburtstag hatte, durfte ich mit. Das war mein Pech. Kurz vor Kreta wurde unser Schiff von Seepiraten gekapert. Es war fürchterlich. Die Piraten töteten die gesamte Schiffsbesatzung, klauten das Zedernholz und verbrannten schließlich auch noch das Schiff. Mich und meinen Vater nahmen sie als Beute mit. Ich vermute, sie wollten für meinen Vater Lösegeld erpressen und mich als Sklavin verkaufen."

„Und was geschah dann?", fragte Alara.

„Wenige Tage nachdem sie unser Schiff gekapert hatten, landeten die Piraten auf dieser Insel, wahrscheinlich um hier ihre Beute zu verstecken. Und als sie einmal nicht auf mich aufpassten, bin ich abgehauen. Leider ohne meinen Vater, denn den hatten sie angekettet."

„Das war aber sehr mutig ", sagte Alara bewundernd. „Hattest du denn keine Angst, ganz allein zu fliehen?"

„Was heißt Angst?", erwiderte Saida. „Ich hatte doch nur die Wahl zwischen zwei Übeln: Entweder auf der Flucht erwischt und getötet oder als Sklavin an einen widerlichen alten Mann verkauft zu werden."

„Und wie haben dich die Piraten behandelt?"

„Nicht gut und nicht schlecht. Den meisten einfachen Piraten ging es schlechter als mir. Wenn die dem Kapitän nicht gehorchten, wurden sie verprügelt und mussten hungern. Mich haben sie eigentlich zufrieden gelassen. Ich erhielt auch das gleiche Essen wie die Offiziere. Ich war für sie wohl eine Handelsware, die nicht beschädigt werden durfte."

„Sind die Piraten noch hier?", fragte Ikaros.

„Nein, sie blieben nur einen Tag. Als sie fortsegelten, hatten sie noch keine Ahnung, dass ich abgehauen war. Sonst hätten sie bestimmt die ganze Insel umgegraben, um mich zu finden."

„Ein Glück", sagte Ikaros, „denn dann hätten sie auch uns entdeckt. Wo hat das Piratenschiff denn geankert? Hier in dieser Bucht?"

„Nein, nicht hier, sondern auf der anderen Seite der Insel, an der nördlichen Steilküste. Da haben sie in einer großen Höhle ihr Vorratslager."

„Und was hast du seit deiner Flucht gemacht?", fragte Ikaros weiter.

„Ich habe mich auf der Insel umgesehen, das Lager der Piraten durchsucht, mich hier verkrochen, gewartet und gehofft, dass bald ein Schiff kommt und mich mitnimmt. Zur nördlichen Steilküste bin ich nicht mehr gelaufen. Es hätte ja sein können, dass die Piraten da wieder auftauchen."

„Aber du wirst uns doch trotzdem zu der Piratenhöhle führen?", fragte Kaschka.

„Klar, wenn einer von euch das Meer vor der Küste im Auge behält, damit wir uns verdrücken können, wenn sich ein verdächtiges Schiff nähert."

„Und wovon hast du die ganze Zeit gelebt?", fragte Alara. „Hast du gejagt und Fische gefangen?"

„Wie sollte ich? In Sidon hat man mir solche Dinge nicht beigebracht. Ich habe von den wenigen Lebensmitteln gelebt, die ich auf die Schnelle – ich hatte wahnsinnige Angst –

aus dem Vorratslager der Piraten geklaut hatte. Aber davon ist nichts mehr übrig geblieben. Es war allerhöchste Zeit, dass ihr aufgetaucht seid."

„Willst du damit sagen, dass du uns nicht mehr umbringen willst?" fragte Kaschka grinsend.

„Nur wenn du nicht frech wirst", antwortete das junge Mädchen.

„Okay, dann könntest du uns ja deine Behausung zeigen. Mich würde schon interessieren, wo und wie du wohnst."

„Interessiert dich das wirklich? Viel ist da nicht zu sehen. Aber ihr müsst mir vorher schwören, dass ich mit nach Athen darf."

Die Freunde schauten sich kurz an, nickten einander zu und riefen dann wie aus einem Mund: „Natürlich darfst du mit!"

„Danke", sagte Saida cool, „aber so laut schreien braucht ihr deswegen nicht."

Saidas Behausung war eine stark verrußte Höhle und wenig einladend: ein Fell als Schlafunterlage, eine Feuerschale aus Bronze, ein mit Stierbildern reich bemalter Krug aus Keramik und ein flaches Tongefäß, halb gefüllt mit Weizenkörnern.

„Das sieht hier ja wirklich traurig aus. Wie konntest du es in dieser Höhle nur aushalten?", fragte Alara mitfühlend.

„Na und", antwortete sie, „wo sollte ich mich denn sonst verkriechen?"

„Deinen Krug können wir gut gebrauchen", sagte Kaschka, nachdem er die Höhle sorgfältig durchsucht hatte.

„Aber der eine Krug reicht nicht. Da wir jetzt zu viert sind, brauchen wir mindestens einen weiteren Krug."

„Wieso?", fragte Saida.

„Willst du auf der Schiffsreise nach Athen verdursten? Worin soll denn das Trinkwasser aufbewahrt werden, das wir brauchen, um die lange Fahrt zu überstehen?"

„Mach dir wegen des fehlenden Wasserkruges keine Gedanken", antwortete Saida, „in der Piratenhöhle findest du genug davon."

„Glaubst du, dass die Piraten auch an dieser Steilküste Vorratslager angelegt haben?", fragte Ikaros das Mädchen.

„Ausgeschlossen. Ich habe hier alles gründlich untersucht."

„Wenn das stimmt, schlug Alara vor, „dann sollten wir hier keine weitere Zeit verschwenden. Kehren wir lieber zum Lager zurück und bereiten für unsere hungrige Freundin ein Festmahl aus Makrelen vor."

„Das ist eine hervorragende Idee, Bruder", meinte Kaschka. „Vielleicht kann ich ein paar gut genährte Vogelküken beisteuern."

„Dann man los Leute, zurück zum Lager!", rief Ikaros.

Saida wunderte sich. Obwohl sie gerne gewusst hätte, was es mit den Küken auf sich hatte, unterdrückte sie ihre Neugierde.

Im Lager angekommen, machte sich Kaschka sofort auf den Weg zu seinen eingesperrten Küken. Und Alara zeigte Saida das Lehmziegelhaus, die Feuerstelle, die Vorrichtung zum Trocknen der Fische und die Wasserquelle. „Das Haus haben wir mit unseren eigenen Händen gebaut", erklärte er stolz, „auch die Trocknungsvorrichtung."

Saida hörte zu, interessierte sich zunächst aber ausschließlich für die Wasserquelle.

„Männer, eine solche Quelle habe ich echt vermisst!", rief sie. „Hat einer von euch etwas dagegen, wenn ich mich jetzt erst einmal gründlich wasche? Ich bin total verdreckt."

„Natürlich nicht", antwortete Ikaros, „nur keine Hemmungen. Wasch dich so viel und so lange du willst. Wir werden verschwinden und erst zurückkommen, wenn du rufst."

„Danke, ihr seid echt lieb", antwortete Saida kokett.

Kurz vor Sonnenuntergang war Kaschka zurück. Mit zwölf Vogelküken, die er an den Beinen zusammengebunden hatte.

„Schaut mal, die Küken sind viel größer und fetter als frei herumfliegende Vögel!", rief er.

Und dann sah er Saida. „Bist du tatsächlich das kleine schmutzige Mädchen aus Sidon, das sich in einer verrußten Höhle verkrochen hatte und uns töten wollte?", fragte er überrascht. „Du siehst einfach klasse aus!"

„Ach, halt die Klappe", erwiderte Saida verlegen. „Auf deine Schmeicheleien kann ich gut verzichten. Statt mir jetzt Honig ums Maul zu schmieren, hättest du mit deinen Küken früher zurückkommen sollen. Du wusstest doch, dass ich wahnsinnig hungrig bin."

„Entschuldigung, kleine Dame, deinen Hunger hatte ich total vergessen", antwortete Kaschka. „Ich schwöre dir, dass ich mich bessern werde."

„Ist schon in Ordnung", sagte Saida lächelnd. „Übrigens, es ist ein verdammt gutes Gefühl, endlich wieder richtig sauber zu sein."

„Wir Männer sollten uns vielleicht auch mal waschen", bemerkte Ikaros.

„Das braucht ihr wirklich nicht", sagte Saida, „ich mag euch auch ungewaschen. Aber ich möchte euch um etwas bitten. Darf ich?"

„Natürlich", antwortete Alara. Die beiden anderen nickten.

„Ich will als Mädchen null Bevorzugung, auch keine Schmeicheleien."

„Kein Problem. Wenn du keine weiteren Wünsche hast, damit können wir leben", antworteten die jungen Männer.

Alsdann begannen sie, das Saida versprochene Festmahl vorzubereiten. Kaschka entschuppte und säuberte die für den Abend reservierten Makrelen mit Quellwasser und rieb sie mit unterwegs gesammelten wohlriechenden Kräutern ein. Alara übernahm die unangenehme Aufgabe, den Küken die Köpfe und Füße abzuhacken, sie auszunehmen und ihnen die noch seidigen Federn auszurupfen. „Was sein muss, das muss sein", sagte er mit einem wenig glücklichen Blick auf Saida.

Ikaros holte aus dem Gestrüpp unweit des Lagers ein Bündel trockener Äste. Zum einen, um die Feuerstelle zu speisen und zum anderen um aus den Ästen Bratspieße zu schnitzen.

„Reibe doch deine Küken auch mit den Kräutern ein", forderte Saida Kaschka auf.

„Weshalb eigentlich nicht", antwortete der. „Wenn die Kräuter für die Fische gut sind, sind sie es bestimmt auch für die Küken."

„Jungs, was essen wir zuerst, die Fische oder die Vögel?", fragte Saida.

„Ich bin wahnsinnig gespannt, wie die Küken schmecken. Deshalb würde ich gerne mit den Küken anfangen", schlug Kaschka vor.

„Dann machen wir das so", entschied Saida ohne die Meinung von Ikaros und Alara abzuwarten, und begann, die Bratspieße mit Küken zu bestücken, vier Spieße mit je drei Stück. „Ihr müsst euch bei mir nicht bedanken", sagte sie, als sie die Spieße an die jungen Männer verteilte, „aber rösten und essen müsst ihr die Vögel selbst."

Das Mädchen ist ja ganz schön selbstbewusst, dachte Ikaros. Wenn ich nicht aufpasse, übernimmt sie hier noch die Führung. Er sagte aber nichts, sondern konzentrierte sich darauf, seinen Spieß so über die Feuerstelle zu halten, dass die Küken nicht in das Feuer fielen und er sich nicht die Finger verbrannte.

Die Küken schmeckten köstlich, natürlich auch die Makrelen, der zweite Gang. Während des Essens berichteten die Freunde, wie und wo sie vor ihrer zufälligen Strandung auf der Insel Dia gelebt hatten.

Alara und Kaschka erzählten von ihrem Sklavenleben auf Kreta, dem traurigen Schicksal ihrer Eltern, ihrer Flucht mit dem Fischerboot sowie von der Zeit auf Dia, bevor Ikaros zu ihnen gestoßen war.

„Als Ikaros vom Himmel fiel, hatten wir uns bereits damit abgefunden, auf dieser verdammten Insel bleiben und hier früher oder später verhungern zu müssen", sagten sie. „Aber das ist Vergangenheit. Dank Ikaros haben wir jetzt wieder eine Zukunft."

„Wieso das?", fragte Saida verwundert.

„Ikaros hat versprochen, dass er dafür sorgen wird, dass wir in Athen als freie Menschen leben können", antwortete Alara.

Hoffentlich habe ich nur nicht zu viel versprochen, dachte Ikaros.

„Und du, Ikaros, bist du tatsächlich vom Himmel gefallen?", fragte Saida.

„Ach was", antwortete Ikaros, „ich bin mit meinem Fluggerät abgestürzt. Aber das ist eine komplizierte Geschichte. Es würde zu lange dauern, wenn ich die jetzt erzählte. Bitte erzähle du erst einmal deine Geschichte. Was hast du gemacht, bevor dich die Piraten eingefangen haben?"

„Die Piraten haben mich nicht eingefangen, sondern geraubt", entgegnete Saida kühl.

„Sei doch nicht so pingelig", grummelte Kaschka.

„Ich bin nicht pingelig. Aber zwischen einfangen und rauben liegen Welten. Eingefangen werden Tiere oder entlaufene Sklaven, nicht aber freie Menschen wie ich. Die werden geraubt."

„Du hast recht", entschuldigte sich Ikaros, „ich habe mich falsch ausgedrückt."

„Kein Problem", antwortete Saida versöhnt und fuhr dann fort: „Also, bevor ich geraubt wurde, habe ich in Sidon ein gutes Leben geführt. Mein Vater war wegen seiner Weisheit und Großherzigkeit hoch angesehen. Das färbte natürlich auch auf mich ein wenig ab. Wir wohnten in einem prächtigen Haus, mit vielen Sklaven als Bedienstete. Selbst wenn Vater auf einer seiner Geschäftsreisen war, fehlte es mir an nichts. Mir standen jederzeit Sklaven zur Verfügung, die mich Tag und Nacht betreuten und denen mein Vater befohlen hatte, mir jeden Wunsch von den Lippen abzulesen. Vermutlich hätten sie das auch ohne Befehl getan, weil sie mich als Tochter ihres Herrn liebten. Zumindest glaube ich das."

„Das muss für dich ja ein Paradies gewesen sein", unterbrach Alara das Mädchen.

„Das stimmt", sagte Saida, „allerdings kein 100-prozentiges, denn ich hatte in Sidon keinen einzigen Freund."

„Wie hättest du mich eigentlich behandelt, wenn ich einer deiner Sklaven gewesen wäre?", fragte Alara weiter.

„Und", ergänzte Kaschka die Frage des Bruders, „weshalb willst du mit uns nach Athen und nicht nach Sidon, wo du es so gut hattest?"

Saida war von den Fragen überrascht. Sie blickte die beiden nubischen Jünglinge irritiert an, so, als ob sie sich fragen würde, woher die sich eigentlich das Recht nehmen, ihr solche Fragen zu stellen. Dann verfiel sie in ein nachdenkliches Schweigen.

Ikaros, dem nicht entgangen war, dass die Fragen Saida stark berührt hatten, wollte gerade ein anderes Thema anschneiden, um ihr aus der Klemme zu helfen, als sie endlich antwortete. Entgegen ihrer sonstigen Art sagte sie kleinlaut, fast entschuldigend: „Wie ich dich, lieber Alara, behandelt hätte? Woher soll ich das wissen? Ich kannte dich damals ja nicht. Und deine Frage, lieber Kaschka, ich habe sie mir noch nie wirklich gestellt. Als ich vorhin sagte, ich möchte mit nach Athen, war dies mehr oder weniger unüberlegt. Natürlich könnte ich versuchen, zurück nach Sidon, in mein, wie es dein Bruder bezeichnet hat, Paradies, zu kommen. Aber ich weiß nicht, was mich da erwartet. Ob mein Vater den Piraten entkommen ist oder ob er sich hat freikaufen können, steht in den Sternen. Vielleicht ist er auch tot. Ohne meinen Vater wäre ich in Sidon jedoch schutzlos der Bosheit seines Bruders ausgeliefert. Der habgierige Kerl würde mich bestimmt mit einem seiner widerlichen Geschäftsfreunde verheiraten, denn dann käme er in Besitz unseres schönen Hauses."

„Kann deine Mutter dir nicht helfen?", fragte Kaschka.

„Eine Mutter habe ich nicht mehr", antwortete Saida traurig. „Sie ist bei meiner Geburt gestorben. Es gäbe für mich nur eine einzige Möglichkeit, der Zwangsheirat zu entgehen. Ich müsste mich zur Priesterin weihen lassen. Aber ein Leben als Priesterin, das ist nichts für mich. Dann lieber mit euch nach Athen."

„Aber was willst du denn in Athen? Du kennst dort doch niemanden?", fragte Alara.

„Wieso, ich kenne doch euch. Außerdem werde mich schon irgendwie durchschlagen?"

„Als Mädchen?"

„Dumme Frage, weshalb sollte ich als Mädchen das nicht können?"

Wenn sich Saida da mal nicht irrt, dachte Ikaros. Können, ist eine Sache. Dürfen aber eine andere. Auf sich allein gestellt hätte sie in Athen null Chance. Aber mutig ist sie , dass muss ich ihr lassen. Dies sagte er ihr jedoch nicht, sondern: „Du musst dich in Athen nicht irgendwie durchschlagen. Solange du in meiner Nähe bist, wird dir dort nichts passieren. Dafür sorge ich."

„Danke, Ikaros, das ist sehr nett von dir", antwortete Saida.

„Aber trotzdem bist du jetzt dran. Von deinem Leben weiß ich rein gar nichts. Nur dass du vom Himmel gefallen bist."

„Ich habe doch schon erklärt, dass ich nicht vom Himmel gefallen bin und dass es viel zu lange dauern würde, noch heute meine ziemlich verrückte Geschichte vor euch auszubreiten."

„Fair ist das aber nicht", erwiderte Saida. „Erst erzählen wir dir unser Leben, und dann drückst du dich. Wie sollen wir denn herausfinden, wer du wirklich bist, wenn du uns deine Vergangenheit verschweigst?"

„Nun mach mal halblang", rief Ikaros etwas gereizt. „Ich drücke mich nicht. Selbstverständlich werde ich über mein altes Leben berichten. Wenn nicht morgen, dann übermorgen. Denn morgen ist erst einmal das Vorratslager der Piraten dran. Einverstanden?"

„Nun gut", sagte Saida versöhnt. Auch Alara und Kaschka nickten zustimmend.

Inzwischen war es dunkel geworden. Nur von der glimmenden Feuerstelle kam noch etwas Licht.

„Das üppige Essen hat mich müde gemacht", sagte Kaschka. „Euch nicht auch? Ich würde mich jetzt gerne zum Schlafen hinlegen. Morgen wird bestimmt wieder ein anstrengend."

„Wo willst du denn schlafen?", fragte Alara das Mädchen aus Sidon. „In unserem Haus oder wie wir unter den Sternen?"

„Mit euch unter den Sternen. Aber wo sind die Sterne geblieben? Ich sehe keinen einzigen."

„Die haben sich hinter den Wolken versteckt. Wenn du trotzdem im Freien schlafen willst, soll es uns recht sein", sagte Ikaros.

Dann holte er ein paar Ziegen- und Kaninchenfelle aus dem Haus, damit das junge Mädchen weder frieren noch auf dem harten Boden schlafen musste.

Erneut konnte Ikaros nicht einschlafen. Die Gespräche beim abendlichen Essen hatten ihn durcheinandergebracht. Saida war so anders als Alara und Kaschka. Selbstbewusst, mutig, ironisch und manchmal ungewöhnlich keck. Sie war auch anders als Ariadne, die Königstochter aus Kreta. Ob er auf Dauer mit Saida auskommen würde? Was verbindet mich eigentlich mit ihr, fragte er sich. Und was mit meinen nubischen Kameraden? Freundschaft? Was ist eigentlich Freundschaft?

Ikaros dachte an seinen toten Freund Talos. Ihm hatte er hundertprozentig vertraut. Deshalb war es bei ihm klar, dass er sein Freund war. Aber Alara und Kaschka kannte er ja erst seit wenigen Tagen und Saida sogar erst seit heute. Ist es möglich, dass man in so kurzer Zeit miteinander vertraut wird? Was wäre wohl aus mir geworden, wenn ich wie Alara und Kaschka als Sklave hätte leben müssen oder wie Saida in dem prächtigen Haus in Sidon, ohne einen einzigen Freund, überlegte er. Und was wäre aus Saida ohne ihren wohlhabenden Vater geworden? Und was aus Alara und Kaschka, wenn sie in Athen gemeinsam mit Talos aufgewachsen wären und einen berühmten Baumeister und Erfinder als Vater gehabt hätten? Ikaros mochte die nubischen Brüder. Er mochte auch Saida. Und unabhängig davon, ob er es wollte oder nicht, er fühlte sich für die drei verantwortlich. Ohne ihn würden sie bestimmt niemals von der Insel wegkommen. Aber war er nicht auch von ihnen abhängig? Wie könnte er ohne ihre Hilfe das Fischerboot hochseetauglich machen und die lange Seereise nach Athen überleben? Sei es drum, sagte er sich schließlich. Das Schicksal hat uns vier zusammengekettet. Dann soll es auch so sein.

Dies war der letzte Gedanke, bevor er endlich einschlief.

Auch Saida lag noch lange wach. Es hatte sich einfach viel zu viel ereignet. Plötzlich lebe ich mit drei mir vollkommen fremden Jungs zusammen, von denen ich gestern noch nicht einmal wusste, dass es sie überhaupt gibt, dachte sie. Was würde mein Vater wohl dazu sagen? Besonders wenn er erführe, dass zwei der Jungs aus Kreta entlaufene Sklaven sind? Kann ich denen wirklich trauen? Und Ikaros?

Wenn ich nur wüsste, wer er ist und wie er mit den Nubiern zusammen hängt. Er passt doch gar nicht zu den beiden Burschen. Und ich, passe ich denn zu ihnen oder zu Ikaros? Kommt es darauf überhaupt an? Wichtiger ist doch, ob ich sie mag. Und ich mag alle drei. Außerdem haben sie mich in ihre Gruppe aufgenommen, obwohl ich ein Mädchen bin. Dann wurde auch Saida von der Müdigkeit übermannt und schlief ein.

Wenige Stunden später, es war noch tiefste Nacht, wurden die vier aus dem Schlaf gerissen. Die Erde bebte, und tief aus der Erde kam ein dumpfes Grollen. Es hörte sich an, als versuche ein wütendes Ungeheuer aus seinem Gefängnis auszubrechen.

„Ist etwa der Minotauros wieder auferstanden und verlangt nach Menschenopfern?", rief Ikaros erschrocken. „Aber wie kann das sein? Theseus hat das Ungeheuer doch erschlagen?"

„Du fantasierst, Ikaros, da wütet kein Ungeheuer. Das ist nur ein kleines Erdbeben", erklärte Saida völlig unaufgeregt. „Das Beben und Grollen wird schnell vorbei sein."

„Woher weißt du das?", fragte Ikaros erstaunt. „Bist du dir ganz sicher?"

„Natürlich, denn das hat mir mein Vater erzählt. Auf seinen Reisen hat er solche Beben häufig erlebt."

„Hat er dir auch erklärt, wer oder was hinter den Erdbeben steckt?", fragte Alara.

„Nein, das wusste er nicht. Aber spürt ihr nicht, dass das Beben schwächer wird?"

Und tatsächlich, bald hörte das Beben und Grollen auf.

„Diesmal hattest du recht", sagte Kaschka. „Aber Erdbeben sind nicht immer harmlos. Unsere Eltern haben uns davor gewarnt, weil sich dabei häufig die Erde öffnet und glühend heißes flüssiges Gestein ausspeit, das alles vernichtet, was es berührt."

„Dann haben wir ja Glück gehabt", sagte Ikaros. „Wußten eure Eltern denn auch, woher die Erdbeben kommen?"

„Genau nicht," antwortete Alara immer noch vor Angst zitternd. „Sie glaubten, Poseidon stecke dahinter. Wenn er wütend sei, sagten sie, ramme er seinen Dreizack so heftig in die Erde, dass die Erde bebt und Feuer ausspeit."

„Na, hoffentlich stößt Poseidon seinen Dreizack nicht auch vor deinen Füßen in die Erde", spottete Saida.

„Verärgere mir den Meeresgott nicht", rief Ikaros. „Wenn der sauer ist, kann er gewaltige Stürme herbeirufen. Und die können wir nicht gebrauchen."

„Wenn du meinst", antwortete Saida. „Aber was ist mit dem Minotauros, den du so fürchtest?"

„Quatsch, wie kann ich das Untier fürchten, wenn es tot ist. Theseus hat es erschlagen. Aber als es noch lebte, hat es Angst und Schrecken verbreitet. Es hat jeden Menschen getötet und verschlungen, der in seine Nähe kam. Deshalb wurde es in das Labyrinth gesperrt, ein ausbruchsicheres Gefängnis, das mein Vater vor vielen Jahren im Auftrag des Kreterkönigs gebaut hat und von dem ich euch schon erzählt habe. Aber der Minotauros blieb auch im Labyrinth gefährlich. Um ihn halbwegs zu besänftigen, mussten ihm die Kreter alle drei Jahre sieben Jünglinge und sieben Jungfrauen zum Fraß vorwerfen."

„Das klingt spannend, bitte erzähl weiter!", rief Saida aufgeregt.

„Nicht jetzt mitten in der Nacht", antwortete Ikaros. „Später, ich will erst einmal die Nacht zu Ende schlafen. Du kannst ja von dem Minotauros träumen."

Bei Sonnenaufgang wachten die vier auf, etwas angeschlagen, weil das Erdbeben ihren Schlaf unterbrochen hatte, aber guten Mutes.

„Leute", sagte Saida schläfrig, „habe ich euch eigentlich schon erzählt, dass man die Piratenhöhle nur vom Meer aus erreichen kann?"

„Nein, das hast du nicht. Wie bist du denn in die Höhle gekommen?", fragte Kaschka.

„Ganz einfach. Ich bin geschwommen, die Küste entlang, bis zu der Bucht mit der Piratenhöhle. Ihr könnt doch auch schwimmen, oder?"

„Leider nein, Saida, mein Bruder und ich sind reine Landratten."

„Macht nichts. Aber bevor wir nach Athen aufbrechen, werde ich euch beibringen, wie man sich über Wasser hält."

„Danke, Saida, das ist sehr lieb von dir", antwortete Alara.

Weshalb wohl hat Alara dem Mädchen nicht gesagt, dass ich ihm bereits Schwimmunterricht angeboten habe, überlegte Ikaros. Er ließ sich seine Enttäuschung jedoch nicht anmerken und sagte nur: „Dann nehmen wir das Boot. Unterwegs könnten wir noch ein paar Fische für das Abendessen fangen. Du, Alara, musst allerdings laufen."

„Warum das?", fragte Alara erstaunt.

„Nun, du bist von uns der Größte und deshalb genau der Richtige, um oben von der Steilküste aus das Meer nach Seepiraten abzusuchen und uns zu warnen, falls welche auftauchen sollten."

„Das macht Sinn", antwortete Alara zufrieden.

Die Piratenhöhle

Saida, Ikaros und Kaschka liefen zum Strand, zogen das Boot
ins Meer und schipperten unmittelbar hinter der Brandung
langsam nach Norden, der nördlichen Steilküste entgegen.

Vorher hatte Ikaros noch verkündet, dass auf dem Boot nur
einer das Sagen haben könne, nämlich der Kapitän. „Ich
verstehe zwar nicht viel von der Seefahrt, aber etwas mehr als
ihr. Deshalb werde ich den Kapitän spielen und ihr die
Matrosen.“

Mit diesen Worten übernahm er das Kommando. Kaschka
befahl er, dafür zu sorgen, dass das Boot im Gleichgewicht
bleibt. „Du bist verantwortlich dafür, dass wir nicht kentern!“

Saida fühlte sich ausgeschlossen, weil Ikaros ihr keine Aufgabe
übertragen hatte. Etwas verstimmt begab sie sich zum Bug des
Bootes und schaute gedankenverloren über das Meer. Ihre
Stimmung wurde schnell besser. Wie wunderschön das Meer
doch ist, dachte sie. Und trotzdem ist es für uns Menschen
gefährlich. Vielleicht weil die Götter es nicht wollen, dass wir
es mit Schiffen befahren und stören.

„Saida, hör auf zu träumen. Achte lieber auf Piratenschiffe!", rief ihr Ikaros nach einer Weile zu.

„Und vergiss nicht, dass wir für heute Abend noch ein paar Fische fangen wollen. Gib laut, wenn ein Fischschwarm auftaucht."

„Zu Befehl, Herr Kapitän!", antwortete Saida. Ein gewisser Spott war unüberhörbar.

Währenddessen rannte Alara durch die steinige und trockene Buschlandschaft in die Richtung, in der er die nördliche Steilküste vermutete. Er war verunsichert. Einerseits war er stolz, dass Ikaros ihm die wichtige Aufgabe des Beobachters übertragen hatte. Andererseits hatte er Zweifel, ob er der Aufgabe auch gewachsen war. Solange er zurückdenken konnte, noch niemals war er völlig auf sich allein gestellt gewesen und noch niemals hatte er etwas eigenverantwortlich erledigen müssen. Ohne den Bruder oder einen vertrauten Kameraden an der Seite fühlte er sich unvollständig.

Hoffentlich verlaufe ich mich nicht, hoffentlich stürze ich nicht von der Steilküste ins Meer und hoffentlich übersehe ich kein Piratenschiff und bringe meine Freunde in Gefahr, dachte er kleinmütig. Dann gab er sich jedoch einen Ruck, richtete sich zu seiner vollen Größe auf, breitete die Arme aus und schrie so laut er irgend konnte: „Ich werde es schaffen!"

Kaum war der Schrei verklungen, da schallte es wie ein Echo zurück: „Selbstverständlich wirst du das schaffen!"

Alara zuckte zusammen, stoppte und suchte mit den Augen die Umgebung ab. Wer will mir hier Mut machen, überlegte er. Aber vor, neben und hinter sich sah er keinen Menschen, von dem der Ruf hätte kommen können.

„Hallo, wer ist da?", rief er zurück.

Keine Antwort.

Ich muss geträumt haben. Es kann einfach nicht sein, dass mir hier jemand etwas zuruft, sagte er sich. Meine Freunde sind mit dem Boot auf dem Meer, und auf der Insel leben keine weiteren Menschen. Aber als er gerade seinen Lauf fortsetzen wollte, hörte er eine krächzende, nur schwer zu verstehende Stimme. Es klang wie: „Hey, Alara, hier bin ich."

Alara packte abwehrbereit den Bronzespieß.

„Ruhig Blut, Alara, gegen mich brauchst du keinen Spieß", krächzte es weiter. „Ich bin ein Freund deines Freundes Ikaros."

Und wenige Meter vor ihm landete der weisse Rabe.

Alara war vor Schreck wie gelähmt. Er konnte, obwohl er es wollte, nicht antworten. Kein Wort kam aus seiner Kehle.

Das, was ich sehe und höre, ist völlig absurd, denn es gibt keine sprechenden Raben, überlegte er.

Ich werde jetzt die Augen schließen, und wenn ich sie dann wieder öffne, ist der Spuk bestimmt vorbei. Aber als er die Augen wieder geöffnet hatte, war der Rabe immer noch da. Und nicht nur das, der Rabe hüpfte flügelschlagend auf ihn zu. Alara zückte den Speer.

„Spiel jetzt nicht verrückt", krächzte der Rabe. „Hast du großer Mensch etwa Angst vor einem kleinen Vogel? Außerdem wäre Ikaros bestimmt sehr traurig, wenn du mich umbringen würdest. Hat er dir nicht erzählt, dass ich seinem Vater Dädalos beim Bau des Fluggeräts, das ihn auf diese Insel gebracht hat, geholfen habe? Ohne mich hätte Dädalos die Flügel niemals hingekriegt, wäre Ikaros niemals hier gelandet und du hättest Ikaros niemals getroffen. Du musst mir also dankbar sein."

Alara wunderte sich. Er zweifelte nicht daran, dass Ikaros diesen seltsamen Vogel kannte. Er erinnerte sich nämlich noch ganz genau daran, dass der weisse Rabe vertraut neben Ikaros saß, als sie, Kaschka und er, Ikaros zum ersten Mal sahen.
Er legte den Bronzespieß nieder und – seine Stimme funktionierte wieder – fragte: „Was willst du von mir?"
„Nichts Besonderes", antwortete der weisse Rabe, „aber irgendjemand musste dir ja endlich einmal sagen, dass du überhaupt keinen Grund hast, an dir zu zweifeln."

„Ist das wirklich so?", fragte Alara misstrauisch. „Wie willst du das wissen? Du kennst mich doch gar nicht."

„Ich weiß es halt", krächzte der weisse Rabe, schlug, erst langsam, dann heftig, mit den Flügeln und flog davon.

„Wir sehen uns", krächzte er noch. Und weg war er.

Die Begegnung mit dem weissen Raben hatte Alara gut getan. Wenn mich schon ein Vogel dazu ermutigt, sollte ich doch ein wenig selbstbewusster werden, sagte er sich. Wie würde Ikaros wohl reagieren, wenn ich ihm von meiner Begegnung mit dem weissen Rabe berichte? Weshalb nur hat er seine Freundschaft mit dem weissen Raben verschwiegen? Er hätte uns davon doch erzählen müssen, als wir ihm sagten, dass wir den Raben aus Hunger töten und braten wollten? Traut er uns etwa nicht? Oder misstraut er uns gar? Und falls ja, können wir ihm dann noch vertrauen? Alara fand keine Antwort ein. Er beschloss deshalb, Ikaros zunächst nichts von der seltsamen Begegnung zu erzählen.

Nach dem Verschwinden des Raben war Alara wie ein Uhrwerk weitergelaufen. Plötzlich stand er vor einem Abgrund, oben auf einer mindestens zehn Meter hohen Steilküste. Vor ihm lag eine tief in das Land hineinragende Bucht und hinter der Bucht das unendlich weite Meer.

Wenn ich nicht total schief liege, muss dies die nördliche Steilküste sein, mit der Bucht, in der Saidas Piratenschiff geankert hatte, überlegte er laut. Und wenn das so ist, dann müsste bald unser altes Fischerboot aufkreuzen.

Und richtig, unmittelbar vor der Einfahrt zur Bucht schaukelte das Boot mit seinen drei Freunden. Alara atmete auf. Ein Glück, dass ihnen nichts passiert ist, dachte er erleichtert.

„Seht, Leute, da oben auf dem Felsen steht mein Bruder! Mit seinen langen Beinen war er schneller als wir", rief Kaschka stolz.

„Kein Wunder, der Landweg ist kürzer als der Seeweg. Aber immerhin, dein Bruder hat die Bucht gefunden", sagte Ikaros trocken.

„Hast du daran gezweifelt?", fragte Kaschka.

„Ein bisschen schon."

Weshalb nur wird mein Bruder immer unterschätzt, fragte sich Kaschka.

Er winkte Alara zu. „Alles klar bei dir?", rief er.

„Hier oben ist alles okay. Keine besonderen Vorkommnisse. Und bei euch?"

„Bei uns ist auch alles bestens", antwortete Ikaros anstelle von Kaschka. „Das Meer war ruhig, das Boot hat keine Probleme gemacht, und meine beiden Matrosen haben einen dicken Thunfisch erbeutet. Das Abendessen ist also gesichert."

„Das klingt gut. Aber bis zum Abend ist noch viel Zeit. Was soll ich bis dahin machen? Zu euch runterkommen?"

„Natürlich nicht! Deine Aufgabe ist es, das Meer zu beobachten und uns vor verdächtigen Schiffen zu warnen."

„Und wie soll ich euch warnen, wenn ihr in der Höhle seid?"

„Bruder, du stellst manchmal aber wirklich dumme Fragen", antwortete Kaschka.

„Wenn du ein Schiff entdeckst, das die Insel ansteuert, dann brüllst du so laut und so lange du kannst: Gefahr. Notfalls kletterst du runter und suchst uns."

„Okay, okay, ich werde schon einen Weg finden. Aber beeilt euch mit der Schatzsuche. Glaubt ihr, es macht Spaß, hier stundenlang untätig herumzuhocken, derweil ihr in Schätzen wühlt?"

Von oben betrachtet sah die Bucht wie eine an ihren Rändern ausgefranste, in die Insel hinein stoßende Beule aus. Abgesehen von der sehr engen Einfahrt wurde sie von einer hohen, felsigen Steilküste umschlossen. In der Bucht ankernde Schiffe konnten deshalb vom offenen Meer aus nicht gesehen werden. Für Seepiraten ein ideales Versteck.

Während Ikaros das Boot vorsichtig durch die Einfahrt steuerte, fragte er Saida, wo genau die Piratenhöhle denn sei.

„Da hinten", antwortete Saida und zeigte auf eine Felswand, an deren Fuß das Meer ein unregelmäßig gestaltetes Loch gefressen hatte, offensichtlich der Eingang zu einer Höhle. Die Öffnung war gerade groß genug, um sich mit einiger Mühe hindurchzwängen zu können. Aber sie stand halbhoch unter Wasser.

„Wie sollen wir denn da reinkommen?", fragte Ikaros enttäuscht.

„Nur Geduld", antwortete Saida. „Als ich die Höhle entdeckte, stand der Eingang auch unter Wasser. Es war nämlich wie jetzt Flut. Aber dann kam die Ebbe, das Meer zog sich zurück, und wenig später lag der Eingang über dem Wasserspiegel. Das Vorratslager befindet sich übrigens ein gutes Stück hinter dem Eingang, da, wo das Wasser auch bei Flut nicht hinkommt."

Verdammt clever, die Piraten, dachte Ikaros.

„Wenn ich das richtig verstanden habe, müssen wir jetzt erst mal auf Ebbe warten", sagte Kaschka. „Hoffentlich stimmt das alles auch, was uns Saida erzählt, das mit dem merkwürdigen Auf und Ab des Meeres."

„Gibt es einen einzigen Grund, Saida nicht zu glauben?",
entgegnete Ikaros. „Bislang hat doch immer alles gestimmt,
was unsere hübsche Freundin behauptet hat."

„Wir werden sehen", grummelte Kaschka.

„Es ist zwar sehr nett von dir, Ikaros, dass du mich gegenüber
Kaschka verteidigst, aber total überflüssig", sagte Saida. „Was
sollte ich dagegen haben, dass Alara meine Behauptungen
anzweifelt, wenn er Ebbe und Flut noch nie erlebt hat?
Aber" - sie machte eine Pause - „erkläre mir bitte, was mein
Aussehen mit der Richtigkeit meiner Behauptungen zu tun
hat. Ich sage ja auch nicht: Es stimmt alles, was unser
hübscher Freund Ikaros behauptet."

„Okay, das *hübsch* nehme ich zurück. Zufrieden?"

Manchmal zickt die junge Dame aber ganz schön, dachte
Ikaros.

„Gibt es Probleme?", rief Alara, der den Wortwechsel
beobachtet, aber kein Wort verstanden hatte. Er konnte sich
auch nicht erklären, weshalb das Boot auf der Stelle kreiste
und nicht weiter in die Bucht hinein fuhr.

„Nein, Bruder, hier gibt es keine Probleme. Alles ist in
Ordnung. Wir warten nur darauf, dass das Meer den
Höhleneingang freigibt. Saida meint, das wird nicht mehr
lange dauern."

Und in der Tat, Saidas Vorhersage stimmte. Das Meer zog sich langsam zurück und bald lag der Eingang oberhalb des Meeresspiegels.

„Leute, es ist so weit, jetzt gehts in die Höhle!", rief Ikaros. „Ich bin wahnsinnig gespannt, was uns dort erwartet."
Und oben von der Steilküste hörte man Alara rufen: „Viel Glück bei der Schatzsuche!"
Am Höhleneingang zogen die Freunde das Boot aus dem Wasser. Man kann ja nie wissen, dachten sie. Vielleicht kommt die Flut zurück, bevor wir mit der Höhle fertig sind und treibt das Boot fort.
Dann drangen sie durch einen engen und niedrigen röhrenartigen Stollen in das Höhleninnere, Saida an der Spitze, Kaschka in der Mitte und Ikaros als Nachhut.
Nach etwa zwanzig Metern stießen sie auf einen großen Hohlraum, in dem die unterschiedlichsten Güter gelagert waren.
„Jungs", rief Saida triumphierend, „wir haben unser Ziel erreicht. Was ihr hier vor euch seht, das ist das Beutelager der Piraten. Habe ich euch nicht super geführt?"
„Das hast du wirklich", antworteten Kaschka und Ikaros anerkennend.
„Was wollen wir eigentlich alles mitnehmen?", fragte Kaschka.

„Erst einmal untersuchen wir, was hier eingelagert ist. Und dann entscheiden wir, was wir davon brauchen", sagte Ikaros.

„Ich würde am liebsten das ganze Zeug mitnehmen", rief Saida.

„Ernsthaft?", fragte Kaschka. „Wie willst du das denn anstellen? Dafür ist unser Boot doch viel zu klein."

„Das weiß ich auch. Aber reizen würde es mich schon. Allein um die verdammten Piraten zu ärgern. Sie würden vor Wut platzen."

„Hört auf zu reden und macht euch an die Arbeit", befahl Ikaros. „Wir haben nicht unbegrenzt Zeit."

„Zu Befehl, Herr Kapitän", entgegnete Saida.

Schnell stellten sie fest, dass die Piraten fast nur Schätze im wahrsten Sinne des Wortes eingelagert hatten. Ketten, Broschen, Armreifen, Diademe, Schnallen und Haarspangen aus Gold und Silber, Goldbarren, Elfenbein, kostbar verzierte Gefäße, Becher, Schalen und Krüge. Aber auch Krüge mit Olivenöl, Gefäße und Lederbeutel gefüllt mit mit Weizen, Hirse, Pistazien, Datteln und getrocknetem Fleisch, Seide aus China und Leinen aus Ägypten, Hanfseile und eine große Auswahl der unterschiedlichsten Werkzeuge und Waffen.

„Konzentriert euch auf die Sachen, die wir wirklich brauchen!", mahnte Ikaros.

„Und was wäre das deiner Meinung nach?", fragte Saida.

„Bestimmt denkst du an den Schmuck."

„Kannst du nicht ein einziges Mal ernst bleiben?", antwortete Ikaros nervös. „Das ist hier doch kein Spiel."

„Und du, kannst du nicht ein einiges Mal etwas Spaß vertragen?", entgegnete Saida schnippisch.

„Ist ja gut", sagte Ikaros, „reg dich wieder ab."

„Darf ich mich beim Anblick des kostbaren Schmucks nicht wenigstens ein klein bisschen aufregen? Aber jetzt ernsthaft. Bringt hier bitte nicht alles durcheinander, denn die Piraten sollen möglichst nicht merken, dass wir in ihrer Höhle waren."

„Und weshalb sollen sie das nicht merken?", fragte Kaschka.

„Stell dir vor, die kehren in ihre Höhle zurück, bevor wir die Insel verlassen haben und merken, dass sie beklaut wurden. Was werden sie dann wohl tun? Sie werden die Insel nach den Dieben absuchen. Glaubst du, dass wir uns vor ihnen auf Dauer verstecken könnten? Ich will mir gar nicht ausmalen, was geschieht, wenn sie uns entdecken."

„Aber sind wir denn Diebe, wenn wir den Piraten einen Teil ihrer Beute wegnehmen?", fragte Kaschka.

„Hast du keine einfachere Frage?", antwortete Ikaros. „Jedenfalls sollten wir nur Sachen mitnehmen, die wir unbedingt brauchen. Oder wollt ihr euch ohne Not die Finger mit Diebesgut beschmutzen?"

Nach kurzer Diskussion beschlossen die Freunde folgende Dinge mitzunehmen: zwei mit Stierszenen verzierte Tonkrüge, eine Schüssel aus Bronze, einen Tonkrug mit Olivenöl, mehrere Lederbeutel mit Weizen, eine Doppelaxt, einige scharf geschliffene Steinmesser und Feuersteine, einen Ballen Leinen sowie einige Knäuel Taue und Hanfseile.

„Ist das wirklich alles, was wir brauchen?", fragte Ikaros.

„Das ist doch ein ganze Menge", antwortete Saida. „Wahrscheinlich passt auch nicht mehr in unser Boot. Aber lasst mich vorsichtshalber noch einmal nachdenken."

Sie zog grübelnd die Augenbrauen zusammen, so als würde sie wirklich ernsthaft nachdenken. „Ich habs", rief sie dann, „wir sollten auch etwas von dem Gold- und Silberschmuck einpacken, vielleicht auch einige Goldbarren!"

Ikaros blickte Saida etwas misstrauisch an. Dann rief er zur ihrer Überraschung: „Ein Glück, dass dir das noch eingefallen ist. Gold und Silber brauchen wir unbedingt, damit wir uns in Athen neu einkleiden können. Oder wollt ihr dem Athener Kronprinzen Theseus so zerlumpt wie jetzt gegenübertreten?"

„Was haben wir denn mit dem zu tun?", fragte Saida. „Ich kann mir nicht vorstellen, dass der Flüchtlinge wie uns empfängt."

„Doch, das wird er", sagte Ikaros, „Theseus ist mein Freund. Ich habe ihm auf Kreta geholfen, und er wird uns in Athen helfen. Wir können uns auf ihn verlassen."

Saida verwunderte sich: Der Athener Kronprinz ein Freund von Ikaros? Schon wieder ein Geheimnis, dachte sie. Sie stellte jedoch keine weiteren Fragen, sondern machte sich daran, aus den unzähligen in der Höhle lagernden Schmuckstücken die Armreifen, Ketten, Schnallen und Broschen auszusuchen, die sie als besonders wertvoll einschätzte.

Ikaros sah interessiert zu. „Zufrieden?", fragte sie ihn lächelnd.

„Wenn du es bist, bin ich es auch", antwortete Ikaros. „Es ist jetzt aber auch allerhöchste Zeit, dass wir abhauen. Packt eure Beute und dann zurück zum Boot."

Saidas Einschätzung stimmte. Mit den Sachen aus der Höhle war das Boot übervoll. Als sie gerade dabei waren, das Boot ins Wasser zu ziehen, meldete sich Alara von seinem Beobachtungspunkt.

„Na endlich, ich dachte schon, ihr wolltet in der Höhle übernachten", rief er. „Habt ihr denn alles gefunden, was wir brauchen?"

„Ich glaube schon", rief Kaschka zurück. „Mehr passt jedenfalls nicht ins Boot. Leider auch du nicht. Du musst wieder den Landweg nehmen."

„Kein Problem", antwortete Alara. „Auf meinen Beinen fühle ich mich ohnehin sicherer als in eurer Nussschale. Ich wette, zu Fuß bin ich auch schneller als ihr mit dem Boot."

„Wer wettet, fordert die Götter heraus", rief Kaschka. „Willst du das?"

„Natürlich nicht", erwiderte Alara erschrocken. „Wer bin ich denn, dass ich die Götter herausfordern dürfte?"

Die Wette hätte Alara verloren. Unterwegs stieß er nämlich auf einen kleinen Hain mit Dattelpalmen, dicht bestückt mit reifen Früchten. Die Vorstellung, abends zu dem Thunfisch süße Datteln essen zu können, war für ihn derart verlockend, dass er seinen Lauf unterbrach und so viele Datteln einsammelte, wie er gerade noch tragen konnte.

Die Bootsfahrt durch die Bucht und die Küste entlang bis zu der Stelle, von der aus sie gestartet waren, verlief ohne besondere Vorkommnisse. Ikaros steuerte und schob das Boot mit seinem Speer vorwärts, Kaschka hielt es im Gleichgewicht und Saida grübelte vor sich hin.

Wo mag Vater wohl jetzt sein, fragte sie sich. Hoffentlich lebt er noch und hoffentlich kann ich ihn bald wieder in die Arme schließen.

Obwohl Saida es gewohnt war, auch ohne ihren Vater zurecht zu kommen – häufig war er wochenlang auf Reisen –, zum ersten Mal in ihrem Leben vermisste sie ihn. Selbst wenn er früher weit weg war, in Sidon hatte sie stets das sichere Gefühl gehabt, unter seinem Schutz zu stehen. Dieses Gefühl fehlte jetzt.

„Woran denkst du?", unterbrach Ikaros ihre Grübelei.

„An meinen Vater. Ich habe Angst um ihn und, wenn ich ganz ehrlich bin, habe ich auch etwas Angst um mich."

„Jeder hat manchmal Angst", sagte Ikaros tröstend. „Da muss man durch."

„Hast du nicht auch Angst um deinen Vater?"

Ikaros überlegte. „Ich vermisse ihn, ja, aber Angst um ihn? Nein, das habe ich nicht. Mein Vater ist viel zu genial, als dass ihm etwas Ernsthaftes zustoßen könnte. Er wird selbst mit der gefährlichsten Situation fertig. Es dürfte niemanden geben, der ihm wirklich gewachsen ist."

„Dann bist du bestimmt stolz auf deinen Vater."

„Ja, das bin ich. Besonders wenn andere ihn wegen seiner Genialität bewundern oder eine der von ihm gebauten wunderschönen Statuen loben. Aber er hat mich oft auch traurig gemacht, manchmal sogar richtig wütend. Eigentlich hat er sich kaum um mich gekümmert. Auch meine Sehnsüchte und Pläne haben ihn nie ernsthaft interessiert. Trotzdem liebe ich ihn. Und er mich wohl auch, jedenfalls irgendwie."

„Seltsam", sagte Saida leise. „Mein Vater ist da ganz anders. Ich glaube, für ihn bin ich der wichtigste Mensch auf der Welt."

Ikaros schluckte. Was weiß ich eigentlich von meinem Vater, fragte er sich. Er erinnerte sich an den plötzlichen Aufbruch aus Athen nach Kreta und daran, dass sein Vater ihn belogen hatte, als er behauptete, der Kreterkönig Minos habe sie nach Kreta eingeladen und Talos werde bald nachkommen.

Und wenn Vater da gelogen hat, kann ich dann wirklich ausschließen, dass er mich auch belogen hat, als er versicherte, Talos sei durch einen Unfall ums Leben gekommen? Vielleicht stimmt es auch nicht, was Vater über meine Mutter gesagt hat.

„Ihr könnt wenigstens hoffen, eure Väter irgendwann einmal wiederzusehen", unterbrach Kaschka die düsteren Gedanken von Ikaros. „Ich leider nicht. Meine Eltern wurden umgebracht. Ich habe nur noch meinen Bruder Alara."

„Aber du hast doch auch uns", widersprach Saida und umarmte ihn tröstend.

„Danke", antwortete Kaschka, „es ist ein verdammt gutes Gefühl, euch als Freunde zu haben. Ohne euch wären mein Bruder und ich hoffnungslos verloren."

„Nun übertreib mal nicht", sagte Ikaros. „Außerdem, ohne euch hätten auch wir keine Überlebenschance. Wir vier sind halt eine Schicksalsgemeinschaft."

An ihrem Ziel angekommen, zogen sie das Boot auf den Strand, liefen zur Lagerstelle und verstauten die Beute aus der Piratenhöhle in dem Lehmziegelhaus. Alara war noch nicht da.

„Hoffentlich ist Alara nichts passiert", sagte Saida beunruhigt. „Mit seinen langen Beinen müsste er doch längst hier sein."

„Entspann dich", sagte Kaschka. „Was sollte Alara auf unserer menschenleeren Insel schon passieren? Er wird bestimmt bald auftauchen. Vermutlich hat er unterwegs etwas Essbares entdeckt. Dafür hat er nämlich eine gute Nase."

„Wollt ihr etwa Däumchen drehen, bis Alara eintrudelt?", rief Ikaros. „Lasst uns das Abendessen vorbereiten. Du, Kaschka, nimmst den Thunfisch aus, und du, Saida, säuberst ihn und schneidest ihn in mundgerechte Stücke."

„Okay", antwortete Saida. „Vorab will ich jedoch eines klarstellen: Kapitän bist du nur auf dem Boot!"

„Damit habe ich kein Problem", antwortete Ikaros.

Kaschka hatte gerade damit begonnen, den Thunfisch auszunehmen, als Alara erschien.

„Entschuldigt", rief er keuchend, „ich bin spät dran. Aber ich habe eine Menge Datteln mitgebracht."

„Prima", sagte Saida, „süße Datteln als Beilage für den Thunfisch, das ist perfekt."

„Planänderung", rief Ikaros, „wir brauchen dringend Brennholz. Unser Feuer geht gleich aus."

Und an Alara und Kaschka gewandt: „Schafft bitte eine Ladung trockener Äste heran. Aber beeilt euch, sonst ist das Feuer tot, bevor ihr zurück seid. Ihr wisst, es ist eine Mordsarbeit, ein neues Feuer anzuzünden."

Die Brüder nickten und marschierten los.

„Bist du nicht auch froh, dass wir uns wieder einmal alleine unterhalten können?", fragte Alara nach einer Weile.

„Nanu, was ist los?", antwortete Kaschka verwundert.

Alara druckste herum. „Ach, nichts Besonderes, nur so."

„Bruder, mach mir bitte nichts vor. Ich kenn dich. Etwas bedrückt dich. Nun sag schon, was hast du auf dem Herzen?"

Alara schwieg. Kaschka merkte, dass es seinem Bruder schwer fiel, mit der Sprache herauszurücken. „Geht es um Saida? Hast du dich in sie verknallt?", fragte er auf gut Glück.

„Du bist wirklich blöd", antwortete Alara verlegen.

„Wenn es nicht Saida ist, worüber willst du dich dann mit mir unterhalten?"

Endlich begann Alara zu reden. „Was hältst du eigentlich von Ikaros?", fragte er. „Ganz ehrlich, können wir uns immer noch auf ihn verlassen?"

„Bezweifelst du das etwa? Ikaros ist doch unsere einzige Chance, von hier wegzukommen."

„Ich möchte ihm ja vertrauen und glauben, dass er uns helfen wird, in Athen als freie Menschen zu leben. Aber seit einiger Zeit befürchte ich, dass Ikaros nur solange hinter uns stehen wird, solange er uns braucht. Weshalb hat er uns wohl zum Holzsammeln geschickt? Ich glaube, er will mit Saida allein sein, um mit ihr etwas zu besprechen, was wir nicht wissen sollen. Vielleicht will er uns loswerden, jetzt, wo er Saida hat und nicht mehr auf uns angewiesen ist. Als entlaufene Sklaven sind wir für ihn doch nur eine Last."

„Du hast wirklich einen Knall", antwortete Kaschka. „Ikaros würde nie etwas hinter unserem Rücken machen. Übrigens, hast du noch gar nicht mitgekriegt, dass Saida eher auf deiner Seite steht als auf seiner?"

„Meinst du?", seufzte Alara. „Und wenn das nur Taktik ist?"

„Das ist aber sehr weit hergeholt."

„Aber da ist noch eine andere Sache."

„Raus damit!"

Nunmehr berichtete Alara von seiner Begegnung mit dem weissen Raben. „Kannst du erklären, weshalb Ikaros uns nichts von seiner Freundschaft mit dem seltsamen weissen Raben erzählt hat? Ich jedenfalls, habe dafür nur eine Erklärung: Er vertraut uns nicht. Und wenn er uns nicht vertraut, frage ich mich, ob wir ihm vertrauen können."

„Du spinnst", antwortete Kaschka. „Darf Ikaros denn keine Geheimnisse haben? Hast du nicht auch das eine oder andere Geheimnis?"

„Ja, aber ..."

„Was heißt hier *ja, aber*? Hast du oder hast du nicht?"

Alara schwieg.

„Bruderherz, fuhr Kaschka fort, Ikaros ist unser Freund. Wir können ihm hundertprozentig vertrauen. Wenn du dein Misstrauen gegen ihn nicht überwindest, wirst du alles kaputt machen. Denn Misstrauen wirkt wie ein schleichendes Gift und zerstört jede Freundschaft."

„Willst du damit sagen, dass ich allen Menschen blind vertrauen soll?"

„Nein, das habe ich nie behauptet. Bei Fremden muss man schon auf der Hut sein. Ich meine Misstrauen ohne konkreten Grund, nur aus einem vagen Gefühl heraus. Wahrscheinlich hat Ikaros von dem weissen Raben nur deshalb nichts erzählt, weil uns das noch stärker verwirrt hätte, als wir es ohnehin schon waren. Erinnerst du dich nicht, dass wir am Anfang dachten, er sei ein Gott oder von einem Gott geschickt? Bestimmt wird er uns früher oder später über seinen weissen Raben aufklären. Auch wenn wir ihn nicht danach fragen."

„Warten wirs ab."

„Okay, warten wirs ab. Aber jetzt müssen wir uns endlich um das Brennholz kümmern."

„Dann mal los", antwortete Alara.

Die Aussprache mit dem Bruder hatte ihn ein gutes Stück erleichtert.

Sie brauchten nicht lange, da hatten sie einen ordentlichen Holzvorrat zusammen. „Der reicht für die nächsten Tage", sagte Kaschka. „Kehren wir um. Ich habe Kohldampf. Außerdem wartet auch das Feuer auf Futter."

„Jungs, was habt ihr denn die ganze Zeit gemacht?", rief Saida spöttisch, als sie zurückkehrten. „So schwer dürfte es doch nicht gewesen sein, das bisschen Holz zu holen."

„Wenn du meinst, dass du das schneller kannst, solltest du dich nächstes Mal um das Brennholz kümmern", antwortete Kaschka schroff und warf ein Bündel trockener Äste in die kaum noch glimmende Feuerstelle, die unmittelbar darauf, als hätte sie nur auf die Äste gewartet, wieder hell aufloderte.

„Gut dass ihr zurück seid", meldete sich Ikaros zu Wort. „Es ist Essenszeit. Nach unserem erfolgreichen Ausflug in die Piratenhöhle haben wir etwas richtig Gutes verdient."

„Wie erfolgreich wart ihr denn?", fragte Alara. „Haben wir jetzt alles, was wir brauchen, um von hier wegzukommen?"

„Ich denke schon", antwortete Ikaros. „Du kannst das ja später nachprüfen. Jetzt essen wir aber erst einmal. Außerdem möchte ich euch endlich erzählen, wo und wie ich vor der Bruchlandung auf dieser Insel gelebt habe. Oder interessiert euch das etwa nicht mehr?"

„Wie kommst du darauf? Wir sind wahnsinnig gespannt", rief Saida.

Und so geschah es. Sie setzten sich im Kreis um die Feuerstelle, aßen und tranken, und Ikaros erzählte, wie er ohne Mutter in dem Haus seines Vaters auf der Athener Akropolis aufwuchs, mit dem Vater in einer Nacht- und Nebelaktion nach Kreta floh, er das Spitzelregime des diktatorischen Kreter Königs Minos erlebte und wie dessen schöne Tochter Ariadne seine Freundin wurde.

Er berichtete ferner von dem schrecklichen Gerücht, sein Vater habe Talos ermordet, wie er und Ariadne dem Athener

Kronprinzen Theseus halfen, den Minotauros zu besiegen und Minos zu entkommen, wie er und sein Vater im Labyrinth eingesperrt wurden und schließlich mit dem von seinem Vater eigens dafür gebauten Fluggerät aus Kreta fliehen konnten. Ikaros vergaß auch nicht, von seiner Freundschaft mit dem weissen Raben zu erzählen.

„So, jetzt kennt ihr mein altes Leben", sagte er abschließend. „Habt ihr noch irgendwelche Fragen?"

„Nein, antworteten seine Zuhörer total beeindruckt. „Aber was sind deine Pläne für die Zukunft?"

„Ganz einfach und ganz schwer. Ich will nach Athen."

„Und was willst du in Athen?", fragte Saida.

„Athen ist meine Heimat. Außerdem – und das ist das Wichtigste für mich – ich will in Athen die Wahrheit über den Tod von Talos und das Schicksal meiner Mutter herausfinden."

„Das verstehe ich gut", sagte Saida. „Wenn ich darf, würde ich dir dabei gerne helfen."

„Wir auch", schlossen sich Alara und Kaschka an.

„Danke, Freunde", antwortete Ikaros.

Der Segler namens Poseidon

„Ist dein weisser Rabe eigentlich noch auf der Insel?", fragte Saida.

„Das hoffe ich sehr", antwortete Ikaros. „Wir könnten seine Hilfe gut gebrauchen."

„Wie kann der uns denn helfen?", fragte Kaschka. „Es ist doch nur ein Vogel."

„Was heißt nur? Natürlich ist er ein Vogel, aber er ist ein ganz besonderer Vogel. Ohne ihn hätte mein Vater das Fluggerät, das mich zu euch gebracht hat, niemals bauen können. Der weisse Rabe hat nicht nur die Federn für die Flügel beschafft, sondern auch das Bienenwachs für das Ankleben der Federn an den Flügeln. Außerdem hat er meinem Vater wichtige Tipps für den Bau des Fluggeräts gegeben. Jedenfalls ist er klüger und erfahrener als wir vier zusammen."

„Dann muss dein Rabe ja ein richtiger Wundervogel sein", sagte Alara. Dass er ihn auf dem Weg zur Steilküste getroffen und mit ihm gesprochen hatte, verschwieg er jedoch, obwohl Kaschka ihn auffordernd in die Seite stieß.

„Wenn wir den weissen Raben brauchen, was müssen wir machen, damit er kommt?", fragte Saida.

„Nichts", antwortete Ikaros. „Er taucht plötzlich auf. Oder auch nicht. Ich bin mir aber sicher, dass er kommt, wenn wir ihn wirklich brauchen. Es kann durchaus sein, dass er hier irgendwo in der Nähe hockt und uns zuhört."

Danach schlief das Gespräch ein. Träge von dem reichhaltigen Abendessen schwiegen die Freunde vor sich hin.

„Jungs, habt ihr etwas dagegen, wenn ich mich jetzt zurückziehe?", fragte Saida nach einer Weile. „Ich bin ziemlich müde. Und morgen ist auch noch ein Tag."

„Klar, morgen ist auch ein Tag", antwortete Kaschka. „Aber können wir uns wirklich erlauben, uns schon jetzt aufs Ohr zu legen? Die Sonne ist ja noch nicht einmal untergegangen!"

„Kaschka hat recht", sagte Alara. „Wir sollten unsere Zeit nicht verschlafen. Seht euch nur die Wasserquelle an. Sie wird immer mehr zu einem Rinnsal. Woher bekommen wir Süßwasser, wenn sie völlig versiegt? Kennt ihr auf der Insel andere Quellen? Ich jedenfalls nicht. Auch deshalb müssen wir schnellstens von hier weg. Aber wir haben noch nicht einmal einen Plan, was wir alles noch erledigen müssen, bevor wir nach Athen aufbrechen können."

„Richtig, bislang sind wir wie kleine Kinder völlig planlos vorgegangen", sagte Ikaros. „So geht es nicht weiter."

„Da kann ich nur zustimmen", rief Saida, plötzlich wieder munter geworden. „Plan geht vor Schlaf."

„Um Doppelarbeit zu vermeiden, schlage ich vor, dass wir zwei Arbeitsgruppen bilden", sagte Ikaros. „Eine, die sich auf den Umbau unseres Bootes, und eine, die sich auf die Beschaffung des Reiseproviants konzentriert. Da du, Kaschka, der beste Handwerker von uns bist, solltest du die erste Gruppe anführen. Und ihr, Saida und Alara, bildet die zweite Gruppe. Einverstanden?"

Niemand widersprach.

„Und was machst du? Aufpassen, dass wir ordentlich arbeiten?", frotzelte Saida.

„Es ist doch klar, ich helfe Kaschka", antwortete Ikaros.

„Du aber solltest dich jetzt besser um deinen Schönheitsschlaf kümmern, als dumme Fragen zu stellen."

„Danke, das werde ich", erwiderte Saida. „Aber erst, wenn unsere Planung wirklich komplett ist.

„Ich höre."

„Wir haben noch nicht über das Segel gesprochen."

„Kein Problem", sagte Ikaros, „das Segel schneiden wir uns aus dem Leinen, das wir den Piraten geklaut haben."

„Weißt du denn, wie groß das Segel sein muss und wie man es an Mast und Boot festmacht?", mischte sich Alara ein.

Ikaros musste zugeben, dass er davon keine Ahnung hatte. Er wusste weder, wie lang der Mast zu sein hatte noch wie man ihn aufstellt. „Weiß einer von euch, wie das geht?", fragte er in die Runde.

„Nee", antwortete Kaschka schläfrig, „jedenfalls nicht jetzt, wo ich so müde bin. Nach einer Runde Schlaf wird mir schon etwas einfallen."

Inzwischen war es stockdunkel geworden. Die Freunde wickelten sich in ihre Felle, nachts wurde es empfindlich kalt, und schliefen ein.

Bevor ihm die Augen zufielen, hatte Kaschka seinen Bruder noch gefragt, wie es denn jetzt mit seinem Misstrauen gegenüber Ikaros stehe. Als Antwort hörte er ein müdes Grunzen, das wie ,es ist alles okay' klang.

Mit dem ersten Sonnenstrahl wachten sie auf. Nach einem kargen Frühstück aus Datteln und Quellwasser machten sie sich an die Arbeit. Kaschka und Ikaros, jeder mit Doppelaxt und Steinmesser ausgestattet, liefen zu der Waldung, in der

Kaschka die Bäume gekennzeichnet hatte, die sie für den Mast und die Ruder fällen wollten. Saida und Alara, Saida mit dem Bronzespieß und Alara mit einem Speer, liefen zur Küste, wo das Fischerboot auf sie wartete.

Vorher hatten die Freunde noch vereinbart, gegen Mittag zum Lager zurückzukommen, um einander zu berichten, wie weit sie mit ihrem Arbeitspensum gekommen waren.

Kaschka und Ikaros kehrten als Erste zurück, kurz danach Saida und Alara.

Ikaros war total erschöpft. „Ich hätte nie gedacht, dass es so hart ist, ein paar Bäume zu fällen", stöhnte er.

„Da merkst du endlich einmal, was echte Arbeit ist", sagte Kaschka. „Wir Sklaven sind daran gewöhnt. Harte Arbeit war für uns normal. Selbst bei Wind und Wetter wurden wir häufig in den Wald getrieben, um Bäume zu fällen und Brennholz heranzuschaffen."

Ikaros schwieg. Was hatte ich für ein Glück, dass ich nicht als Sklave aufwachsen musste, dachte er. Und er dachte auch an seine Mutter. Ob Vater sie wohl wie eine Sklavin behandelt hat? Ob sie mich wohl deshalb verlassen hat und geflohen ist?

Saida und Alara brachten reiche Beute mit: gut zwei Dutzend Makrelen und drei Thunfische.

„Inzwischen macht mir das Fischen richtig Spaß", rief Saida, „jedenfalls mit Alara. Wir sind ein super Team."

„Saida übertreibt", entgegnete Alara verlegen. „Aber sie hat ein sehr gutes Auge für Fische und eine sichere Hand. Blitzschnell packt sie zu, und bevor es die Fische merken, zappeln sie im Boot. Wenn es so weitergeht, haben wir in drei, vier Tagen genug Fische zusammen."

„So schnell schaffen wir unser Arbeitspensum leider nicht", sagte Kaschka. „Bislang haben wir nur eine große schlanke Zypresse und einen dicken Pistazienbaum gefällt. Aus der Zypresse werden wir den Mast zimmern, und aus den Ästen des Pistazienbaums das Steuerruder und die Rahe für das Segel. Aber ohne Erfahrung und nur mit Steinmesser und Äxten als Werkzeug wird das ziemlich lange dauern."

„Außerdem wissen wir immer noch nicht, wie lang der Mast sein muss", ergänzte Ikaros.

„Und dann fehlt auch noch das Segel."

„Jetzt könnten wir deinen Vater gut gebrauchen", warf Alara ein. „Für ihn wäre es bestimmt ein Klacks, unser Boot hochseetauglich zu machen."

„Aber der ist nun mal nicht hier", sagte Saida. „Ikaros, wie wäre es denn mit deinem Wunderraben?"

Kaum war das Wort ‚Wunderrabe' verklungen, landete der weisse Rabe auf dem Dach des Lehmziegelhauses. Niemand hatte ihn kommen sehen.

„War das mit dem Wunderraben etwa ironisch gemeint, junge Dame?", krächzte er flügelschlagend.

„Nein, absolut nicht", antwortete Saida vor Verlegenheit stotternd. „Das würde ich mir niemals erlauben. Ikaros hat aber so von dir geschwärmt, dass mir der Wunderrabe einfach herausgerutscht ist. Entschuldige bitte, wenn dich das beleidigt hat. Das wollte ich nicht."

„Ist schon in Ordnung", krächzte der weisse Rabe. Im Stillen aber dachte er, dass das Mädchen mit dem Wunderraben eigentlich recht hatte.

„Schön, dich zu sehen", begrüßte Ikaros seinen gefiederten Freund. „Auf dich ist wirklich Verlass. Sobald ich dich brauche, bist du da."

„So muss es unter Freunden doch sein", krächzte der weisse Rabe.

„Das stimmt", sagte Ikaros. „Aber wo findet man schon solche Freunde? Ich hatte Glück, ich habe auf dieser einsamen Insel gleich drei gute Freunde gefunden."

Er zeigte auf Saida, Alara und Kaschka.

„Das ist ja eine komische Gruppe", krächzte der weisse Rabe. „Aber wenn es deine Freunde sind, sollen es auch meine Freunde sein."

„Danke!", riefen die drei, obwohl es sie ein wenig gestört hatte, von einem Vogel als komische Gruppe bezeichnet zu werden.

Ikaros fragte den weissen Raben, wo er denn so lange gewesen sei.

„Du bist ganz schön neugierig", krächzte der. „Du musst doch nicht alles wissen."

„Wenn du meinst? Aber ich mache mir halt manchmal Sorgen um dich. Apropos Sorgen, hast du etwas über das Schicksal des Schiffs mit den schwarzen Segeln gehört? Hat es Theseus und Ariadne gesund nach Athen gebracht?"

„Das Schiff ist wieder in Athen. Allerdings hat es eine schlimme Panne gegeben."

„Was für eine Panne?"

„Du erinnerst dich bestimmt an das Versprechen, das Theseus seinem Vater gegeben hatte, als er mit dem Schiff Athen verließ. Er versprach, bei einem Sieg über den Minotauros die schwarzen Segel durch weisse Segel zu ersetzen. Damit wollte er anzeigen, dass das Ungeheuer tot ist und die als Opfer ausgewählten jungen Athener gerettet sind.

Trotz seines Sieges über das Ungeheuer ist Theseus jedoch mit schwarzen Segeln in Athens Hafen Piräus eingelaufen. Als König Aigeus, der seinen Sohn am Hafen begrüßen wollte, die schwarzen Segel sah, dachte er, dass Theseus den Kampf gegen den Minotauros verloren habe und tot sei. Er stürzte sich daraufhin voller Verzweiflung ins Meer und ertrank."

„Das ist ja furchtbar!", rief Ikaros. „Wie konnte das geschehen? War Theseus von seinem Siege über den Minotauros noch so berauscht, dass er an den Austausch der Segel nicht mehr gedacht hat?"

„Ich weiß es nicht", antwortete der weisse Rabe. „Ich war ja nicht dabei und auf Gerüchte gebe ich nichts."

„Und was ist aus Theseus und Ariadne geworden?"

„Theseus ist seit dem Tode seines Vaters der neue König von Athen. Wo Ariadne ist und wie es ihr geht? Keine Ahnung. In Athen ist sie jedenfalls nicht."

Ikaros schluckte betroffen. Kein gutes Zeichen, dachte er.

„So, jetzt habe ich wirklich genug erzählt", krächzte der weisse Rabe. „Jetzt seid ihr dran. Ihr seht niedergeschlagen aus. Was ist los?"

„Unsinn, wir sind nicht niedergeschlagen", erwiderte Saida. „Weshalb sollten wir? Wir sind gesund und munter. Wir haben nur ein kleines Problem. Wir wollen nach Athen und dafür muss unser altes Fischerboot in ein hochseetüchtiges Segelboot umgebaut werden. Aber wir haben keine Ahnung, wie hoch der Mast zu sein hat, wie man ihn im Boot aufstellt und wie man das Segel festmacht."

„Und wie man ein Steuerruder zimmert und einbaut, wissen wir auch nicht", ergänzte Kaschka.

„Leute, dann habt ihr aber kein kleines Problem, sondern ein ganzes Bündel von Problemen", krächzte der weisse Rabe. „Wie soll ich euch da helfen? Woher soll ich wissen, wie man Fischerboote in Segelschiffe verwandelt?"

„Saida hat unsere Lage noch verniedlicht", mischte sich Ikaros ein. „Wir können hier nicht mehr lange überleben. Denn unsere Süßwasserquelle ist am Versiegen. Außerdem besteht die Gefahr, dass die Piraten, vor denen Saida geflohen ist, bald wieder auftauchen, entdecken, dass wir ihr Vorratslager geplündert haben, uns suchen, aufstöbern und schlussendlich umbringen. Wir stehen also unter gewaltigem Zeitdruck. Selbst wenn du keine Segelschiffe bauen kannst, mit deiner tausendjährigen Erfahrung wird dir doch bestimmt etwas einfallen, was uns weiterhilft."

„Mal sehen", krächzte der weisse Rabe. „Wie weit seid ihr denn mit euren Reisevorbereitungen?"

„Den Proviant für die Fahrt nach Athen haben wir so gut wie zusammen. Außerdem haben wir die zwei Bäume gefällt, die da hinten liegen. Aus der Zypresse wollen wir den Mast und aus den Ästen des Pistazienbaums das Steuerruder und die Rahe zimmern. Und als Segel nehmen wir Leinen, das wir den Piraten geklaut haben. Aus deren Vorratslager haben wir auch genügend Hanfseile, Taue, Tonkrüge, Bronzeschüsseln, Steinmesser, Äxte und Feuersteine."

„Damit kann man schon eine ganze Menge anfangen", krächzte der weisse Rabe. „Aber leider weiß keiner von uns, wie man ein Fischerboot in einen hochseetauglichen Segler verwandelt. Lasst mich nachdenken."

Die Freunde sahen ihn erwartungsvoll an.

„Ich habs", krächzte er nach einer Weile. „In der Nähe von Knossos gibt es eine Schiffswerft, in der Minos gerade seine Kriegsschiffe für einen Angriff auf Sizilien vorbereiten lässt. Ich werde hinfliegen und versuchen, den Bootsbauern abzugucken, wie man euer Boot so umbauen kann, dass ihr damit halbwegs sicher nach Athen kommt."

„Meinst du, dass du das kannst?", fragte Alara skeptisch.

„Aber sicher doch", krächzte der weisse Rabe.

„Das wäre super", sagte Ikaros. „Aber was sollen wir machen, während du auf Kreta bist?"

„Macht weiter wie bisher, so als würde es mich nicht geben."

„Kannst du nicht ein paar der Bootsbauer herlocken?", fragte Saida.

„Ich nicht, aber vielleicht du. Allerdings müsstest du fliegen können", krächzte der weisse Rabe, nahm trippelnd und mit den Flügeln schlagend einen kleinen Anlauf und startete gen Kreta.

Dass Minos einen Angriff auf Sizilien plante, beunruhigte Ikaros. Weshalb will Minos ausgerechnet das ferne Sizilien angreifen, überlegte er. Weiß er etwa, dass Vater in Sizilien ist und will sich dort an ihm rächen? Ein Glück, dass Minos nicht über die Superwaffe verfügt, die Vater für ihn bauen sollte. Denn dann hätten die Sizilianer gegen ihn keine Chance.

„Worüber denkst du gerade nach?", fragte ihn Saida.

„Über dies und das", antwortete Ikaros. „Hatte ich euch eigentlich schon von der gefährlichen Waffe erzählt, die mein Vater entwickeln wollte?"

„Nein, bitte erzähle. Waffen haben mich schon immer interessiert", sagte Kaschka.

„Nun gut. Also stellt euch eine Waffe vor, mit der man Gottvater Zeus nachahmen und tödliche Blitze über eine Entfernung von mehr als tausend Metern schleudern kann. Eine solche Waffe hatte mein Vater im Kopf."

„Eine grauenhafte Vorstellung!", rief Saida. „Wer eine solche Waffe hat, könnte ja die ganze Welt beherrschen."

„Das stimmt", sagte Ikaros, „und genau deshalb hat mein Vater die Waffe nicht gebaut. Aber ob ihr es glaubt oder nicht, dieser niemals gebauten gefährlichen Waffe verdanke ich mein Leben. Ihr erinnert euch, dass mein Vater und ich im Labyrinth eingesperrt waren, und dass Minos uns hinrichten lassen wollte, weil wir Theseus und Ariadne bei der Flucht aus Kreta geholfen hatten. Damals versprach mein Vater dem Tyrannen den Bau der Superwaffe, wenn er uns begnadigen würde. Minos war so scharf auf die Waffe, dass er auf Vaters Angebot einging. Für die Fertigstellung setzte er eine Frist von vierzig Tagen. Vater hat die Zeit dann aber nicht für die Superwaffe genutzt, sondern für die Fluggeräte, mit denen wir aus dem Labyrinth abgehauen sind."

„Etwas verstehe ich nicht", sagte Saida nachdenklich. „Weshalb hat sich dein Vater denn überhaupt mit der gefährlichen Waffe befasst? Du sagtest doch, dass er ihren Bauplan bereits im Kopf hatte, als er Minos die Waffe versprach. Für wen wollte er sie denn bauen, wenn nicht für Minos?"

„Das weiß ich nicht", antwortete Ikaros. „Vater ist halt so. Wenn ihm eine neue Idee kommt, muss er sie einfach ausprobieren."

Die folgenden Stunden verbrachten die Freunde damit, Fische zu säubern, zu schuppen, auszunehmen und zum Trocknen aufzuhängen. Außerdem schabten sie die Borke von den bereits gefällten Bäumen ab. Eine Knochenarbeit, da sie hierfür nur die Steinmesser aus dem Piratenlager hatten. Anschließend zogen sie los, um ihre Dattelvorräte weiter zu vergrößern.

Die Zeit verging wie im Fluge. Als es dunkel geworden war, war der weisse Rabe noch nicht zurück.

„Hoffentlich hat der weisse Rabe nicht zu viel versprochen", meinte Alara.

„Was du nun schon wieder denkst", entgegnete Kaschka. „Der weisse Rabe ist doch kein Zauberer. Wenn er in zwei Tagen wieder hier ist, wäre er schon verdammt schnell."

Auch am nächsten und übernächsten Tag ließ sich der weisse Rabe nicht blicken. Die Freunde taten das, war er ihnen empfohlen hatte. Sie machten weiter, als würde es ihn nicht geben.

„Vielleicht sollten wir das Trinkwasser statt in Tonkrügen in Lederbeuteln aufbewahren", schlug Kaschka vor. „Denn die Krüge könnten umkippen und auslaufen.

„Da ist was dran", sagte Ikaros. „Aber wie willst du an Lederbeutel kommen, und falls dir das gelingt, wie willst du sie wasserdicht machen?"

„Kein Problem", antwortete Kaschka, „wir nehmen die mit Weizen gefüllten Beutel aus dem Piratenlager, schütten den Weizen in einen Krug, tauchen die leeren Beutel in Olivenöl und legen sie dann in die Sonne. Nach kurzer Zeit sind sie absolut wasserdicht."

„Ganz sicher?", fragte Ikaros.

„Klar, das haben wir schon häufig gemacht."

„Okay, dann machen wir das so", sagte Ikaros. „Aber zusätzlich werden wir zwei Krüge mit Wasser mitnehmen, denn die Beutel sind nicht sehr groß. Wir wissen ja nicht, wie lange die Fahrt über das Meer wirklich dauert. Dann sind wir jedenfalls auf der sicheren Seite."

Am dritten Tag nach seinem Aufbruch war der weisse Rabe zurück, etwas zerzaust, aber gut gelaunt. „Leute", krächzte er, „Mission erfüllt. Ich habe den Bootsbauern eine Menge abgeguckt. Der Rückflug von Knossos war allerdings selbst für mich verdammt hart. Ich musste die ganze Strecke gegen einen stürmischen Nordwind ankämpfen. Hoffentlich dreht er sich, bevor wir nach Athen aufbrechen. Denn es ist nicht ohne, gegen den Nordwind segeln zu müssen. Was wir brauchen, ist Südwind.

Aber erzählt, wie ist es euch in der Zwischenzeit ergangen?"

„Wir haben uns Sorgen um dich gemacht und sind nun heilfroh, dass du zurück bist", antwortete Saida.

„Wirklich?", krächzte der weisse Rabe verlegen. „Aber was sollte mir schon passieren. Ich bin doch unsterblich."

„Habe ich dich vorhin richtig verstanden? Du segelst mit uns nach Athen?", fragte Ikaros. „Das wäre super. Dann könntest du uns von der Mastspitze aus vor Seepiraten und sonstigen Gefahren warnen."

„Habt ihr etwa gemeint, ich würde euch alleine lossegeln lassen?", krächzte der weisse Rabe. „Wie wollt ihr denn ohne meine Hilfe Athen finden? Ihr habt keine Seekarte und mit den Sternen dürftet ihr auch nicht zurechtkommen."

„Mann, daran habe ich überhaupt noch nicht gedacht!", rief Ikaros. „Ein Glück, dass es dich gibt. Aber jetzt möchtest du dich bestimmt erst einmal ausruhen?"

„Ich bin total fit", entgegnete der weisse Rabe. „Weshalb also rumtrödeln? In welchem Zustand ist euer Boot eigentlich? Wir sollten es erst einmal richtig durchchecken. Los, Freunde, treffen wir uns am Boot."

Ohne eine Antwort abzuwarten, düste der weisse Rabe Richtung Küste.

„Der geht ja richtig ran", bemerkte Alara zu Ikaros. „Ist er immer so hektisch?"

„Nein, überhaupt nicht", antwortete Ikaros. „Meistens ist er sehr geduldig. Zum Beispiel, wenn er mir etwas erklären will, was nicht in meinen Kopf geht. Auch bremst er mich, wenn ich auf eine Frage zu schnell antworte. Erst nachdenken, dann sprechen, mahnt er dann."

Als die Freunde das Boot erreichten, war der weisse Rabe schon mitten bei der Bestandsaufnahme. Erst hüpfte er langsam um das Boot herum, seine schwarzen Augen konzentriert auf den Rumpf gerichtet.

Dann flatterte er in das Innere des Bootes und überprüfte jeden Winkel und jede Planke.

„Leute", begrüßte er sie, „das Boot ist gar nicht so schlecht. Der Bootskörper ist völlig in Ordnung. Ich habe kein Leck entdeckt."

„Es beruhigt, dass du zu demselben Ergebnis wie wir gekommen bist", spottete Kaschka. „Wir haben jedoch kein Problem mit dem Bootskörper, sondern mit dem, was fehlt: Mast, Segel und Steuerruder."

„Nicht so vorlaut, mein Freund", entgegnete der weisse Rabe. „Genau deshalb bin ich zu der Werft geflogen. Und anders als du weiß ich jetzt, wie man die fehlenden Teile zimmert und im

Boot einbaut. Wenn ihr euch nicht allzu ungeschickt anstellt, schafft ihr es bestimmt. Es ist jedoch Schwerstarbeit und geht nicht von heute auf morgen."

„Kein Problem", rief Kaschka, „harte Arbeit bin ich gewohnt. Ich werde mir den Mast vornehmen. Wie hoch muss der denn sein? "

„Der Mast sollte mindestens dreimal so hoch sein, wie du groß bist. Die Zypresse passt ideal. Sie hat die richtige Stärke. Schabe sie aber sorgfältig ab. Der Mast muss rundum total glatt sein, sonst verfangen sich Seile und Segel."

Und dann ging es mit der Fragerei richtig los. Der weisse Rabe wurde mit unzähligen Fragen gelöchert: „Wie stellen wir den Mast auf? Wie machen wir ihn im Boot so fest, damit er auch bei Sturm nicht umkippt? Wie lang muss das Steuerruder sein? Wo und wie wird es am Boot befestigt? Wie lang und dick ist die Rahe? Wie groß muss das Segel sein? Wie wird es zugeschnitten, quadratisch oder rechteckig? Wie befestigen wir das Segel an der Rahe?"

„Halt, Leute", krächzte der weisse Rabe schließlich, „so kommen wir nicht weiter. Nicht alle Fragen auf einmal. Eine nach der anderen."

Alsdann erklärte er ihnen geduldig, wie man den Mast aufstellt, ihn im Boot verkeilt, wie man das Steuerruder und die Rahe zimmert, das Segel zuschneidet, es über den Mast zieht und an der Rahe und dem Boot festzurrt, sowie all die anderen Dinge, die notwendig sind, um aus einem alten maroden Fischerboot einen hochseetüchtigen Segler zu machen.

„Und all das hast du in nur drei Tagen gelernt?", fragte Kaschka bewundernd.

Der weisse Rabe räusperte sich geschmeichelt. „Mir ist noch etwas Wichtiges eingefallen", sagte er anstelle einer Antwort.

„Wir brauchen zusätzlich zu dem Steuerruder zwei normale Ruder. Bei Flaute nützt das Segel nämlich nichts. Bei Flaute müsst ihr rudern."

„Okay, Boss, das kriegen wir hin", sagte Saida. „Können wir das Zypressenholz auch für die Ruder verwenden?"

„Probiert es aus. Vorher noch ein letzter Rat: Ihr steht zwar unter Zeitdruck. Das heißt aber nicht, dass ihr bei der Arbeit schlampen dürft. Pfusch könnte auf hoher See böse Folgen haben."

Als ob wir das nicht wüssten, dachte Saida.

„Wenn wir sofort beginnen und richtig ranklotzen, müssten wir in einer Woche fertig sein", sagte Ikaros.

„Das meine ich auch", krächzte der weisse Rabe. „Also, worauf wartet ihr noch? Ich werde jetzt erst einmal wieder abhauen. In den nächsten Tagen müsst ihr ohne mich auskommen. Wenn nichts dazwischenkommt, bin ich in einer Woche zurück."

„Und was sollen wir machen, wenn wir deinen Rat brauchen?", fragte Saida.

„Dann müsst ihr selbst nachdenken, junge Dame", krächzte der weisse Rabe und flog davon.

Saida schaute ihm verdutzt hinterher.

„Ich weiß, was du jetzt fragen willst", sagte Ikaros. „Der weisse Rabe verrät niemals, wo er sonst ist und was er sonst so macht."

„Weshalb ist er denn so ein Geheimniskrämer?"

„Er wird seine Gründe haben. Wir sollten das akzeptieren und sofort mit der Arbeit anfangen. Oder wollen wir uns blamieren und nicht fertig sein, wenn er zurückkommt?"

Die folgenden Tage waren mehr als hart. Von Sonnenaufgang bis Sonnenuntergang gab es nichts als Arbeit, nur unterbrochen von kurzen Essenspausen. Aber die Freunde kamen gut voran. Als der weisse Rabe nach einer Woche wieder auftauchte, war aus dem Fischerboot, mit dem Alara und Kaschka mühsam von Kreta nach Dia gepaddelt waren, ein kleines, aber durchaus ansehnliches Segelschiff geworden.

„Ihr habt einen wirklich fantastischen Job gemacht", krächzte der weisse Rabe, nachdem er mehrfach prüfend um das Boot herumgeflogen war. „Wie soll unser Schiff denn heißen?"

„An einen Namen haben wir noch nicht gedacht", antwortete Saida. „Was schlägst du vor?"

Bevor der weisse Rabe antworten konnte, rief Ikaros: „Es soll Pegasos heißen, wie das geflügelte Pferd!"

„Weshalb ausgerechnet Pegasos?", fragte Saida.

„Ja, weshalb Pegasos?", fragten auch die anderen.

„Für die Fahrt über das Meer brauchen wir die Gunst des Meeresgottes Poseidon", antwortete Ikaros, „und Pegasos ist sein Sohn. Sich für die Fahrt über das Meer einem Schiff anzuvertrauen, das Pegasos heißt, macht also Sinn."

Dieses Argument überzeugte. Und so wurde aus dem namenlosen, ehemals maroden Fischerboot der hochseetaugliche Segler Pegasos.

Den restlichen Tag verbrachten die Freunde damit, unter der Aufsicht des weissen Raben den Proviant, die prall mit Trinkwasser gefüllten Lederbeutel und die beiden Wasserkrüge im Boot zu verstauen. Den Proviant und die Wasserbeutel packten sie in den Hohlraum zwischen den Bodenbrettern und dem Bootsrumpf und die Wasserkrüge banden sie am Mast fest, damit sie auch bei starkem Wellengang nicht umkippen.

Anschließend überprüften sie die Funktionsfähigkeit des Steuerruders und die Standfestigkeit des Mastes. Außerdem, ob das Segel an der Rahe ordentlich festgezurrt war und ob man die Rahe mit dem Segel problemlos am Mast hochziehen konnte. Nichts war zu beanstanden.

„Dann kann es ja losgehen", krächzte der weisse Rabe und flog auf die Mastspitze.

„Wäre es nicht besser, erst morgen früh mit der aufgehenden Sonne in See zu stechen?", wandte Ikaros ein. „Dann könnten wir uns noch einmal richtig ausschlafen. Auf dem schwankenden Boot werden wir kaum so gut schlafen wie hier auf dem festen Boden."

Da es keinen Widerspruch gab, liefen die Freunde zum Lager zurück, aßen die Reste des getrockneten Ziegenfleischs, wickelten sich in ihre Felle und versuchten einzuschlafen.

Der weisse Rabe flog auf das Dach der Lehmziegelhütte und krächzte: „Ich werde euch bei Sonnenaufgang wecken", steckte den Kopf unter einen Flügel und schlief ein.

Ikaros lag lange wach. Unruhig wälzte er sich von der einen Seite auf die andere. Jetzt, wo der Termin für der Start nach Athen unmittelbar bevorstand, schwand seine Zuversicht. Nicht weil er die Seereise fürchtete. Er machte sich aber Gedanken über Athen. Was würde ihn da erwarten? Kann ich noch auf Theseus setzen, nachdem er nicht mehr Kronprinz, sondern König ist, fragte er sich. Wird Theseus mir helfen, die Wahrheit über den Tod von Talos herauszufinden? Und was mache ich, wenn sich herausstellen sollte, dass Vater Talos ermordet hat? Müsste ich Talos zuliebe dann nicht dafür sorgen, dass Vater vor Gericht gestellt und verurteilt wird? Müsste, könnte ich meinen eigenen Vater verraten?

Ikaros schüttelte sich vor Entsetzen. Aber dann gab er sich einen Ruck. Mensch Ikaros, befahl er sich, mach dich doch nicht verrückt. Solange Vaters Schuld nicht feststeht, ist er unschuldig. Basta! Schlafe lieber, denn in den nächsten Tagen musst du topfit sein.

Die Sturmfahrt

Die Nacht war schnell vorbei. Als die Sonne begann, zaghaft über den Horizont zu blinzeln, krächzte es von dem Dach des Lehmziegelhauses: „Hey, Leute, aufwachen!
Wollt ihr denn ewig schlafen?"
Die Freunde sprangen auf, streckten und dehnten sich, liefen zur Wasserstelle und spülten sich mit dem kalten Quellwasser den Schlaf aus den Augen.

„Danke, dass du uns geweckt hast", rief Ikaros dem weissen Raben zu. „Ich hätte sonst noch Stunden weitergeschlafen."

„Aber musste das unbedingt so laut sein?", gähnte Saida ungnädig. „Ich bin doch nicht taub."

„Hör auf zu maulen", krächzte der weisse Rabe, „und beweg dich. Pegasos wartet ungeduldig auf den Start."

„Okay, okay", antwortete Saida, „von mir aus kann es losgehen."

„Auch wir sind bereit!", riefen die nubischen Brüder.

„Vorher müssen wir aber noch festlegen, wer auf dem Schiff für was verantwortlich ist", sagte Ikaros. „Ich schlage vor, dass ich als euer Kapitän das Steuer übernehme und ihr, Alara und Kaschka, die Ruder. Saida könnte sich um die Verteilung des Proviants kümmern und dafür sorgen, dass wir möglichst wenig schaukeln."

„Und ich gebe die Richtung an!", krächzte der weisse Rabe. „Was das Schaukeln anbelangt, bei starkem Wellengang wird es Saida nicht immer schaffen, das Schiff im Gleichgewicht zu halten. Deshalb müsst ihr ein Seil zwischen Bug und Heck spannen, an dem ihr euch festhalten könnt, wenn die Wellen unsere Pegasos so richtig durchrütteln."

„Gute Idee", rief Kaschka, „das werde ich erledigen."

„Was machen wir nachts?", fragte Alara. „Jeder von uns muss doch auch einmal schlafen?"

„Wir legen einen Wachplan fest", sagte Ikaros. „Da nachts nicht gerudert wird, muss nur das Steuer besetzt sein. Wir könnten das so regeln, dass das Steuer ab Sonnenuntergang abwechselnd – vielleicht im dreistündigen Rhythmus – von einem von uns übernommen wird und die anderen schlafen. Was haltet ihr von folgender Reihenfolge:

Saida beginnt, danach bin ich dran, dann Alara und zuletzt Kaschka? Ab Sonnenaufgang bin ich wieder der Steuermann. Einverstanden?"

„Jawohl, Herr Kapitän!"

„Dies geht natürlich nur bei ruhigem Wetter", krächzte der weisse Rabe. „Bei starkem Wind oder gar Sturm fällt der Schlaf aus, und zwar für uns alle."

Nachdem auch das geklärt war, zogen sie das Boot ins Meer und nahmen ihre Plätze ein: Ikaros hinten am Steuerruder, Alara und Kaschka mittschiffs, jeder mit einem Ruder, Saida im vorderen Drittel, von wo aus sie versuchen wollte, mit ihrem Körper das Schaukeln des Bootes auszugleichen, und der weisse Rabe oben auf der Mastspitze.

Es war ein strahlend blauer Morgen, keine Wolke, kein Wind, noch nicht einmal der Hauch eines Windes.

„Sollen wir trotz der Windstille das Segel hissen?", fragte Ikaros den weissen Raben.

„Nein", krächzte der, „dann würden wir nicht vorwärts kommen. Erst einmal müssen Alara und Kaschka das Segel ersetzen. Los, meine schwarzen Freunde, an die Ruder und rudert, so kräftig ihr könnt!"

„In welche Richtung soll ich steuern?", fragte Ikaros.

„Nach Nord natürlich", antwortete der weisse Rabe.

„Athen liegt nördlich von uns."

„Und wo ist Nord?", fragte Ikaros weiter.

„Da wir wissen, dass die Sonne im Osten aufgeht, wissen wir auch, wo von uns aus gesehen Ost ist, nämlich da, wo sie heute früh stand, als ich euch weckte. Das war rechts von uns. Dann ist Nord genau da, wohin der Bug unseres Schiffes zeigt", erklärte der weisse Rabe.

„Was wären wir nur ohne dich?", rief Saida voller Anerkennung. „Du bist einfach spitze."

Anschließend schwiegen alle. Man hörte nur das rhythmische Plantschen der Ruder, das angestrengte Keuchen der beiden Ruderer und das Gurgeln des Wassers am Schiffsrumpf.

Ikaros stand am Heck hinter dem Steuer, genoss die Stille und sah auf das nahezu wellenlose, unendlich weite Meer hinaus. Ihn überkam ein sehr starkes Gefühl von Freiheit. Er blickte zurück zu der immer kleiner werdenden Insel, die ihn gerettet und ihm drei Freunde geschenkt hatte. Noch hatte er den staubigen und trockenen Geruch der Insel in der Nase.

Aber der wurde nach und nach von dem feuchtsalzigen Geruch des Meeres verdrängt.

Was habe ich in der letzten Zeit doch alles erlebt, dachte er.

Bin ich noch der gleiche Mensch, der vor langer Zeit, gefühlt waren das für ihn Jahrzehnte, Athen verlassen hatte?

Ikaros beobachtete Alara und Kaschka, die das Boot mit ihren Rudern kraftvoll und gleichmäßig vorwärts trieben. Er nickte ihnen anerkennend und aufmunternd zu. Sie nickten fröhlich zurück.

Dann spürte er den Blick von Saida, die aufgestanden war und sich lässig an den Mast lehnte.

Weshalb sieht sie mich so an? Was mag sie wohl gerade denken?

Saida war ihm ans Herz gewachsen. Ihr Selbstbewusstsein, ihr Witz und ihre Lockerheit beeindruckten ihn. Natürlich auch, das wollte er sich jedoch nicht zugeben, ihre anmutige Gestalt und ihr betörend schönes Antlitz.

„Alles gut?", rief er ihr zu.

„Aber klar doch", antwortete sie. „Und bei dir?"

„Ich wünschte, dass endlich Wind aufkommt und wir das Segel hissen können, damit Alara und Kaschka nicht mehr rudern müssen."

„Mach dir um uns nur keine Gedanken", riefen die. „Das halten wir noch lange durch."

Das mussten sie aber nicht, denn wenig später krächzte es von der Mastspitze: „Südwind in Sicht!"

Und tatsächlich, am südlichen Horizont sah man einige langsam näher kommende weisse Tupfer, die allmählich zu Quellwolken anwuchsen und Südwind ankündigten.

„Leute, jetzt geht es bald richtig los", rief Ikaros. „Hisst das Segel!"

Das an der Rahe festgezurrte Segel ließ sich problemlos am Mast hochziehen. Voller Stolz sahen die Freunde, wie der Wind das Segel aufblähte.

„Steuermann, Poseidon ist auf unserer Seite", krächzte der weisse Rabe. „Der Südwind wird stärker. Wenn du das Steuer so hältst, dass wir vor dem Wind segeln, bleiben wir auf Nordkurs."

Der weise Vogel hatte recht. Der Südwind wurde von Stunde zu Stunde stärker und schob die Pegasos immer schneller nach Nord, das heißt in die Richtung, in der Athen lag.

Kaschka und Alara hatten ihre Ruder beiseite gelegt und dösten, mittschiffs auf der Ruderbank sitzend, vor sich hin. Saida forderte sie auf, nicht so dicht nebeneinander zu hocken.

„Verteilt euch im Boot, sonst gerät es aus dem Gleichgewicht", rief sie ihnen zu. Die beiden gehorchten ohne Widerrede.

Nach einer Weile reichte Saida einen der Wasserbeutel herum. „Bitte jeder nur einen Schluck". sagte sie. „Wir haben noch eine sehr lange Reise vor uns."

Als sie bei Ikaros war, fragte sie ihn, ob irgendetwas nicht stimme.

„Nein, wie kommst du darauf?" antwortete er.

„Gestern Abend konntest du offensichtlich nicht einschlafen. Du hast dich lange hin und her gewälzt. Machst du dir Sorgen?"

„Alles ist okay. Ich habe nur darüber nachgedacht, was ich in der letzten Zeit alles erlebt habe. Das war immerhin eine ganze Menge."

Weshalb hat sie mich wohl gestern Abend beobachtet, aber so getan, als würde sie schlafen? fragte sich Ikaros. Ihm fiel keine Antwort ein. Dann kündigte der weisse Rabe oben von der Mastspitze an, dass er einen Erkundungsflug plane. „Es ist an der Zeit, dass ich die Umgebung nach verdächtigen Schiffen absuche", krächzte er.

Nach etwa zwei Stunden war der weisse Rabe zurück. „Das Meer ist wie leergefegt", berichtete er, „ich habe kein einziges Schiff gesehen."

„Werden wir bei Sonnenuntergang das Segel einholen?", fragte Kaschka.

„Das sollten wir unbedingt", antwortete Saida. „Das Flattern der Segel würde uns den Schlaf rauben."

„Aber ohne Segel werden wir erheblich langsamer und verlieren Zeit", widersprach Ikaros. „Was ist wichtiger, besser zu schlafen oder schneller nach Athen? Ich stimme fürs Tempo machen."

„Wir auch", riefen Alara und Kaschka. „Wir möchten die Bootsfahrt möglichst schnell hinter uns bringen. Das Schaukeln macht uns langsam verrückt."

„Okay, ihr habt gewonnen", sagte Saida, „schlafen können wir auch in Athen."

„Eine kluge Entscheidung", krächzte der weisse Rabe. „Wir sollten unbedingt den günstigen Südwind ausnutzen. Wer weiß, wie lange der noch anhält."

Die Zeit bis zum Sonnenuntergang verging schnell. Sie kamen zügig voran. Nirgendwo war Land zu sehen. Nur das Meer, eine riesige gewellte dunkelblaue Wüste, ohne Anfang und ohne Ende.

„Wie kommt es, dass das Meer jetzt nicht mehr hellblau, sondern dunkelblau ist?", fragte Ikaros den weissen Raben.

„Meer ist doch gleich Meer."

„Nun, das Meer ist hier draußen viel tiefer als in Landnähe. Deshalb erscheint es uns dunkler."

„Herr Kapitän, ich habe eine Frage", rief Saida. „Wenn wir dieses Tempo beibehalten, wann werden wir dann in Athen sein? Schaffen wir es in sechs Tagen? Besonders unterhaltsam ist es auf dem Boot nämlich nicht."

„Keine Ahnung", erwiderte Ikaros. „Als Kapitän kann man doch nicht alles wissen. Für dich wird es jedoch bald unterhaltsamer werden. Hast du vergessen, dass du bei Sonnenuntergang das Steuer übernehmen musst?"

„Natürlich habe ich das nicht vergessen. Ich freue mich schon darauf."

Wenig später war es dunkel geworden. Saida stand am Heck, das Steuer fest im Griff, und beobachtete träumend die unzähligen Sterne, die, so schien es ihr, eigens für sie einen fröhlichen Tanz aufführten. Die drei jungen Männer schliefen. Plötzlich begann Saida zu singen. Obwohl sie leise sang, lockte ihre sanfte Stimme Ikaros aus dem Schlaf. Er verstand zwar den Text des Liedes nicht. Die Melodie klang in seinen Ohren aber so zärtlich und so voller Sehnsucht, dass er keine Zweifel hatte, dass es ein Liebeslied war. An wen mag Saida jetzt wohl denken, fragte er sich.

Saidas Gesang weckte auch Alara. Ohne zu wissen weshalb, die Melodie machte ihn traurig. Es dauerte lange, bis er wieder einschlafen konnte.

Als Ikaros Saida am Steuer ablöste, fragte er sie, wo sie gelernt habe, so wunderschön zu singen.

Saida errötete: „Hast du mich etwa belauscht?"

„Ich schwöre dir, das wollte ich nicht. Dein Lied hat mich geweckt. Es hat mir so gut gefallen, dass ich dir zuhören musste. Ich konnte mich dagegen einfach nicht wehren."

„Wirklich?", erwiderte sie verlegen.

Ikaros wunderte sich. So zerbrechlich hatte er Saida noch nie erlebt.

„Jetzt leg dich aber hin und ruh dich aus", sagte er fürsorglich, fast liebevoll.

Saida schlief mit einem noch niemals erlebten Glücksgefühl ein.

Am frühen Morgen, sofort nachdem sie aufgewacht war, suchten ihre Augen Ikaros, der hoch aufgerichtet am Heck stand, das Steuer souverän in der Hand. Saida spürte, dass sie errötete, was sie ärgerte, aber nicht verhindern konnte.

Dann erinnerte sie sich daran, was Ikaros über ihr Lied gesagt hatte. Mensch, Mädchen, beschwor sie sich, nimm dich zusammen, sonst kommt Ikaros noch auf falsche Gedanken. In ihrem tiefsten Inneren hoffte sie jedoch, dass er endlich wenigstens auf einen dummen Gedanken kommen würde.

Im Gegensatz zu Saida war Alara beim Aufwachen total kaputt und deprimiert. Das lag möglicherweise daran, dass er wegen des laut flatternden Segels kaum geschlafen hatte. Aber war das wirklich der Grund?

„Bruder", sagte er zu dem neben ihm liegenden Kaschka, „kannst du mir erklären, weshalb ich gestern so optimistisch war, heute aber alles schwarz sehe und am liebsten sterben möchte?"

„Das kommt vor", antwortete Kaschka. „Es gibt halt Tage, da hat man düstere Gedanken. Aber das geht auch wieder vorbei. Versuche an unser neues Leben in Athen zu denken.

Dann wird es dir gleich besser gehen."

„Das mach ich ja. Aber das hilft nicht."

„Ist denn seit gestern irgendwas Besonderes geschehen?"

Alara dachte nach. „Ich habe in der Nacht ein süßes Lied gehört", sagte er schließlich. „Es war voller Sehnsucht. Saida hat es gesungen. Ich wüsste gerne, für wen?"

„Aha", sagte Kaschka, „jetzt weiß ich, was mit dir los ist. Du hast Liebeskummer. Du bist in Saida verknallt und glaubst, dass sie einen anderen liebt."

„Das ist ja lachhaft, kleiner Bruder", antwortete Alara unwirsch.

Damit endete das Gespräch.

Der zweite Tag auf See war wie der Vortag. Blauer Himmel, keine Wolken, aber ein leichter Südwind, stark genug, um das Segel aufzublähen und das Boot mit gleich bleibender Geschwindigkeit nach Norden zu schieben. Ikaros stand am Steuerruder. Saida versuchte, es machte ihr offensichtlich Spaß, das Schaukeln des Bootes durch elegante, dem Wellengang angepasste Bewegungen ihres Körpers auszugleichen. Kaschka sah ins Meer hinaus und Alara grummelte vor sich hin. Oben auf der Mastspitze wachte der weisse Rabe.

„Hey, Alara, ist dir eine Laus über die Leber gelaufen?", rief Ikaros. „Du siehst etwas vermufft aus."

Das Meer rauschte und das Segel flatterte so laut, dass Ikaros fast schreien musste.

„Quatsch", antwortete Alara. „Alles ist gut. Ich habe nur schlecht geschlafen."

„Du weißt, dass du mich jederzeit ansprechen kannst, wenn du Probleme hast. Wir sind schließlich Freunde."

„Danke, Ikaros, es ist wirklich alles okay."

Freundschaft hin, Freundschaft her, Ikaros ist der Letzte, mit dem ich über meine Gefühle für Saida reden würde, sagte er sich.

Gegen Mittag machte sich der weisse Rabe zu einem neuen Erkundungsflug auf. „Diesmal werde ich etwas länger wegbleiben", krächzte er, „denn ich will auch sehen, ob sich in der Nähe unserer Route eine Insel befindet, die wir anlaufen könnten, um neues Trinkwasser zu fassen."

„Das ist überflüssig", sagte Kaschka, „wir haben noch genug Trinkwasser."

„Kaschka hat recht", meinten auch Ikaros und Alara, „lasst uns lieber zügig weitersegeln."

„Seid nicht so langweilig", widersprach Saida. „Mich könnte ein kleiner Zwischenstopp schon reizen. Es wäre super, endlich wieder einmal festen Boden unter den Füßen zu spüren. Außerdem, es ist bestimmt spannend, eine unbekannte Insel zu erforschen."

„Einigt euch", krächzte der weisse Rabe. Und weg war er.

„Ich bleibe bei meiner Meinung", sagte Ikaros, „ich will schnellstmöglich nach Athen und keine Inseln erforschen."

„Okay, wenn ihr unbedingt weitersegeln wollt, dann soll es so sein", gab Saida nach. „Aber seht mal, da springen Fische aus dem Wasser und segeln über die Meeresoberfläche!"

„Das sind fliegende Fische", erklärte Ikaros.

„Toll, fliegende Fische habe ich noch nie gesehen!", sagte Alara, der wieder etwas munterer geworden war. „Haben die denn Flügel?"

„Nein", antwortete Ikaros, „sie haben keine Flügel. Sie springen aus dem Wasser, um Fliegen zu fangen."

„Weshalb haben die Götter ihnen denn keine Flügel verpasst?", fragte Kaschka. „Dann könnten sie die Fliegen doch viel einfacher fangen."

„Dir haben sie ja auch keine verpasst, Bruder", sagte Alara.

„Ich fresse ja auch keine Fliegen."

„Ich finde Kaschkas Frage durchaus berechtigt", sagte Ikaros. „Auch für uns wäre doch besser, wenn wir Flügel hätten. Dann müssten wir uns nicht mit den Wellen und dem Wind herumschlagen und könnten nach Athen fliegen. Aber die Götter scheinen das nicht gewollt zu haben, oder sie haben es einfach vergessen. Mein Vater meint, dass wir Menschen die Götter überlisten dürfen, wenn wir etwas machen wollen, für das sie uns nicht eingerichtet haben. Er hat dies mit dem

Fluggerät versucht, was allerdings nicht ganz geklappt hat."

Kurz vor Sonnenuntergang kehrte der weisse Rabe zurück. „Keine verdächtigen Schiffe in Sicht", krächzte er. „Auch keine einzige Insel. Aber ich habe etwas entdeckt, was mich beunruhigt: fliegende Fische. Das bedeutet, dass das Wetter bald kippen wird."

„Das musst du uns erklären", bat Ikaros.

„Ich weiß nicht, weshalb, aber wenn Regen bevorsteht, tummeln sich unzählige Insekten ganz dicht über der Wasseroberfläche. Das wiederum verlockt die Fische, aus dem Wasser zu springen, um zu versuchen, sie mit ihren Mäulern zu schnappen. Man kann also durchaus sagen, dass fliegende Fische Regen ankündigen, obwohl es wohl eher die Insekten sind, die den bevorstehenden Regen spüren."

„Aber was bedeutet das für uns?"

„Erst einmal nichts. Andererseits, auf hoher See ist Regen ohne Sturm sehr selten. Wir müssen also mit Sturm rechnen, und da man bei Sturm besser nicht segelt, solltet ihr euch auf das Einholen des Segels vorbereiten."

„Das kriegen wir hin", sagte Ikaros.

Die Nacht verging ohne besondere Vorkommnisse. Auch der dritte und vierte Tag auf See war nicht anders als die ersten Tage. Sie segelten mit gleich bleibender Geschwindigkeit immer weiter nach Norden. Alle hatten gute Laune. Ihre Körper hatten sich an die Bewegungen des Schiffes angepasst. Deshalb war auch keiner seekrank.

Erst am fünften Tag begann sich das Wetter zu ändern. Der Südwind flaute ab. Bald hing das Segel völlig schlapp am Mast. Und es wurde unangenehm schwül.

„Leute, so kommen wir niemals nach Athen", rief Ikaros schließlich. „Unsere Pegasos ist eingeschlafen und braucht Unterstützung. Alara und Kaschka, ran an die Ruder!"

„Zu Befehl, Herr Kapitän", antworteten die. „Das ist gut so. Endlich haben wir wieder etwas zu tun."

„Und du, Saida, hilf mir bitte, das Segel einzuholen!", befahl Ikaros weiter. „So schlapp bremst es nur."

Obwohl Alara und Kaschka kräftig ruderten, kam das Boot kaum vom Fleck. Es war in eine Gegenströmung geraten.

„Was sollen wir machen?", fragte Ikaros den weissen Raben.

„Weiterrudern und hoffen, dass der Südwind zurückkommt. Ich werde noch einmal den Himmel abfliegen, um zu sehen, wie die Großwetterlage ist."

Kaum war der weisse Rabe am Himmel verschwunden, tauchte eine Möwe auf, umflog das Boot, setzte sich auf die Mastspitze und stieß einen gellenden Schrei aus. Dies war wohl ein Signal, denn kurz danach kam eine zweite Möwe und nahm auf der Mastspitze Platz, dann eine dritte und vierte, die sich, ohne Ikaros zu beachten, auf das Steuerruder setzten. Dann brauste ein ganzer Möwenschwarm heran. Schnell gab es auf dem Boot keinen einzigen Platz mehr, auf dem nicht mindestens eine schreiende Möwe saß. Vergeblich versuchten die Freunde, die ungebetenen Gäste zu verscheuchen. Wenn Alara oder Kaschka mit dem Ruder nach den Möwen schlugen, flatterten die jedoch nur hoch und landeten kurz danach wieder an einem anderen Platz. Sie ließen sich durch nichts beeindrucken. So als gehöre das Boot ihnen.

Die Freunde waren ratlos. Alara und Kaschka sahen Ikaros fragend an: „Du bist der Kapitän. Sag uns, was wir tun sollen."

„Ruhig bleiben und nicht nervös werden", antwortete Ikaros. „Solange sie uns nicht angreifen, ist alles in Ordnung. Sie werden schon wieder abhauen."

„Du hast gut reden", rief Saida. „Nichts ist in Ordnung. Sie versauen mit ihrem Kot unsere schöne Pegasus. Außerdem kann ich ihr Geschrei nicht mehr ertragen."

„Hast du denn eine Lösung?", fragte Ikaros.

Saida wurde die Antwort erspart, denn plötzlich war der weisse Rabe wieder da und verjagte flügelschlagend die beiden Möwen, die seine Mastspitze besetzt hatten. Dann plusterte er sich auf und begann derart zu krächzen, dass auch alle anderen Möwen schreiend das Weite suchten.

Die Freunde staunten. „Danke", riefen sie, „das war auch allerhöchste Zeit! Die Viecher haben unser Schiff total verdreckt."

„Für mich ist es ein Rätsel, weshalb du sie verscheuchen konntest, sie auf uns aber überhaupt nicht reagiert haben", bemerkte Alara.

„Die Möwen wissen halt, wem sie Respekt schulden", krächzte der weisse Rabe. „Sie hatten übrigens nichts gegen euch. Bevor das Unwetter ausbricht, wollten sie sich auf der Pegasos nur ein wenig ausruhen."

„Dann hätten sie sich aber ein wenig besser benehmen können", meinte Saida.

„Wann wird die langweilige Windflaute endlich vorbei sein?", fragte Kaschka den weissen Raben.

„Keine Ahnung", antwortete der, „ich weiß nur, dass nach einer Flaute meistens ein Unwetter kommt."

„Wird es gefährlich werden?"

„Schwierige Frage. Aber heftig durchgeschüttelt werden wir bestimmt."

Zur Überraschung der Freunde blieb das Unwetter zunächst aus. Nach wie vor völlige Windstille. Sie kamen auch nicht vorwärts. Alara und Kaschka konnten mit ihrem Rudern nur verhindern, dass das Boot zurückgetrieben wurde.

Für die Nacht hatte Ikaros den Wachdienst neu organisiert. Jetzt schliefen immer nur zwei gleichzeitig. Neben den Steuermann blieb jeweils einer wach und suchte den Himmel nach Sturmwolken ab.

Am frühen Morgen tauchten einige kleine Wolken auf. Die Freunde blickten den weissen Raben fragend an.

„Wenn wir Glück haben, zieht das Unwetter vorbei", krächzte der, „wenn wir aber Pech haben, bricht es gegen Mittag aus."

Sie hatten kein Glück. Die Wolken verdichteten sich und wurden dunkler. Bald hatten sie die Sonne komplett verdeckt. Es schien, als sei wieder Nacht. Aber immer noch totale Windstille.

„Leute", krächzte der weisse Rabe, „lasst euch nicht von der Windstille täuschen. Wahrscheinlich geht es gleich los. Kettet euch vorsichtshalber aneinander, damit niemand über Bord geht, wenn die Monsterwellen über unsere Pegasos herfallen. Und achtet auf die Ruder. Die dürfen wir auf keinen Fall verlieren."

„Was sind Monsterwellen?", fragte Kaschka.

„Das sind riesige Wellen, die alles zerschlagen, was ihnen in die Quere kommt."

„Haben wir gegen die denn überhaupt eine Chance?", rief Alara kreidebleich.

„Chancen hat man immer", krächzte der weisse Rabe.

„Und was machst du während des Sturms?", fragte Saida den weissen Raben. „Wird er dich nicht wegfegen?"

„Mich fegt niemand so schnell weg. Aber hier unten könnte es für mich zu gefährlich werden. Deshalb werde ich versuchen, über die Wolkendecke zu gelangen. Sobald alles vorbei ist, komme ich zurück."

„Er hat bestimmt übertrieben", sagte Kaschka, nachdem der weisse Rabe in den Wolken verschwunden war.

„Monsterwellen? Wo sollen die denn herkommen?"

„Selbst wenn er übertrieben haben sollte", erwiderte Ikaros, „wir werden seinem Rat folgen und uns aneinanderketten. Das ist ein Befehl!"

Dann kam leichter Wind auf und es begann zu regnen.

„Wenn das alles ist", rief Kaschka übermütig, „damit werden wir leicht fertig. Es ist doch prima, dass der Regen den ekelhaften Möwenkot wegspült. Sperrt den Mund auf, der Regen schmeckt weit besser als das schale Wasser aus den Beuteln."

Nach der Schwüle in den letzten Stunden empfanden sie den Wind und den Regen angenehm und erfrischend. Leider blieb es nicht so. Der Regen entwickelte sich zu einem Wasserfall und der Wind zu einem Sturm, der Welle um Welle auf das Boot zutrieb, das sich, wenn es von einer Welle getroffen wurde, aufbäumte und die Freunde durcheinander schüttelte. Jetzt zahlte es sich aus, dass sie sich aneinander gekettet hatten. Und dann fuhr plötzlich ein schmerzhaft heller Strahl durch das Boot. Sekunden später folgte ein ohrenbetäubender Knall.

„Hilfe, ich kann nichts mehr sehen!", schrie Saida.

„Ruhig Blut", antwortete Ikaros, „das war nur ein Blitz. Klammere dich an das Halteseil, bis du wieder sehen kannst."

Nach dem Blitz unheimliche Stille. Sturm und Regen waren eingeschlafen. Ikaros untersuchte das Boot. „Wir hatten Glück", rief er, „der Blitz hat keinen Schaden angerichtet. Ist mit euch alles in Ordnung?"

„Bei mir ja. Ich kann auch wieder sehen", antwortete Saida.

„Bei uns auch", riefen Alara und Kaschka.

„Dann ist bei mir auch alles okay", sagte Ikaros.

„Was hatte der Blitz zu bedeuten?", fragte Kaschka.

„Wahrscheinlich wollte Zeus uns warnen, denn er ist es, der die Blitze abfeuert", antwortete Ikaros.

„Vor was denn warnen?"

„Vielleicht vor einem weiteren Unwetter. Schaut euch nur den Himmel an."

Der Himmel sah zum Fürchten aus. Weniger als hundert Meter über der Meeresoberfläche hatten sich riesige gegeneinander kämpfende schwarze Wolkenberge aufgetürmt.

„Da oben muss es ja mächtig stürmen", rief Saida. „Das möchte ich hier unten nicht erleben. Hoffentlich ist der weisse Rabe in Sicherheit."

„Der hat uns bestimmt aufgegeben und ist abgehauen", sagte Alara.

„Rede keinen Unsinn", widersprach Ikaros empört, „mein weisser Rabe lässt uns nicht im Stich."

„Warten wir es ab", antwortete Alara.

„Weshalb bist du immer so ein Schwarzseher", schimpfte Saida. „Wie kannst du nur glauben, dass der weisse Rabe so feige ist und einfach abhaut wenn es brenzlig wird?"

„Entschuldigt bitte", antwortete Alara zerknirscht, „ihr habt ja recht. Aber der grauenhafte Sturm und dann noch der Blitz, ich glaube, ich habe den Verstand verloren."

„Wenn du dich nicht zusammennimmst, wirst du deinen Verstand niemals wiederfinden", rief Kaschka.

„Ist ja gut", grummelte Alara.

„Meint ihr, dass es heute Nacht ruhig bleibt?", fragte Saida.

„Wenn schon Unwetter, dann lieber tagsüber."

„Es kommt, wie es kommt. Wir können das Wetter nicht beeinflussen", erwiderte Ikaros.

Die Nacht blieb ruhig, kein Gewitter, kein Blitz, kein Wind, kein Sturm. Aber unerträglich schwül. Die Freunde schliefen miserabel. Jeder hatte Angst, selbst Ikaros, obwohl er das niemals zugegeben hätte.

Am siebenten Tag fiel der Sonnenaufgang aus. Es blieb stockdunkel. Kein einziger Sonnenstrahl durchdrang die tief hängenden dunkelgrauen Wolken. Am späten Vormittag kam Wind auf und zerriss die Wolkendecke. Jetzt mussten die Freunde wenigstens nicht mehr blind herumtapsen. Das war die gute Seite des Windes. Die schlechte Seite war, dass er sich zu einem Sturm entwickelte, der bald so laut heulte, dass sie sich nur noch mittels Zeichensprache verständigen konnten. Auch die bis dahin spiegelglatte Oberfläche des Meeres kam in Bewegung. Aufgepeitscht durch den heftigen Sturm bildeten sich mächtige Wellen. Soweit man sehen konnte, weisse Wellenkämme. Und je näher die Wellen kamen, desto gewaltiger wurden sie.

„Hockt euch auf den Boden und klammert euch an das Halteseil!", befahl Ikaros. „Alara und Kaschka, achtet auf eure Ruder. Und du, Saida, pass auf unseren Proviant auf!"

„Zu Befehl, Kapitän!", schallte es zurück.

Das war zunächst der letzte Wortwechsel. Denn jetzt ging es richtig los. Viel schlimmer als am Vortag. Das Boot wurde von meterhohen Wellen hin und her geschüttelt.

Schaum und Gischt flogen in dicken Packen über die Freunde hinweg und nahmen ihnen, die wegen des starken Regens ohnehin kaum sehen konnten, die letzte Sicht. Dann rollten riesige Monsterwellen heran und fielen über das Boot her. Den meisten konnte die tapfere Pegasos ausweichen. Aber das gelang nicht immer. Eine Monsterwelle zertrümmerte den Mast. Viel fehlte nicht, und das Boot wäre gekentert.

Saida, Alara und Kaschka hockten eng zusammengekauert und völlig durchnässt auf den harten Planken des Bootes. Sie hatten entsetzliche Angst.

Ikaros kniete hinten am Heck, umklammerte das Steuerruder und redete sich Mut zu: „Ich habe Minos überlebt, ich habe den Absturz mit Vaters Flugapparat überlebt, dann werde ich, verdammt noch mal, auch dieses Unwetter überleben", wiederholte er immer wieder. Er flüsterte. Seine Freunde sollten nicht merkten, dass auch er fürchterliche Angst hatte.

„Haltet durch", krächzte es plötzlich, „bald habt ihr es geschafft. Der Sturm hat euch Richtung Naxos getrieben. Ich kann bereits die Küste der Insel sehen."

Den Freunden schien es, als komme die Stimme direkt aus dem Himmel. Aber es war der weisse Rabe, der trotz des heftigen Sturms über dem Boot kreiste. Wenig später war der Sturm so weit abgeflaut, dass sie sich wieder halbwegs sicher auf dem Boot bewegen und es auf Schäden untersuchen konnten. Sie hatten Glück gehabt. Zwar war der Mast über Bord gegangen. Der Sturm hatte auch die Rahe und das Segel ins Meer gerissen. Aber Bootskörper und Steuerruder waren unbeschädigt. Auch die beiden Ruder waren noch vorhanden.

„Wo ist eigentlich der Schmuck aus dem Piratenlager", fragte Ikaros, „etwa auch vom Meer verschluckt?"

„Wie kommst du darauf?", antwortete Saida, „der Schmuck ist hier." Sie zeigte auf einen prall gefüllten, mit einer Schnur an ihrer Hüfte befestigten Lederbeutel. „Hast du etwa geglaubt, ich würde den verlieren?"

„Nein, nicht wirklich", antwortete Ikaros.

„Wie weit ist es noch bis Naxos?", fragte Kaschka den weissen Raben.

„Nicht mehr allzu weit. Allerdings haben wir immer noch Gegenwind."

„Kaschka und Alara, ran an die Ruder! Wir wollen Naxos noch vor Einbruch der Dunkelheit erreichen", befahl Ikaros.

„Okay, Kapitän", antworteten die beiden, packten die Ruder und legten sich kräftig in die Riemen. Dass sie total kaputt waren, war ihnen nicht anzumerken.

„Und von Naxos, wie lange brauchen wir dann noch bis Athen?", fragte Ikaros den weissen Raben.

„Ich schätze, in Naxos haben wir zwei Drittel der Gesamtstrecke hinter uns. Du kannst es dir ausrechnen, wie viele Tage wir dann noch brauchen."

„Wie wollen wir überhaupt von Naxos nach Athen kommen?", keuchte der mit letzter Kraft rudernde Alara.

„Keine Ahnung", antwortete Ikaros, „darüber werden wir uns auf Naxos den Kopf zerbrechen."

„Habe ich euch eigentlich schon erzählt, dass mein Vater häufig auf Naxos war?", fragte Saida. „Die Menschen sollen dort sehr gastfreundlich sein."

„Was hat dein Vater denn da gemacht?", fragte Ikaros überrascht. „So leicht kommt man doch nicht von Sidon nach Naxos."

„Er hat Zedernholz nach Naxos geliefert", antwortete Saida stolz. „Einer seiner liebsten Geschäftsfreunde lebt dort."

„Das klingt gut", sagte Ikaros, „denn wenn man auf Naxos Zedernholz braucht, gibt es da bestimmt auch Werften, in denen wir unsere Pegasos reparieren lassen können."

„Ganz sicher", meinte Saida. „Auch der Freund meines Vaters kauft das Zedernholz für seine Werft. Es soll die größte auf Naxos sein."

Dank der Ruderkünste von Alara und Kaschka rückte Naxos schnell näher.

Der weisse Rabe dirigierte das Boot zu einer kleinen, versteckt liegenden Bucht. Die Freunde zogen das Boot an Land und warfen sich anschließend erschöpft in den warmen Sand. Menschen waren nicht zu sehen.

„Was machen wir jetzt?", fragte Alara, nachdem er wieder zu Atem gekommen war.

„Wir besuchen den Freund meines Vaters", antwortete Saida. „Was sonst? Ich weiß allerdings nicht, wo er wohnt. Ich weiß nur, dass er Vassilios heißt und schon ziemlich alt ist."

„Das ist doch schon einmal etwas", sagte Ikaros. „Aber wie finden wir ihn? So schmutzig und zerlumpt, wie wir aussehen, können wir nicht einfach loslaufen und herumfragen, wo ein alter Mann lebt, der Vassilios heißt. Selbst wenn die Menschen hier gastfreundlich sind, wäre dies zu gefährlich."

„Richtig", krächzte der weisse Rabe, „aber nicht für mich. Ich werde ihn suchen und auch finden. Bis dahin rührt euch besser nicht vom Fleck."

Vassilios, der neue Freund

Der weisse Rabe ließ die Freunde nicht lange warten. Es war noch hell, als er zurückkehrte.

„Ich habe euren Mann gefunden", krächzte er stolz. „Er lebt in Chora, nicht weit von hier, und sieht eindrucksvoll und vertrauenswürdig aus."

„Vertrauenswürdig? Woher willst du das denn wissen?", wandte der wie immer misstrauische Alara ein.

„Genau weiß ich das natürlich nicht", krächzte der weisse Rabe. „Wie sollte ich auch? Ich habe ihn ja nur kurz gesehen. Und woher willst du wissen, dass er nicht vertrauenswürdig ist?"

„Entschuldigung", antwortete Alara, „aber ..."

„Kein aber", unterbrach ihn Kaschka, „lasst uns zu Vassilios aufbrechen."

„Damit warten wir besser bis zum Sonnenuntergang",
bestimmte Ikaros. „Dann können wir uns im Dunkeln zu ihm
schleichen. Wir wissen ja nicht, wie die Naxioten reagieren,
wenn hier plötzlich vier völlig heruntergekommene Figuren
auftauchen."

Und so geschah es. Nach Sonnenuntergang lotste der weisse
Rabe die Freunde zu einem palastähnlichen Gebäude mit
einem von vielen Mandelbäumen, efeuumrankten Platanen
und Oleander bewachsenen, von Fackeln beleuchteten
Innenhof, in dessen Mitte die aus Marmor gemeißelte Statue
eines kräftigen bärtigen Mannes stand.

Als sie sich vorsichtig – stets fluchtbereit – in den Innenhof
schlichen, zeigte der weisse Rabe auf einen stattlichen,
Ehrfurcht gebietenden Greis, der auf einer Liege unter einem
blühenden Mandelbaum ruhte.

„Da ist euer Vassilios!", krächzte er. „Mit ihm dürftet ihr auch
ohne mich zurechtkommen", und verschwand flügelschlagend
in den Lüften.

Als Vassilios die vier zerlumpten jungen Menschen auf sich
zukommen sah, sprang er erschrocken auf. Saida ließ ihm
jedoch keine Zeit, nach Wächtern zu rufen. Sie warf sich zu
seinen Füßen und flehte ihn an: „Bitte, rufe nicht nach deinen
Wächtern. Wir haben keine bösen Absichten. Ich bin Josuas

Tochter Saida aus Sidon und brauche deine Hilfe."

Saidas Vorstoß beeindruckte den alten Mann.

„Steh auf, Mädchen", antwortete er freundlich. „Wo kommst du her? Und wer sind deine seltsamen Begleiter?"

„Das sind meine Freunde Ikaros, Alara und Kaschka. Wir waren auf dem Weg nach Athen. Ein heftiger Sturm hat unser Schiff an die Küste deiner Insel getrieben. Bitte helft uns, ehrwürdiger Herr. Wir wissen nicht weiter."

„Bist du wirklich die Tochter meines alten Freundes Josua?", fragte Vassilios. „Lass dich ansehen. Du bist ja noch hübscher, als dein Vater berichtet hat. Weshalb ist er nicht bei dir? Ist meinem Freund etwas passiert?"

Er hielt inne. „Bei Zeus, was bin ich doch für ein schlechter Gastgeber! Du siehst erschöpft aus und willst dich bestimmt erst einmal frisch machen. Von deinem Vater kannst du mir später erzählen. Betrachte mein Haus als dein Haus und meine Diener als deine Diener."

„Danke, ehrwürdiger Vassilios! Aber was ist mit meinen Freunden?"

„Die Einladung gilt auch für deine Freunde. Ich bin sehr froh, dass ich endlich wieder einmal Gäste habe. Mein Leibdiener" – Vassilios zeigte auf einen hinter ihm stehenden dunkelhäutigen Jüngling – „wird euch jetzt in das Gästehaus führen. Dort könnt ihr euch waschen und neu einkleiden.

Ich lasse inzwischen ein gutes Abendessen vorbereiten, denn ihr seht sehr hungrig aus. Und während des Essens könnt ihr mir dann erzählen, was das Schicksal mit euch getrieben hat, natürlich nur, wenn ihr das wollt."

„Sehr gerne", antwortete Ikaros, sich tief vor dem Greis verbeugend. „Eure hochherzige Einladung ist eine große Ehre für uns."

„Nun geht schon", erwiderte Vassilios lächelnd.

Nunmehr folgten die vier dem Leibdiener in das Gästehaus, wo sie alles vorfanden, was sie brauchten, um sich frisch zu machen.

Ikaros war als Erster fertig. Er lief sofort zu Vassilios. Er wollte ihn nicht unnötig warten lassen.

„Du hast dich ja gewaltig beeilt", begrüßte ihn Vassilios freudig. „Jetzt siehst du wie ein ordentlicher junger Bürger aus und nicht mehr wie ein Landstreicher. Aus welchem Land stammst du? Auch aus Phönizien wie die hübsche Saida? Ist sie deine Braut?"

„Nein, natürlich nicht", antwortete Ikaros verlegen. „Saida ist meine Freundin. Außerdem bin ich kein Phönizier, sondern Bürger von Athen."

„Wie heißt denn dein Vater? Vielleicht kenne ich ihn. Ich bin schon vielen Athenern begegnet."

„Mein Vater heißt Dädalos."

„Ist das etwa der berühmte Erfinder und Bildhauer?"

Ikaros bejahte dies, stolz, dass sein Vater sogar auf Naxos bekannt war.

„Welch glücklicher Zufall!", rief Vassilios. „Jetzt lerne ich den Sohn des Bildhauers kennen, der für mich die prächtige Statue des Dionysos geschaffen hat."

Er zeigte auf die Marmorstatue in der Mitte des Innenhofes.

„Wir Naxioten verehren Dionysos als den Gott des Weines, der Freude und der Fruchtbarkeit[7]."

„Das klingt sehr interessant. Bitte erzählt mehr über euren Gott", antwortete Ikaros höflich.

Vassilios wollte gerade anfangen, lang und breit von Dionysos zu erzählen, da erschienen Saida, Alara und Kaschka. Ikaros war erleichtert, denn für den Weingott interessierte er sich im Augenblick überhaupt nicht.

Inzwischen hatten Vassilios' Diener eine reichlich mit Oliven, Weintrauben, Mandeln, Datteln, Schafskäse, Weizenfladen und geröstetem Ziegenfleisch gedeckte Tafel in den Innenhof gebracht, sowie einen großen Weinkrug und fünf randvoll mit Wein gefüllte silberne Becher.

Mit einem der Weinbecher in der erhobenen Hand wandte sich der ehrwürdige Greis an seine Gäste und sagte feierlich: „Nochmals herzlich willkommen, ihr jungen Leute. Bitte trinkt mit mir auf den Zufall, der uns zusammengeführt hat."

Obwohl sie von der stürmischen Überfahrt noch völlig abgeschlafft waren, folgten die Freunde dem Wunsch ihres Gastgebers.

Saida ging sogar einen Schritt weiter. Sie ließ sich ihren Becher ein zweites Mal füllen und erwiderte feierlich: „Hochverehrter Vassilios, Freund meines Vaters Josua, gestatte mir, auf dein Wohl und auf deine liebenswürdige Gastfreundlichkeit zu trinken. Den Göttern sei Dank, dass sie uns zu dir geleitet haben."

Ikaros, Alara und Kaschka schlossen sich dem Trinkspruch an. Vassilios strahlte. „Ihr wisst gar nicht, welche Freude ihr mir mit eurem Besuch gemacht habt. Es wäre schön, wenn ihr für immer hierbleiben würdet", lallte er mit schwerer Zunge. Offenbar hatte er – getreu seinem Gott Dionysos – bereits einige Becher zu viel getrunken. „Lasst das Essen nicht warten. Langt ordentlich zu."

Die aufgetischten Speisen sahen nicht nur verlockend aus, sie schmeckten auch köstlich. Trotzdem konnten die Freunde kaum etwas herunterkriegen, so kaputt waren sie. Nach einer Weile bat Ikaros den großzügigen Gastgeber, nicht böse zu sein, wenn sie erst am nächsten Morgen über ihre Abenteuer berichten würden.

„Wir fallen vor Erschöpfung gleich um", sagte er entschuldigend.

„Oh, das ist sehr schade", antwortete Vassilios enttäuscht, „aber ich kann euch verstehen. Wenn ihr ausgeruht seid, werden wir hoffentlich noch viel Zeit haben, uns ausführlich zu unterhalten."

Alsdann befahl er seinem Leibdiener, den Freunden ihre Schlafstellen zu zeigen.

„Schlaft solange ihr wollt", rief er ihnen hinterher. „Wann immer ihr bereit seid, ich erwarte euch hier zum Frühstück."

Die Freunde schliefen tief und traumlos. Es war doch etwas anderes, in einem luxuriösen Haus auf weichen Fellen zu schlafen als auf den harten Planken eines kleinen schwankenden Bootes. Als Erste wurde Saida wach. Nachdem sie sich gewaschen und ordentlich zurechtgemacht hatte, suchte sie Vassilios auf. Sie fand ihn im Innenhof. Wie am Abend zuvor ruhte er unter einem Mandelbaum auf einer mit Fellen bedeckten Liege. Er schien zu schlafen. Saida wollte sich gerade leise zurückziehen, als er die Augen aufschlug.

„Tritt näher, mein Kind", sagte er, „ich schlafe nicht. Ich denke nur nach."

„Worüber denkst du denn nach?", fragte Saida.

„Über mein Leben und über dich. Es ist gut, dass wir uns schon einmal ohne deine Freunde unterhalten können.

Ich habe mir heute Nacht – als alter Mann brauche ich wenig Schlaf – vergeblich den Kopf darüber zerbrochen, wie es sein kann, dass du als junges Mädchen ohne deinen Vater mit Ikaros und deinen beiden schwarzen Freunden unterwegs bist. Weiß dein Vater überhaupt davon? Hast du Sidon gegen seinen Willen verlassen? Irgendetwas stimmt da doch nicht."

„Da stimmt eine ganze Menge nicht und trotzdem stimmt alles", erwiderte Saida.

„Mädchen, du sprichst in Rätseln. Bitte klär mich auf."

Nunmehr berichtete Saida von dem Überfall der Piraten, ihrer Flucht, dem Zusammentreffen mit Ikaros, Alara und Kaschka sowie von der engen Freundschaft, die sich zwischen ihr und den drei jungen Männern entwickelt hatte.

„Und wo ist dein Vater jetzt?", fragte Vassilios.

„Wenn ich das nur wüsste", antwortete Saida traurig. „Als ich ihn das letzte Mal sah, lag er gefesselt in einer Schiffskajüte. Ich hoffe sehr, dass er inzwischen fliehen konnte oder dass er sich freigekauft hat."

„Mein armer Josua", seufzte Vassilios voller Mitleid, „könnte ich dir doch helfen."

Dann verstummte er.

Saida befürchtete schon, Vassilios sei vor Kummer um seinen Freund ohnmächtig geworden, da öffnete er die Augen, sah sie streng an und sagte: „Es ist nicht richtig, dass ein junges Mädchen wie du mit den drei jungen Männern alleine herumzieht. Du bleibst jetzt bei mir, bis wir deinen Vater gefunden haben. Dir wird es hier an nichts fehlen."

Saida erschrak. Sie war sprachlos. Was denkt sich der alte Mann nur, fragte sie sich. Ich bin doch kein kleines Kind.

Bevor sie reagieren konnte, tauchten ihre drei Freunde auf, frisch und munter und offensichtlich bester Laune.

„Guten Morgen!", riefen sie fröhlich. „Wir haben fantastisch geschlafen und sind jetzt zu allen Schandtaten bereit. Außerdem haben wir Kohldampf."

„Ich auch", schloss sich Saida an, froh, dass sie auf Vassilios Forderung noch nicht antworten musste.

Sein Vorschlag war sicherlich gut gemeint. Aber Saida wollte auf keinen Fall bei ihm bleiben. Nach den Abenteuern des letzten Jahres war sie fest entschlossen, sich nie wieder in einen goldenen Käfig einsperren zu lassen. Außerdem war da ja noch Ikaros. Sie errötete.

„Weshalb wirst du auf einmal so rot?", fragte Alara.

„Wurde ich das?", antwortete Saida verlegen. „Falls ja, dann hat das nichts zu bedeuten."

„Die Tafel von gestern ist noch gedeckt", begrüßte Vassilios die drei jungen Männer. „Falls sie für euren Kohldampf – so sagtet ihr doch - nicht ausreicht, lasse ich nachdecken, damit ihr auch wirklich satt werdet."

„Danke, ehrwürdiger Herr, wir werden bestimmt satt", antwortete Ikaros. „Aber wir haben eine kleine Bitte."

„Rede, junger Mann."

„Statt Wein würden wir lieber Milch trinken. Wein sind wir nicht gewohnt."

„Das wird Dionysos zwar nicht besonders gefallen", sagte Vassilios lächelnd, „aber als meine Gäste könnt ihr selbstverständlich trinken, was ihr wollt. Um Dionysos zu besänftigen, werde ich jedoch beim Wein bleiben. Wein ist nämlich mein Sorgenbrecher."

„Wozu brauchst du denn einen Sorgenbrecher?", fragte Saida. „Hast du Kummer? Können wir dir irgendwie helfen? Immerhin sind wir zu viert."

„Danke, mein Mädchen", antwortete Vassilios, „ich habe das mit dem Sorgenbrecher nur so gesagt. Greift erst einmal zu und erzählt mir eure Geschichte. Ich kenne euch ja noch gar nicht richtig."

Nunmehr fielen die Freunde heißhungrig über die aufgetischten Speisen her und berichteten, schluckend und kauend, was ihnen widerfahren war, wie sie sich kennen gelernt hatten und weshalb sie nach Athen wollten.

Als Ikaros seine Freundschaft mit dem Athener Kronprinzen Theseus erwähnte, unterbrach ihn Vassilios.

„An deiner Stelle würde ich bei Theseus vorsichtig sein", sagte er. „Ich habe ihn erlebt. Er und seine Leute haben sich auf Naxos wie eine Horde von Piraten aufgeführt."

„Das kann ich mir nicht vorstellen", erwiderte Ikaros betroffen. „Wann war Theseus denn auf Naxos?"

„Du hattest doch berichtet, dass Theseus nach dem Sieg über den Minotauros von Kreta nach Athen segeln wollte, und dass sein Schiff schwarze Segel gehisst hatte. Vermutlich weil es beschädigt war und repariert werden musste, hat Theseus uns gebeten, hier anlanden zu dürfen. Natürlich haben wir zugestimmt und ihm und seinen Begleitern Gastrecht gewährt. Das hätten wir besser nicht tun sollen, denn die Athener haben das Gastrecht auf das Gröbste missbraucht. Kaum auf Naxos gelandet, begannen sie uns auszuplündern. Nichts war vor ihnen sicher. Und als ich Theseus im Auftrag meiner Mitbürger zur Rede stellen wollte, ist er mir ausgewichen und ließ mir durch einen seiner Spießgesellen mitteilen, dass ich mich nicht einmischen solle."

„Bist du dir absolut sicher, dass dies Theseus, der Kronprinz von Athen, gewesen ist?", fragte Ikaros entsetzt.

„Ja, das bin ich. Es kann nur Theseus gewesen sein. Abgesehen davon, dass sein Schiff schwarze Segel gehisst hatte, prahlte er großmäulig damit, den menschenfressenden Minotauros erschlagen und Ariadne, des Kreter Königs Minos Tochter, entführt zu haben."

„Bitte verzeih, verehrter Vassilios", sagte Ikaros, „bei allem Respekt, ich kann immer noch nicht glauben, dass das mein Freund Theseus war. Hast du denn Ariadne gesehen? Sie muss mit auf seinem Schiff gewesen sein."

„Lebend nicht. Einer von Theseus' Leuten, ich glaube, es war der einzige Mann von Ehre unter ihnen, hat mir jedoch im Vertrauen erzählt, dass Theseus Ariadne versprochen hatte, sie in Athen zu heiraten. Vielleicht weil er ihr überdrüssig geworden war oder weil er befürchtete, mit einer Kreter Prinzessin als Frau nicht König von Athen werden zu können, jedenfalls habe Theseus Ariadne unmittelbar nach der Ankunft auf Naxos verstoßen. Daran sei sie zerbrochen. Ob das stimmt, weiß ich nicht. Fest steht jedoch, dass Ariadne nicht mehr lebt. Wir haben sie, kaum hatten die Athener Naxos verlassen, tot aufgefunden."

Ikaros wurde leichenblass. Da er von dem weissen Raben bereits erfahren hatte, dass Ariadne in Athen nicht angekommen war, begann er, Vassilios zu glauben. Aber darf ich Theseus auf Grund einseitiger Vorwürfe verurteilen? Muss ich ihm nicht erst einmal die Gelegenheit geben, sich zu rechtfertigen?

„Habe ich dich nun überzeugt?", fragte Vassilios.

„Jedenfalls hast du mich total durcheinandergebracht", erwiderte Ikaros. „Bevor ich mir jedoch ein endgültiges Urteil bilde, möchte ich unbedingt wissen, was Theseus zu deinen Vorwürfen sagt. Das schulde ich ihm. Schließlich haben wir einander ewige Freundschaft geschworen."

„Das ist nur fair", antwortete Vassilios.

„Wie hieß eigentlich der Athener, mit dem du über Ariadne gesprochen hast?"

„Er wurde Andros gerufen."

„Andros kenne ich gut", sagte Ikaros. „Auf Kreta war er der Vertraute von Theseus und hat viel dazu beigetragen, dass Ariadne und ich Theseus helfen konnten, Minos zu überlisten und den Minotauros zu besiegen. Seinerzeit haben auch wir uns Freundschaft geschworen. "

Sonderbar ist nur, überlegte Vassilios, dass Andros unmittelbar vor der Abreise der Athener noch versucht hat, mir einzureden, Dionysos habe Ariadne zu sich genommen. Irgendetwas muss auch mit ihm nicht stimmen.

Vassilios unterdrückte jedoch seine Zweifel und schwieg.

Nach einer Weile übernahm er wieder das Wort.

„Ich kann verstehen, dass Ikaros nach Athen möchte. Ich kann aber nicht verstehen, was du, Alara und du, Kaschka in Athen wollt. Die Athener werden schnell herausfinden, dass ihr entlaufene Sklaven seid und euch einkerkern. Soweit ich weiß, gehen sie gegen entlaufene Sklaven äußerst brutal vor. Ikaros wird euch da nicht helfen können. Und Theseus? Den vergesst mal lieber."

„Ikaros, sag bitte, dass das nicht stimmt!", rief Alara entsetzt.

„Das würde ich nur allzu gerne", antwortete Ikaros bedrückt.

„Aber auch ich bin jetzt verunsichert. Es könnte durchaus sein, dass Vassilios recht hat."

„Und was meinst du, Saida?"

„Ich muss Ikaros leider zustimmen", antwortete sie.

„Und du, Kaschka?"

„Da es für uns überall gefährlich ist, Bruder, bin ich für Athen, wo wir wenigstens Ikaros auf unserer Seite haben. Außerdem, gibt es für uns eine Alternative?"

„Ich wüsste eine Alternative", mischte sich Vassilios ein.

„Weshalb bleibt ihr nicht bei mir? Ich wäre darüber sehr froh, denn manchmal fühle ich mich hier ziemlich einsam. Ihr würdet es bei mir gut haben, das verspreche ich."

„Du bist einsam?", fragte Saida überrascht. „Hast du denn keine Familie und keine Freunde?"

„Leider nicht, nicht mehr", seufzte Vassilios. „Ich habe meine Frau, meine Kinder und fast alle meine Freunde überlebt. Um mich herum ist es sehr leer geworden."

Verdammt, dachte Saida, das macht es für mich noch schwerer, ihm zu erklären, dass ich nicht bei ihm bleiben werde.

„Dein hochherziges Angebot ehrt mich und meine Freunde", antwortete Ikaros. „Wir werden darüber nachdenken. Wichtige Dinge entscheiden wir immer gemeinsam."

„Einverstanden, nehmt euch Zeit. Ich kann warten. Das bin ich gewohnt. Jetzt werde ich mich erst einmal ausruhen. Wir können später weiterreden."

„Hast du etwas dagegen, dass wir in der Zwischenzeit zur Küste laufen, um nach unserem Boot zu sehen?", fragte Kaschka.

„Besser nicht, auf meinem Anwesen ist es für euch sicherer", antwortete Vassilios und zog sich in seine Gemächer zurück.

„Wollen wir Vassilios gehorchen?", fragte Saida. „Ich würde schon ganz gerne losziehen, um mich hier ein wenig umzuschauen."

„Wenn er uns auffordert, sein Anwesen nicht zu verlassen,

wird er seine Gründe haben", sagte Alara. „Ich bin dafür, hierzubleiben."

„Ich auch", schloss sich Ikaros ihm an. „Wir können ja die Zeit nutzen, um zu überlegen, wie wir mit der großzügigen Einladung unseres Gastgebers umgehen. Er ist ein so gütiger Mann, dass ich alles vermeiden möchte, was ihn kränken könnte."

„Das ist leichter gesagt als getan", entgegnete Saida. „Wie soll ich ihm denn beibringen, dass ich nicht hierbleiben möchte?"

„Hast du dich denn wirklich fest entschieden, mit Ikaros nach Athen zu gehen?", fragte Kaschka verwundert.

„Ja, mein Freund, das habe ich", antwortete Saida und erzählte dann, wie Vassilios ihr quasi befohlen hatte, bei ihm zu bleiben, weil es für ein Mädchen nicht richtig sei, mit drei jungen Männern herumzuziehen. „Vermutlich meint er, mich anstelle meines Vaters beschützen zu müssen. Und das will ich nicht. Ich kann und werde mich selbst beschützen. Auch in Athen."

„Das musst du Vassilios ja nicht direkt ins Gesicht sagen", schlug Ikaros vor. „Behaupte einfach, dass du hoffst, in Athen etwas über deinen Vater herauszufinden, und dass du nach Naxos zurückkommen wirst, wenn auch die Athener nichts über ihn wissen."

„Das wäre aber gelogen", entgegnete Saida.

Ikaros sah Saida nachdenklich an. „Wenn gelogen, dann wäre es nur eine Notlüge, um Vassilios nicht kränken zu müssen. Das wäre doch okay, oder? Und ich werde ihm versprechen, dass ich auf dich wie auf meinen Augapfel aufpassen werde. Und das ist keine Notlüge!"

„Und du meinst, du könntest wirklich auf mich aufpassen?", fragte Saida kokett.

„Aber was sollen wir machen, mein Bruder und ich?", fragte Alara niedergeschlagen. „Wenn es stimmt, was Vassilios erzählt hat, wäre Athen für uns doch viel zu gefährlich."

„Leider hast du recht", antwortete Ikaros. „Ihr solltet bei Vassilios bleiben, obwohl ich noch immer ein wenig hoffe, dass er ein Schlitzohr ist und Athen und Theseus nur verteufelt, um uns von Athen abzuhalten."

„Was soll ich denn auf Naxos?", sagte Kaschka enttäuscht. „Ich hatte mich so auf ein freies Leben in Athen gefreut. Und jetzt stellt sich heraus: einmal Sklave, immer Sklave!"

„Das stimmt nicht", widersprach Ikaros, „bei Vassilios wäret ihr keine Sklaven, sondern Gäste."

„Warten wir es ab", antwortete Kaschka. „Hattest du nicht auch behauptet, wir seien keine Sklaven mehr, und versprochen, dafür zu sorgen, dass wir in Athen als freie Menschen leben können?"

Ikaros schluckte. Er wusste nichts zu erwidern.

Vassilios blieb für den Rest des Tages in seinen Gemächern. Einer seiner Diener richtete den Freunden aus, dass er beschäftigt sei. Auch abends erschien er nicht. Aber er ließ ein üppiges Abendessen auftischen.

Nachts grübelte Ikaros über den Vorwurf seiner nubischen Freunde nach, etwas versprochen zu haben, was er nicht erfüllen konnte. Vielleicht war ich zu optimistisch und habe mich überschätzt, überlegte er. Aber habe ich sie dadurch getäuscht? Nein, zumindest habe ich das nicht gewollt. Jedenfalls war es jetzt meine Pflicht als Freund, ihnen zu raten, bei Vassilios zu bleiben. Ich werde sie jedoch nachholen, sobald ich mir ganz sicher bin, dass ich sie in Athen schützen kann, beschloss er.

Mit diesem Vorsatz schlief er ein.

Wenig nach Sonnenaufgang wurden die Freunde von einem Bediensteten ihres Gastgebers mit dem Ruf „Mein Herr erwartet euch beim Frühstück" geweckt.

Das klingt ja fast wie ein Befehl, dachte der verunsicherte Alara.

„Hoffentlich haben wir Vassilios nicht verärgert und er will uns jetzt aus seinem Haus jagen."

Das war jedoch nicht der Fall. Sie fanden Vassilios an einer wieder einmal mit den köstlichsten Speisen gedeckten Tafel.

„Nehmt Platz, meine jungen Freunde", rief er gut gelaunt. „Habt ihr die Strapazen der Schiffsreise überstanden? Was habt ihr für heute vor?"

„Wir sind wieder rundum fit", antwortete Saida. „Auch das blöde Schwanken beim Gehen hat aufgehört. Trotzdem haben wir für heute noch nichts geplant. Das wollten wir gemeinsam mit dir machen. Wenn du nichts dagegen hast, würden wir gerne später zur Küste, um nach unserer Pegasos zu sehen. So heißt nämlich unser Boot."

„Zur Küste müsst ihr nicht mehr. Ich habe euer Boot in meine Werft schleppen lassen. Es ist stark beschädigt. Meine Bootsbauer werden es jedoch reparieren können. Weshalb heißt es ausgerechnet Pegasos?"

„Wir wollten damit den Meeresgott Poseidon, den Vater des geflügelten Pferdes, ehren", antwortete Ikaros. „Wir hofften, dass unser Boot dann wie mit Flügeln durch das Meer getragen wird."

„Gute Idee. Hat der Name denn geholfen?"

„Immerhin hat uns die Pegasos zu dir gebracht", antwortete Saida.

„Habe ich dir eigentlich schon erzählt, dass ich dem geflügelten Pferd bereits zweimal begegnet bin?", fragte Ikaros.

„Nein, das hast du nicht", antwortete Vassilios erstaunt und ungläubig. „Bitte erzähle."

„Das erste Mal erschien er mir auf Kreta, unmittelbar nachdem ich mit meinem Vater dort angekommen war. Und das zweite Mal während meines Fluges, wenige Minuten bevor ich auf Dia abgestürzt bin. Pegasos flog eine ganze Weile neben mir her und hat mich schließlich sogar aufgefordert, auf seinen Rücken zu springen, um mit ihm nach Atlantis zu fliegen."

„Mein lieber junger Mann", sagte Vassilios spöttisch, „das hast du bestimmt nur geträumt, denn Pegasos erscheint nur Menschen, mit denen die Götter etwas ganz Besonderes vorhaben."

„Genau das hat mein Vater auch gesagt", antwortete Ikaros. „Aber weshalb sollte ich denn nicht zu diesen Menschen gehören?"

„Ja, weshalb sollten die Götter nicht etwas Besonderes mit Ikaros vorhaben?", meinte Saida.

„Für uns ist Ikaros jedenfalls ein ganz besonderer Mensch", schlossen sich Alara und Kaschka an.

„Bitte keine Schmeicheleien", sagte Ikaros. „Außerdem, wenn die Götter etwas Besonderes mit mir vorhaben, muss das doch nicht unbedingt etwas Gutes sein."

„Das ist richtig", sagte Vassilios. „Was wissen wir schon von den Plänen der unergründbaren Götter? Aber weshalb bist du der Einladung des geflügelten Pferdes nicht gefolgt und mit ihm nach Atlantis geflogen?"

„Weil ich in Athen etwas sehr Wichtiges zu erledigen habe", antwortete Ikaros. „Außerdem liebe ich meine Heimatstadt. Was soll ich da in Atlantis, das ich nicht kenne und wo keiner meiner Freunde lebt?"

„Verrätst du mir, was Wichtiges du in Athen erledigen musst?", fragte Vassilios.

„Das weißt du doch. Ich muss unbedingt mit Theseus sprechen. Außerdem ist da noch eine andere Sache, die mit meinem Vater zu tun hat. Darüber möchte ich jetzt aber nicht reden. Später vielleicht."

Es wäre gegenüber Vater unfair, Vassilios zu erzählen, dass ihm die Athener einen Mord vorwerfen, dachte er. Denn selbst wenn ich Vassilios versichere, dass die Vorwürfe gegen Vater haltlos seien und dass ich das in Athen auch nachweisen werde, auf Naxos wäre Vaters guter Name beschädigt.

„Nun gut", antwortete Vassilios ein wenig pikiert, „du musst das ja wissen. Wie dem auch sei, auch ich kenne Atlantis nicht und habe dort keine Freunde. Trotzdem wäre ich Pegasos nach Atlantis gefolgt, hätte er mir dies angeboten. Ich habe nämlich nur Gutes über Atlantis gehört."

„Weshalb lebst du dann noch auf Naxos und nicht in Atlantis?", fragte Ikaros.

„Ganz einfach. Da niemand mir den Weg nach Atlantis zeigen konnte, hätte ich das Inselreich erst einmal suchen müssen. Als ich jung war, hatte ich dafür keine Zeit, weil ich voll mit meiner Werft beschäftigt war. Und jetzt, wo ich Zeit hätte, bin ich dafür zu alt."

Obwohl sich Saida nicht besonders für Atlantis interessierte, bat sie Vassilios, etwas mehr über das geheimnisvolle Land zu erzählen. Solange er redet, sagte sie sich, muss ich ihm nicht erklären, dass und weshalb ich Ikaros nach Athen begleiten werde.

Vassilios ließ sich nicht zweimal bitten.

„Es mag unwahrscheinlich erscheinen", begann er, „aber in meinem langen Leben ist mir noch kein einziger Mensch begegnet, der in Atlantis war. Alles was ich über Atlantis weiß, weiß ich nur vom Hörensagen. Dennoch bin ich mir absolut sicher, dass es Atlantis gibt und dass das, was ich euch jetzt über Atlantis erzähle, hundertprozentig stimmt."

„Wie kannst du das behaupten, wenn du nie da warst und auch niemanden kennst, der da war", unterbrach ihn Alara.

„Höre dir doch erst einmal meinen Bericht an", entgegnete Vassilios kurz angebunden.

„Also, Atlantis ist ein versteckt im mittelländischen Meer liegendes Inselreich, mit vielen Bergen, Flüssen, Seen und überaus fruchtbarem Land. Es ist reich an Bodenschätzen wie Gold und Silber und hat ein angenehm mildes Klima, das drei, manchmal auch noch mehr Ernten pro Jahr zulässt. Den Namen verdankt das Inselreich seiner Hauptstadt Atlantis, die von Atlas, einem der Söhne des Meeresgottes Poseidon, gegründet worden ist. Nach einer kriegerischen Phase, während der Atlantis von machtgierigen Königen regiert wurde und eine Vielzahl von räuberischen Kriegszügen unternahm, blutige Kriege gewann und blutige Kriege verlor, begann eine Gruppe von Philosophen über den Nutzen und den Sinn der Kriege nachzudenken, auch darüber, ob Kriege gerecht seien. Sie kamen schließlich zu der Erkenntnis, dass wegen der vielen unschuldigen Opfer kein Krieg gerecht sei, dass alle Kriege nur den Herrschenden nützten und darüber hinaus auch sinnlos seien, weil jeder Krieg einen neuen Krieg auslöse. Die Philosophen brauchten viele Jahrzehnte, um die Atlanter von der Richtigkeit ihrer Erkenntnisse zu überzeugen und dazu zu bringen, auf einen König oder sonstigen über ihnen stehenden Herrscher zu verzichten, ihre Armeen abzuschaffen und ihre Kriegsschiffe zu versenken. Außerdem beschlossen die Atlanter auf Rat der Philosophen, den Handel mit anderen Ländern einzustellen und jeden Kontakt zur Außenwelt zu vermeiden. Weshalb sollen wir mit anderen Ländern Handel treiben, wenn wir alles, was wir für unser Leben benötigen, in Atlantis ernten oder herstellen können, meinten sie. Und wenn wir mit keinem anderen Land Kontakt haben, wird die Welt bald vergessen, dass es Atlantis gibt, sodass niemand mehr auf den Gedanken kommen kann, Atlantis anzugreifen."

„Das klingt ja alles sehr phantastisch", sagte Ikaros. „Aber kann denn ein Staat ohne König oder Herrscher funktionieren? Einer muss doch das Sagen haben, so wie auf einem Schiff einer der Kapitän sein muss."

„Diese Frage habe ich mir natürlich auch gestellt", antwortete Vassilios. „Eine hundertprozentig überzeugende Antwort habe ich nicht gefunden. Ich weiß nur, dass es in Atlantis funktioniert. Vermutlich weil dort alle Menschen die gleichen Rechte haben, alle einander respektieren und alle sich füreinander verantwortlich fühlen, und weil die Bodenschätze und das Ackerland des Inselreiches nicht einem König oder einzelnen mächtigen Familien gehören, sondern allen Atlantern gemeinsam. Irgendwann haben sie sogar aufgehört, die Götter anzubeten. Niemand steht über einem anderen, sagten sie sich, auch die Götter nicht über die Menschen. Weshalb sie dann anbeten?"

„Aber wem können die Menschen denn ihre Wünsche anvertrauen, wenn es keine Götter gibt, und wen sollen sie fragen, wenn sie nicht weiterwissen, und wen sollen sie um Hilfe bitten, wenn sie Angst haben?", fragte Alara.

„Ich habe doch nicht behauptet, dass es in Atlantis keine Götter gibt", antwortete Vassilios, „sondern nur, dass die Menschen die Götter nicht mehr anbeten. Im Übrigen ruft man in Atlantis den Rat der Weisen an, wenn man Probleme hat, mit denen man nicht selbst fertig wird."

„Was ist denn das, der Rat der Weisen?", fragte Alara weiter. „Etwa eine Art Regierung?"

„Nein, mein Freund, keine Regierung, die den Menschen sagt, was sie zu tun haben. Der Rat der Weisen wacht über die Einhaltung der Gesetze und Regelungen, die sich die Bewohner von Atlantis für ihr Zusammenleben gegeben haben. Und er hilft bei der Lösung von Konflikten, wenn die Menschen nicht weiterwissen. Konflikte oder Streitigkeiten kommen jedoch sehr selten vor, weil die Atlanter einander respektieren und sich bemühen, jederzeit und gegenüber jedermann gerecht zu sein."

„Und in Atlantis gibt es wirklich keine Sklaven?", fragte Kaschka. „Wer macht denn die Drecksarbeit?"

„Wenn alle Menschen die gleichen Rechte haben und kein Mensch über einem anderen Menschen steht, ist es doch logisch, dass es keine Sklaven gibt. Und wer die Drecksarbeit macht? Jeder und keiner. Die Menschen wechseln sich ab. Außerdem hat man in Atlantis Geräte und Maschinen erfunden, die den Menschen die meiste Arbeit abnehmen."

„Und was ist mit den Frauen?", fragte Saida. „Haben die auch die gleichen Rechte wie die Männer?"

„Das haben sie", antwortete Vassilios. „Die bei uns geltende Regel, dass die männlichen Familienoberhäupter das Sagen haben, ist in Atlantis unbekannt. Und über die Kinder entscheiden die Väter und Mütter gemeinsam."

Die Freunde schwiegen überwältigt. Dann meldete sich Alara zu Wort: „Entschuldigt bitte, hochgelehrter Vassilios, dass ich vorhin so argwöhnisch gewesen bin. Jetzt bin auch ich davon überzeugt, dass alles wahr ist, was du über Atlantis berichtet hast."

„Und woher kommt dein Sinneswandel?"

„Weil das, was du über Atlantis erzählt hast, so traumhaft schön ist, dass es einfach stimmen muss. Ich weiß auch, weshalb du noch nie jemanden getroffen hast, der in Atlantis gewesen ist. Das konntest du gar nicht, denn kein Mensch würde Atlantis jemals wieder verlassen, wenn er es erst einmal gefunden hat."

Eine seltsame Logik, dachte Ikaros. Viel wahrscheinlicher ist es, dass niemand Atlantis verlassen darf, Atlantis also ein goldenes Gefängnis ist. Er unterdrückte jedoch seinen Verdacht und fragte Alara, ob er denn gerne in Atlantis leben würde.

„Ich glaube schon", antwortete Alara, „aber nur zusammen mit euch. Die Frage stellt sich jedoch nicht, weil niemand von uns weiß, wo Atlantis liegt."

„Ich könnte auf Dauer dort nicht leben", sagte Ikaros. „Das wäre mir zu langweilig. Aber es würde mich reizen, irgendwann einmal vor Ort zu untersuchen, wie es den Bewohnern des Inselreiches gelungen ist, so glücklich und zufrieden zusammenzuleben. Was dort klappt, müsste doch auch woanders klappen."

„Das viele Reden hat mich müde gemacht", unterbrach Vassilios die beiden. „Lasst mich jetzt bitte ein wenig ausruhen. Über eure Zukunft können wir auch später noch sprechen."

„Das passt uns gut", antwortete Saida, „meine Freunde und ich haben über eine ganze Menge nachzudenken."

Nachdem sich Vassilios zurückgezogen hatte, sagte Saida, dass sie eigentlich nicht mehr nachdenken müsse, weil sie sich bereits für Athen entschieden habe.

„Auch dann, wenn es stimmt, was Vassilios über Theseus und die Zustände in Athen behauptet hat?", fragte Ikaros.

„Das ist mir egal", antwortete Saida, „ich will bei dir bleiben."

Sie erschrak, hatte sie doch diesen ihren tiefsten Wunsch zum ersten Mal offen ausgesprochen. Auch war sie sich überhaupt nicht darüber im Klaren, was dieses *ich will bei dir bleiben* eigentlich bedeutet. Und ein bisschen bange fragte sie sich, wie Ikaros wohl reagieren würde.

Ikaros sah sie nachdenklich an. Dann sagte er völlig ungerührt: „Das ist super."

Saida atmete erleichtert auf.

„Wie gerne würden wir, mein Bruder und ich, auch nach Athen mitkommen", sagte Kaschka. „Aber es dürfte für uns zu gefährlich sein. Als Sklave aufgegriffen und eingekerkert zu werden, das könnten wir nicht ertragen."

„Das verstehe ich", antwortete Ikaros. „Nach allem, was wir gemeinsam durchstanden haben, hatte ich gehofft, dass wir vier für immer zusammenbleiben. Ich wäre jedoch ein verdammt schlechter Freund, wenn ich euch jetzt auffordern würde, mit uns zu kommen."

„Wir müssen ja nicht auf alle Ewigkeit getrennt bleiben", versuchte Saida die beiden zu trösten. „Sobald es geht, holen wir euch nach."

Beim Abendessen war es dann so weit. Saida erklärte Vassilios, dass sie nicht bei ihm bleiben, sondern Ikaros nach Athen folgen werde.

„Meine Entscheidung ist keine Entscheidung gegen dich", sagte sie. „Für deine Einladung, bei dir zu bleiben, solange Vater verschollen ist, bin ich dir sehr dankbar. Aber ich glaube, dass ich in Athen etwas über Vaters Schicksal erfahren kann. Diese Chance will ich mir nicht entgehen lassen. Ich werde aber zu dir zurückkommen, wenn meine Athener Nachforschungen vergeblich bleiben sollten.

Falls du mich dann noch aufnimmst."

Vassilios sah Saida traurig an: „Für dich steht mein Haus immer offen", antwortete er.

„Du musst dir um Saida wirklich keine Sorgen machen", mischte sich Ikaros ein. „Ich verspreche dir, dass ich sie wie meinen Augapfel hüten werde."

Vassilios antwortete nicht, sondern fragte Alara und Kaschka, was ihre Pläne seien.

„Welche Möglichkeiten haben wir denn?", erwiderte Alara. „Nach den schlimmen Dingen, die du über Theseus und Athen erzählt hast, scheidet Athen für uns leider aus. Wenn wir frei entscheiden könnten, würden wir gerne bei dir bleiben."

Saida gab Vassilios keine Zeit, sich eine Antwort zu überlegen, und rief: „Bitte, lieber Vassilios, bitte gewähre Alara und Kaschka Asyl! Das wäre eine große Erleichterung für mich."

„Nur keine Aufregung, meine junge Freundin", antwortete Vassilios. „Du weißt doch, am liebsten hätte ich, wenn ihr alle vier bei mir bleiben würdet. Weshalb sollte ich mich nicht freuen, wenn wenigstens Alara und Kaschka bleiben?"

„Danke, Herr!", sagte Alara. „Wir werden alles für dich tun, wenn du uns unter deinen Schutz stellst. Hart zu arbeiten ist kein Problem für uns."

„Was redest du da für einen Unsinn, mein Sohn", antwortete Vassilios, „ihr müsst nicht für mich arbeiten. Ihr seid und bleibt meine lieben Gäste."

„Könnte ich nicht trotzdem in deiner Werft arbeiten?", fragte Kaschka. „Ich würde allzu gerne Bootsbauer werden."

„Einverstanden, das lässt sich einrichten."

„Und mein Traum wäre es, die Töpferkunst zu erlernen", sagte Alara.

„Auch das lässt sich einrichten. Aber dass wir uns richtig verstehen, ob ihr arbeitet oder nicht, ihr bleibt meine Gäste. Auf der anderen Seite kann es nicht schaden, wenn ihr ein Handwerk erlernt, denn ich lebe ja nicht ewig."

„Das ist sehr großherzig von dir, ehrwürdiger Herr", riefen Alara und Kaschka. „Wir werden dir das ewig danken. Hoffentlich gibt uns das Schicksal die Chance, dir wenigstens etwas von deiner Güte zurückzugeben."

„Ihr schuldet mir nichts. Wenn ihr mir hin und wieder Gesellschaft leistet, wäre dies Dank genug", sagte Vassilios.

„Und nun zu dir, Saida, Tochter meines Freundes Josua: Bitte sage mir, wie ich es deinem Vater gegenüber rechtfertigen könnte, dir zu erlauben, Ikaros nach Athen zu begleiten. Du weißt doch, ohne Vormund dürfen Frauen nicht herumreisen."

„Hätte ich etwa für die Flucht vor den Piraten auch einen Vormund haben müssen?", fragte Saida schnippisch.

„Bitte ziehe die Sache nicht ins Lächerliche, mein Fräulein. Ich meine das sehr ernst."

Saida merkte, dass sie zu weit gegangen war.

„Verzeih bitte, meine Bemerkung war kindisch", sagte sie.

„Aber weshalb sollte Vater etwas dagegen haben, dass ich mit Ikaros nach Athen gehe?"

„Das ist nicht der Punkt", antwortete Vassilios. „Nach dem

Gesetz ist es Frauen nun einmal nicht gestattet, ohne Vormund herumzureisen. Und Ikaros ist nicht dein Vormund."

„Und wer ist mein Vormund?"

„Dein Vater, und wenn der nicht mehr lebt, sein Bruder und wenn es den auch nicht gibt, dein ältester Bruder und wenn du verheiratest bist, dein Mann."

„Das ist aber ein komisches Gesetz. Wer hat das denn gemacht?"

„Natürlich die Götter. Seit Erschaffung der Welt bestimmen die, wie wir Menschen zu leben haben."

„Und wer sagt uns, welche Gesetze es gibt?", mischte sich Ikaros ein. „Könnte es sein, dass es dein Vormundgesetz gar nicht gibt? Für mich ist es jedenfalls unlogisch, dass die Frauen einen Vormund haben müssen, nicht aber wir Männer. Und dass die Götter unlogische Gesetze machen, geht nicht in meinen Kopf."

„Welche Gesetze die Götter erlassen haben, dass sagen uns die Hohepriester, manchmal auch der König oder die Richter", antwortete Vassilios. „Wer könnte das sonst tun, etwa du? Und was die Logik betrifft, die Götter herrschen über die Welt. Deshalb müssen ihre Gesetze nicht logisch sein. Logik ist nur eine Erfindung von uns Menschen."

Wenn es stimmt, was Vassilios berichtet hat, scheinen die Gesetze in Atlantis logischer als unsere zu sein, überlegte Ikaros. Ob das wohl daran liegt, dass die Atlanter ihre Gesetze selbst machen?

„Logik hin, Logik her," sagte Saida ungeduldig, „ich möchte wissen, wie ich mein Problem lösen kann: Ich will nach Athen, um Vater zu suchen, darf das aber nicht, weil ich keinen Vormund habe."

„Ich habe die Lösung", sagte Ikaros, „ich heirate dich. Dann hast du einen Vormund und kannst mit mir nach Athen."

„Das geht nicht", erklärte Vassilios, „denn auch für eine Heirat braucht Saida einen Vormund. Nur der hat das Recht, dir Saida zur Frau zu geben."

„Wenn das so ist" rief Ikaros, „werde ich Saida rauben. Gegen Brautraub helfen bestimmt keine Gesetze."

„Richtig, aber nur wenn die Braut mit dem Raub einverstanden ist", erklärte Vassilios.

„Der Raub durch die Piraten hat mir eigentlich voll gereicht", rief Saida fröhlich. „Aber falls Ikaros mich unbedingt rauben will, werde ich mich nicht wehren.

Allerdings muss er schwören, dass er mich auch weiter als gleichberechtigte Partnerin anerkennt."

Ikaros zögerte keine Sekunde. „Ich schwöre hiermit, dass ich Saida stets als meine gleichberechtigte Partnerin anerkennen werde", sagte er feierlich.

„Ich hoffe nur, meine jungen Freunde, dass ihr wisst, was ihr tut", sagte Vassilios. „Mögen die Götter euch schützen."

Alara und Kaschka, die der Diskussion staunend gefolgt waren, liefen auf Saida und Ikaros zu und riefen mit Tränen in den Augen: „Was auch immer das Schicksal mit uns oder mit euch noch vorhat, wir bleiben auf alle Ewigkeit eure Freunde!"

„Was sollen die Tränen?", brummte Ikaros verlegen. „Zum Heulen gibt es keinen Grund. Was ist denn geschehen? Wir haben ein Problem gelöst. Und jetzt müssen wir ein weiteres Problem lösen: Wie kommen Saida und ich nach Athen?"

„Mit eurer alten Pegasos wohl kaum", sagte Vassilios. „Meine Schiffsbauer haben mir berichtet, dass es keine Chance gibt, das Schiff in absehbarer Zeit so weit zu reparieren, dass es euch nach Athen tragen kann. Außerdem würdet ihr euch verdächtig machen, wenn ihr zwei mit dem maroden Schiff in Athens Hafen Piräus eintrefft. Aber übermorgen fährt ein mit Marmor beladenes Handelsschiff von Naxos nach Athen. Ich könnte den Kapitän bitten, euch mitzunehmen."

„Das wäre großartig!", rief Ikaros. „So schön es bei dir auch ist, es macht mich langsam kribbelig, hier weiter untätig herumzusitzen."

„Mir geht es genauso", schloss sich Saida an, „ich möchte mich endlich auf die Suche nach meinem Vater machen."

Der Kapitän war Phönizier aus Tripolis, der Vassilios einen Gefallen schuldete. Obwohl er grundsätzlich keine Passagiere auf sein Schiff mitnahm, machte er bei Saida und Ikaros eine Ausnahme. Er verzichtete sogar auf ein Entgelt für die Überfahrt.

Die Zeit bis zum Ablegen des Schiffes, es war ein dickbäuchiger Zweimaster, verging schnell. Vassilios war trotz seines hohen Alters überraschend aktiv. Ob sie es wollten oder nicht, er überschüttete Ikaros und Saida mit Ratschlägen, wie sie sich auf dem Schiff – phönizische Seemänner hatten keinen guten Ruf – und in Athen verhalten sollten. Außerdem stattete er die beiden mit wetterfester Kleidung und Proviant aus. Schließlich übergab er Ikaros ein zweischneidiges Kurzschwert mit einem kostbar verzierten Bronzegriff.

„Ich habe dieses Schwert auf all meinen Reisen mitgeführt", sagte er. „Hoffentlich musst du es niemals einsetzen. Aber man kann ja nie wissen."

„Danke, verehrter Vassilios, das hoffe ich auch", antwortete Ikaros. „Mich beunruhigt jedoch etwas anderes. Bitte sage mir ganz ehrlich: Haben Alara und Kaschka auf Naxos wirklich nichts zu befürchten, auch wenn sich herumspricht, dass sie entflohene Sklaven sind?"

„Nein, mein Freund, solange Alara und Kaschka zu meinem Haushalt gehören, kann ihnen nichts passieren", antwortete Vassilios. „Außerdem hat mir der Hohepriester von Naxos fest zugesagt, dass er den beiden gegen eine angemessene Opfergabe den Bürgerstatus verleihen wird, sobald sie ein Handwerk gelernt haben."

„Wir haben auf Dia aus einem Vorratslager der Piraten etwas Gold- und Silberschmuck geklaut", sagte Saida. „Meinst du, dass der Hohepriester den gestohlenen Schmuck als Opfergabe annimmt?"

„Den Schmuck behaltet besser. Für die Opfergabe sorge ich", antwortete Vassilios.

Unmittelbar vor Einschiffung teilte Saida den Schmuck in zwei gleiche Hälften.

„Die eine Hälfte gehört euch", sagte sie zu Alara und Kaschka. „Seid ihr mit der Aufteilung einverstanden?"

Statt einer Antwort wurde sie von den beiden umarmt.

„Ich erinnere mich noch ganz genau, wie du an der südlichen Steilküste von Dia hinter einem Felsen aufgetaucht bist und uns mit einer Doppelaxt bedroht hast. Damals hätte ich mir nie und nimmer vorstellen können, dass wir uns jemals so nahe kommen würden."

Alara und Kaschka brachen in Tränen aus. Auch Saida konnte ihre Tränen nicht zurückhalten. Ikaros schluckte und tat unbeteiligt.

Schließlich rief der Kapitän Saida und Ikaros an Bord, ließ die Anker hochziehen und das Schiff stach in See. Vassilios, Alara und Kaschka winkten ihnen nach, bis das Schiff am Horizont verschwunden war.

„Möge Poseidon die beiden sicher nach Athen bringen", seufzte Vassilios. „Und in Athen schützen", ergänzten Alara und Kaschka.

Athen, der geplatzte Traum

Vier Tage später erreichte das Schiff Piräus, den Hafen von Athen. Es war kurz vor Sonnenuntergang. Gleichmäßiger Südwind, verbunden mit der exzellenten Segelkunst des erfahrenen Kapitäns, hatte das Schiff schnell und störungsfrei vorwärtsgetrieben. Kein Vergleich zu der stürmischen Fahrt von Dia nach Naxos.

Als Piräus vor seinen Augen auftauchte, war Ikaros zum ersten Mal seit langer Zeit wieder einmal rundherum glücklich. Endlich hatte er sein Ziel erreicht. Endlich war seine geliebte Heimatstadt in greifbarer Nähe.

Obwohl auf dem Schiff absolut nichts los war und sie nichts anderes taten, als zu essen, zu schlafen und herumzudösen , der Kapitän hatte dafür gesorgt, dass sie von der rüpelhaften Schiffsbesatzung in Ruhe gelassen wurden, hatte Ikaros noch keine konkreten Pläne. Nur eines stand für ihn fest. Als Erstes wollte er seine Pflegemutter Perdix aufsuchen. Die kennt in Athen alle wichtigen Leute und kann mir am besten berichten, was dort los ist. Und dann werde ich versuchen, Andros zu treffen, um ihn über Theseus auszufragen. Bestimmt weiß Andros auch, was mit Ariadne geschehen ist. Danach werde ich Theseus um ein Gespräch bitten. Wenn Theseus mich trotz seiner nun hohen Stellung als König empfängt, wäre dies zumindest ein gutes Zeichen, überlegte er.

Dann riss ihn Saida aus seinen Grübeleien.

„Hey, Ikaros", rief sie, „hast du mich vergessen? Ich bin auch noch da!"

„Wie könnte ich dich jemals vergessen?" antwortete er. „Aber kannst du nicht verstehen, dass ich im Augenblick nur an Athen denke, und daran, was uns da erwartet? Ich glaube, jetzt wird alles gut."

„Auch mit meinem Vater? Werden wir ihn finden?"

„Klar doch. Er muss dich mir ja noch richtig zur Frau geben."

„Hoffentlich", erwiderte Saida. „Aber damit wir uns richtig verstehen, das *hoffentlich* bezieht sich auf das Finden meines Vaters. Über die Heirat müssen wir noch einmal reden. Wenn ich mit dem Raub auch einverstanden war, heißt das noch lange nicht, dass ich dich auch heiraten werde."

„Warten wirs ab", erwiderte Ikaros.

Gegen ihren Willen errötete Saida. Um von dem Thema abzulenken, fragte sie: „Wo werden wir in Athen wohnen?"

„Bei meiner Pflegemutter Perdix in dem Haus, in dem ich aufgewachsen bin. Es befindet sich in der Oberstadt von Athen, auf der Akropolis."

„Ist es weit vom Hafen bis zur Akropolis?"

„Nein, das schaffen wir leicht in zwei Stunden."

Während der Fahrt von Naxos nach Athen hatte der Kapitän kaum ein Wort mit Saida und Ikaros gewechselt. Dafür war er zu stark mit der Führung des Schiffes beschäftigt. Erst beim Abschied nahm er sich Zeit für die beiden. Sie erzählten ihm, woher sie kamen und weshalb sie nach Athen wollten, auch, dass Saidas Vater von Piraten gefangen genommen worden war. Zu ihrer Überraschung stellte sich heraus, dass der Kapitän ihn kannte.

„Dein Vater ist ein sehr ehrenwerter Mann", sagte er. „Das kann ich gut beurteilen, denn ich war viele Jahre Kapitän eines seiner Handelsschiffe. Wir haben uns immer gut vertragen."

„Was meinst du, wie stehen seine Chancen, den Piraten zu entkommen?", fragte Ikaros.

„Mehr als gut", antwortete der Kapitän. „Im ganzen Mittelmeerraum gibt es keinen einzigen Seemann, der Josua nicht helfen würde. Es ist nur eine Frage der Zeit, dass er aus den Klauen der Piraten befreit wird, sofern dies noch nicht geschehen sein sollte. Ich werde mich jedenfalls überall nach deinem Vater erkundigen."

„Das ist sehr freundlich von dir", sagte Saida. „Bitte informiere unseren gemeinsamen Freund Vassilios, wenn du etwas von meinem Vater hörst. Vassilios wird immer wissen, wo ich gerade bin."

Bevor sie sich verabschiedeten, warnte der Kapitän die beiden vor den in Athen herumstreunenden Räuberbanden, den sich gegenseitig bekämpfenden Söldnern der verfeindeten Adelsfamilien und dem heimtückischen Spitzelnetz des Hohepriesters. „Seit dem Tod von König Aigeus ist es in Athen ausgesprochen chaotisch. Praktisch kämpft jeder gegen jeden. Der neue König Theseus hat die Lage überhaupt nicht im Griff", sagte er abschließend.

„Danke für die Warnung", erwiderte Ikaros, „wir werden auf uns aufpassen."

Als Saida und Ikaros das Schiff verließen und den Boden von Athen betraten, war es stockdunkel.

„Es ist gut, dass es bereits dunkel ist", sagte Ikaros, „so können wir uns zur Akropolis schleichen. Es ist besser, wenn nicht zu schnell bekannt wird, dass ich wieder in Athen bin."

„Aber dann sehe ich überhaupt nichts von deiner Heimatstadt", entgegnete Saida enttäuscht.

„Das kannst du später nachholen. Wir bleiben ja nicht nur einen Tag."

Nach knapp zwei Stunden anstrengenden Marsches – meistens ging es bergauf – lag die Akropolis vor ihnen.

„Da ist mein Vaterhaus", rief Ikaros und zeigte auf ein eher bescheidenes Gebäude an der Grenze zwischen der Akropolis und der Unterstadt. Vor dem Haus stand eine elegant gekleidete, weißhaarige Frau und winkte ihnen zu. Ikaros erkannte Perdix, seine lang vermisste Pflegemutter.

„Da seid ihr ja endlich", rief sie, lief auf Ikaros zu und umarmte ihn herzlich. „Ich hatte schon befürchtet, euch sei etwas zugestoßen."

Ikaros war völlig verdutzt. „Du hast uns erwartet? Woher wusstest du denn, dass wir kommen?"

„Natürlich habe ich euch erwartet. Der weisse Rabe hat euch angekündigt."

Ikaros wunderte sich. Woher wusste der weisse Rabe, dass sie auf dem Weg zu Perdix waren, fragte er sich.

Er ließ dies jedoch auf sich beruhen, nahm Saida, die sich im Hintergrund gehalten hatte, an die Hand, trat mit ihr vor Perdix: „Dies ist meine Braut Saida aus Sidon in Phönizien. Ich habe sie geraubt", sagte er mit einer tiefen Verbeugung.

Obwohl Saida über die Art, wie Ikaros sie bei seiner Pflegemutter eingeführt hatte, etwas vergrätzt war, machte sie gute Miene zum bösen Spiel, knickste und lächelte Perdix freundlich an.

Darauf nahm Perdix Saida in die Arme. „Dass der böse Junge dich geraubt hat, das weiß ich längst von dem weissen Raben", rief sie ausgelassen. „Er hat mir alles erzählt, was ihr in der letzten Zeit erlebt habt. Aber kommt jetzt erst mal ins Haus.

Ich möchte nicht, dass die ganze Nachbarschaft sieht, dass ihr hier seid."

„Was wäre daran denn so schlimm?", fragte Saida.

„Ach Mädchen", antwortete Perdix, „wenn du wüsstest, was hier zurzeit los ist. Selbst seinen Nachbarn kann man nicht mehr trauen."

Im Haus, außerhalb der Hörweite der Nachbarn, fragte Perdix Ikaros nach seinen Plänen.

„Ich werde mit Saida in Athen bleiben", antwortete er.

„Und was willst du hier machen?"

„Kannst du dir das nicht vorstellen? Du weißt doch, dass Vater wegen Mordes an Talos vor Gericht gestellt werden soll. Ich will und muss herausfinden, ob er Talos getötet hat. Das schulde ich ihm und das schulde ich Talos."

„Glaubst du wirklich", erwiderte Perdix, „dein Vater könnte Talos etwas angetan haben? Er hat Talos doch wie seinen eigenen Sohn geliebt."

„Natürlich glaube ich nicht, dass Vater Talos getötet hat. Aber Vater hat sich schon recht eigenartig verhalten. Weshalb hat er Athen denn fluchtartig verlassen? Und weshalb musste ich mit, ohne mich von Talos verabschieden zu dürfen? Hast du dafür eine Erklärung?"

„Später, mein Sohn", antwortete Perdix. „Saida will sich nach der langen Schiffsreise bestimmt erst einmal frisch machen.

Außerdem habe ich ein Willkommensmahl vorbereitet. Beim Essen kannst du mich so viel und so lange ausfragen, wie du das willst."

„Herzlichen Dank", sagte Saida verlegen. „Ein Bad würde mir jetzt richtig gut tun. Aber wirf Ikaros bitte nicht seine Ungeduld vor. Wäre mein Vater betroffen, ginge es mir nicht anders."

Wenig später saßen die drei essend und trinkend an einer festlich geschmückten, mit köstlichen Speisen gedeckten Tafel, die Perdix im Hof des Hauses hatte aufstellen lassen.

Nachdem sie ihren ersten Hunger gestillt hatten, sagte Perdix: „Jetzt kannst du mich, mein lieber Ikaros, mit deinen Fragen löchern. Erwarte jedoch nicht zu viel von mir. Ich habe nämlich nicht gesehen, wie Talos zu Tode gekommen ist. Aber nach meinem Bauchgefühl hat dein Vater damit nichts zu tun."

„Bauchgefühl hin oder her", antwortete Ikaros, „bitte erzähle, was du weißt. Jede Kleinigkeit ist wichtig."

„Konkret weiß ich überhaupt nichts", antwortete Perdix. „Ich erinnere mich nur an den tiefen Schmerz, den ich empfand, als ich die schreckliche Nachricht erhielt, dass man Talos vor unserem Haus mit gebrochenem Genick tot aufgefunden habe. Ich wollte natürlich sofort zu meinem toten Sohn.

Dies wurde mir jedoch verweigert. Angeblich, damit ich die Untersuchungen nicht behindere. Ich muss dann wohl ohnmächtig geworden sein. Als ich wieder zu mir kam, saß dein Vater an meinem Bett. Er war totenbleich.

‚Ich werde noch heute Nacht nach Kreta fliehen‘, sagte er flüsternd. ‚Der Hohepriester behauptet, ich hätte unseren Talos getötet. Seine Schergen können jeden Augenblick eintreffen, um mich zu verhaften.‘

Entsetzt fragte ich ihn, ob er denn Schuld auf sich geladen habe. Als Antwort umarmte er mich und schluchzte:

‚Wie kannst du das nur von mir denken?‘

Am nächsten Morgen stellte ich fest, dass er dich auf seiner Flucht mitgenommen hatte. Das vergrößerte meinen Schmerz, denn nunmehr hatte ich zwei Söhne verloren.“

„Aber Ikaros ist doch nicht dein Sohn?“, rief Saida verwundert.

„Du hast recht, mein liebes Kind, ich habe ihn nicht geboren. Aber weil seine leibliche Mutter unmittelbar nach seiner Geburt aus Athen verschwunden ist, habe ich ihn wie einen Sohn aufgezogen. Talos und Ikaros waren praktisch Brüder.“

„Habe ich dich wirklich richtig verstanden“, rief Saida, „seine Mutter hat ihn gleich nach der Geburt verlassen? Wie konnte sie das nur tun? Bitte erzähl mir von ihr.“

„Aber nicht jetzt", bat Ikaros. „Jetzt geht es um meinen Vater und den Tod von Talos und nicht um meine Mutter. Wie ist es denn überhaupt zu dem Verdacht gegen Vater gekommen?"

„Angeblich haben zwei Wächter des Athena-Tempels beobachtet, wie dein Vater Talos von dem Dach unseres Hauses gestoßen hat."

„Haben die dir das bestätigt?"

„Nein, das haben sie nicht. Ich durfte sie nicht befragen."

„Okay, damit habe ich wenigstens einen ersten Anhaltspunkt", sagte Ikaros. „Mit Hilfe meines Freundes Theseus werde ich die dubiosen Wächter schon finden."

„Wie wollen die eigentlich gesehen haben, dass dein Vater Talos vom Dach eures Hauses gestoßen hat?", warf Saida ein. „Wenn ich mich nicht total verguckt habe, hat das Haus ein Flachdach und ist ziemlich hoch. Deshalb kann es nicht sein, dass sie von unten, von der Straße aus, gesehen haben, was auf dem Dach passiert ist."

„Mensch, Mädchen!", rief Perdix. „Du hast ja recht. Dass ich darauf noch nicht selbst gekommen bin?"

„Haben die Wächter denn behauptet, dass sie das Verbrechen von der Straße aus beobachtet haben?", fragte Ikaros.

„Keine Ahnung", antwortete Perdix, „aber von wo aus sonst?"

„Das heißt, sie müssen gelogen haben", sagte Ikaros. „Gibt es noch andere Verdachtsgründe gegen Vater?"

„Woher soll ich das wissen? Mir als Frau gibt man doch keine Auskunft."

„Nun, ich werde da bestimmt weiterkommen als du", sagte Ikaros selbstbewusst.

„Sei dir da mal nicht so sicher", entgegnete Perdix. „Ich befürchte, die Leute, die deinen Vater vernichten wollen, sind auch hinter dir her."

„Weshalb sollten sie das?", fragte Saida besorgt. „Ist Ikaros etwa in Gefahr?"

„Ach Quatsch", mischte sich Ikaros ein, „ich habe hier nur Freunde und keinen einzigen Feind."

„Wenn du dich da mal nicht täuschst", erwiderte Perdix. „Der Hohepriester des Athena-Tempels würde bestimmt jubeln, wenn er dich in seine Fänge bekäme."

Ikaros sah seine Pflegemutter fragend. „Das musst du mir erklären", bat er.

„Abgesehen davon, dass er dann deinen Vater unter Druck setzen könnte, hat das etwas mit deiner Geburt und der Flucht deiner armen Mutter zu tun", antwortete Perdix. Sie zögerte.

„Bitte erzähl weiter", rief Ikaros ungeduldig. „Ich habe schon immer geahnt, dass hinter meiner Geburt ein Geheimnis steckt. Bin ich jetzt nicht alt genug, um die volle Wahrheit über meine Mutter zu erfahren?"

„Du hast recht, mein Sohn, es ist wirklich an der Zeit, dass ich dir verrate, wer deine Mutter war und weshalb sie dich verlassen hat. Vielleicht hätte ich dies schon viel früher tun sollen. Aber dein manchmal störrischer Vater hatte es mir verboten. Also, deine Mutter war eine ungewöhnlich schöne und stolze trojanische Sklavin und lebte als Tempeldienerin im Tempel der Athena. Eines Tages wurde dein Vater von König Aigeus beauftragt, im Tempelbezirk eine Statue zu errichten, die der Göttin Athena gewidmet werden sollte. Geschmeichelt nahm er den ehrenvollen Auftrag an, obwohl es zwischen ihm und dem Hohepriester des Tempels große Spannungen gab. Nicht ganz zu unrecht glaubte der Hohepriester, dass dein Vater ihn nicht respektieren würde. Außerdem hatte es zwischen ihnen schon häufig Streit über die Gestaltung von Götterstatuen gegeben. Dem Hohepriester passte es nicht, dass dein Vater die Götter so lebendig nachbildete, dass viele Athener glaubten, die Statuen seien wahrhaftige Götter und sie deshalb anbeteten. Damals stand dein Vater aber unter dem Schutz des Königs, sodass der Hohepriester nicht gegen ihn vorgehen konnte. Während der Arbeit an der Statue lernte er deine Mutter kennen und verliebte sich in sie. Er wollte sie freikaufen. Der Hohepriester lehnte dies jedoch ab, weil, so sagte er, alle Tempeldienerinnen auf Lebenszeit dem Tempel gehörten. Ich vermute, das war nur ein vorgeschobener

Grund. Tatsächlich wollte der Hohepriester die hübsche junge Frau wohl für sich haben. Wie dem auch sei, er verbot deinem Vater jeden Kontakt zu ihr. Für deinen Vater – du kennst ihn ja – war dies kein Hindernis, deine Mutter auch weiterhin zu treffen und zu lieben.

Wenig später wurde sie mit dir schwanger. Da die Kinder von Sklavinnen unabhängig von dem Status des Kindesvaters das Schicksal ihrer Mutter teilen, das heißt Sklaven sind, wärst du mit deiner Geburt Sklave des Athena-Tempels geworden.

Das wollte dein Vater verhindern. Er sorgte deshalb dafür, dass du sofort nach deiner Geburt heimlich zu mir gebracht wurdest. Mir befahl er, dich als meinen Sohn auszugeben. Deine Mutter stimmte zu, denn es war für sie eine Herzensangelegenheit, dass du als freier Bürger aufwächst. Dein Vater hat ihr dann auch noch zur Flucht verholfen. Wäre sie in Athen geblieben, hätte man sie nämlich wegen deines Verschwindens zu Tode gepeitscht. Der Hohepriester ahnte natürlich, dass dein Vater hinter der Flucht stand. Nachweisen konnte er dies jedoch nicht. Jedenfalls seit damals hasst er deinen Vater. Und wenn er dich in seine Fänge bekommt, wird er dich als Sohn einer geflohenen Tempeldienerin als Eigentum seines Tempel in Anspruch nehmen, wogegen du dich kaum wehren könntest."

Ikaros schwieg betroffen. Schließlich sagte er nachdenklich: „Jetzt verstehe ich, weshalb mich Vater nach Kreta mitgenommen hat."

„Was ist eigentlich aus Ikaros' Mutter geworden?", fragte Saida.

„Das wissen nur die Götter", antwortete Perdix. „Ich vermute, sie ist nach Troja zurückgekehrt.

„Dann sollten wir schnellstens nach Troja aufbrechen, damit du endlich deine Mutter kennenlernst", sagte Saida zu Ikaros.

„Wie stellst du dir das vor? Athen und Troja sind seit Jahren verfeindet. Außerdem ist Troja viele Tagesreisen von hier entfernt."

„Na und? Ist das ein Grund, dich nicht um deine Mutter zu kümmern?"

„Das habe ich nicht gesagt. Aber vorher muss ich Vaters Unschuld nachweisen."

„Offensichtlich hast du keine allzu große Sehnsucht nach deiner Mutter?"

„Woher willst du das denn wissen?", seufzte Ikaros.

„Du hast recht", antwortete Saida nach einer kleinen Pause. „Verzeih bitte, ich wollte dir nicht wehtun."

„Es ist schon gut", antwortete Ikaros.

„Seid ihr nicht todmüde?", unterbrach Perdix die beiden. „Von der langen Reise müsst ihr doch sehr kaputt sein. Soll ich euch nicht die Schlafgemächer zeigen?"

„Das ist eine gute Idee", sagte Saida gähnend. „Bei dem köstlichen Essen habe ich ganz vergessen, wie müde ich bin. Nur noch eine einzige Frage: Seit wann kennst du den weissen Raben?"

„Oh, Mädchen, schon viele Jahre. Lass mich nachdenken. Wenn ich mich recht erinnere, tauchte er das erste Mal auf, da war Ikaros ungefähr drei Jahre alt und plötzlich verschwunden. Niemand wusste, wo er steckte. Selbst Talos nicht, obwohl die beiden meistens zusammengluckten. Und dann erschien auf einmal der weisse Rabe und, du wirst es nicht glauben, auf seinem Rücken saß unser Ikaros.

,Ikaros hatte sich verlaufen', krächzte der Rabe. ,Passt künftig besser auf ihn auf, denn der Junge ist sehr neugierig und abenteuerlustig, hat aber noch kein Gefühl für die überall lauernden Gefahren'."

„Wie aber konnte Ikaros denn auf dem Rücken des weissen Raben sitzen?", fragte Saida. „Selbst als Dreijähriger war er dafür doch viel zu groß."

„Seltsamerweise war er auf dem Rücken des Raben kaum größer als ein Spatz. Aber als er wieder auf der Erde stand, war wieder so groß wie zuvor."

„Hast du den weissen Raben denn nicht gefragt, wie er das hingekriegt hat?"

„Das habe ich nicht gewagt. Ich war viel zu überrascht. Stell dir einmal vor, plötzlich taucht vor dir ein sprechender weisser Rabe auf, und auf seinem Rücken hockt der auf die Größe eines Spatzens geschrumpfte Ikaros?"

„Erinnerst du dich noch an den Flug auf dem Rücken des weissen Raben?", fragte Saida Ikaros.

„Nein, nicht wirklich. Allenfalls ganz vage. Aber seit damals ist der weisse Rabe mein Schutzengel."

Nunmehr baten Saida und Ikaros ihre Gastgeberin, ihnen die Schlafgemächer zu zeigen, in die sie sich, nachdem sie sich bei Perdix für das Abendessen bedankt hatten, völlig kaputt zurückzogen.

Trotz Müdigkeit konnte Ikaros wieder einmal nicht einschlafen. Ihn beschäftigte Saidas Vorwurf, dass er keine Sehnsucht nach seiner Mutter habe. Saida hat eigentlich recht, dachte er. Wie aber kann ich Sehnsucht nach einer Mutter haben, die ich nicht kenne? Nach Perdix habe ich manchmal Sehnsucht. Wahrscheinlich weil sie immer für mich da war, wenn ich sie brauchte. Ich muss meiner Mutter jedoch sehr dankbar sein, heute, da ich weiß, weshalb sie mich verlassen hat. Denn ohne ihre Flucht aus Athen wäre ich jetzt einer der Sklaven des Athena-Tempels.

Ikaros grübelte auch über Saida nach. Es sieht tatsächlich so aus, als habe sie sich in mich verliebt, überlegte er. Aber weshalb? Ich kann ihr doch absolut nichts bieten, weder ein Haus noch eine Heimat. Und ich, liebe ich sie? Oder ist sie für mich eher eine Schwester? In Ariadne war ich wohl verliebt. Vielleicht habe ich für sie aber auch nur geschwärmt.

Mit Saida ist das etwas anderes. Am liebsten würde ich sie sogar fragen, ob sie nicht ihr Leben mit mir teilen möchte. Aber kann ich das verantworten, ohne zu wissen, was die Götter mit mir noch vorhaben? Darf ich sie in eine möglicherweise gefährliche Zukunft mitnehmen?

Außerdem - soll man überhaupt alles aussprechen, was man fühlt? Insbesondere wenn man sich noch nicht ganz sicher ist? Würde dadurch nicht alles noch komplizierter werden als es Gefühle ohnehin schon sind? Wie dem auch sei, sagte er sich schließlich, jetzt muss ich mich erst einmal voll darauf konzentrieren, Vater von dem Mordverdacht zu befreien.

Mit diesem Vorsatz schlief er ein.

Für Ikaros war die Nacht viel zu schnell vorbei. Bei Sonnenaufgang stand er von seinem Lager auf, wusch sich den Schlaf aus den Augen und begab sich in den Innenhof des

Hauses, wo er von Perdix und von Saida erwartet wurde.

„Na endlich. Bist du auch schon wach?", begrüßte ihn Saida.

„Ich dachte, du hättest so viel zu tun?"

„Ist es in Phönizien üblich, dass die Braut den Bräutigam bereits morgens mit Vorwürfen begrüßt? Ich jedenfalls wünsche dir, liebe Perdix, und dir, liebe Saida, erst einmal einen wunderschönen guten Morgen."

„Das wünsche ich dir doch auch", sagte Saida verlegen.

„Weshalb nimmst du alles so ernst, was ich von mir gebe?"

„Also gut, ich werde dich künftig nicht mehr ernst nehmen", erwiderte Ikaros grinsend.

„Hört mit der Kabbelei auf, Kinder", rief Perdix, ging auf Ikaros zu und umarmte ihn.

„Und was ist mit mir?", fragte Saida. Darauf nahm Perdix auch Saida liebevoll in die Arme. „Mädchen, ich habe dich doch bereits genauso gerne wie meinen Ikaros. Aber jetzt ist aber Schluss mit der Umarmerei. Jetzt wird gefrühstückt."

Während des Frühstücks fragte Ikaros seine Pflegemutter, ob es stimme, dass in Athen chaotische Verhältnisse herrschten und dass König Theseus die Lage nicht im Griff habe.

„Ja", antwortete Perdix, „das stimmt leider. Seit dem Tod des alten Königs Aigeus kann sich in Athen kein Mensch mehr sicher fühlen. Unsere mächtigen Adelsgeschlechter sind miteinander verfeindet und bekämpfen sich. Außerdem treiben sich hier eine Menge finsterer Gauner herum."

„Wie konnte das geschehen?", fragte Ikaros. „Als Vater und ich nach Kreta flohen, war Athen doch eine ausgesprochen friedliche Stadt."

„Keine Ahnung, von Politik verstehe ich zu wenig.

Ich glaube, es ist hier deshalb so gefährlich geworden, weil sich die meisten Athener Bürger nur noch um ihre eigenen Angelegenheiten und nicht mehr um das Miteinander kümmern. Vielleicht auch, weil es ihnen über viele Jahre zu gut ging. Auf alle Fälle müsst ihr sehr vorsichtig sein, wenn ihr in Athen unterwegs seid. Besonders du, Ikaros."

„Weshalb Ikaros besonders?", fragte Saida besorgt.

„Hast du vergessen, was ich über den Hohepriester erzählt habe? Der meint doch, Ikaros gehöre dem Athena-Tempel. Sobald er erfährt, dass Ikaros in Athen ist, wird er seine Häscher auf ihn ansetzen."

„Mädels, macht euch um mich mal keine Sorgen", sagte Ikaros selbstbewusst. „Ich kann auf mich aufpassen. Außerdem ist da ja noch der weisse Rabe, mein Schutzengel. Jedenfalls werde ich mich, trotz aller Häscher, sofort nach dem Frühstück auf den Weg machen und versuchen, Andros zu finden."

So als sei dies ganz selbstverständlich, rief Saida: „Ich komme mit!"

„Was interessiert dich denn mein Freund Andros? Ruh dich doch lieber noch ein wenig aus", wandte Ikaros ein.

„Du ruhst dich ja auch nicht aus", antwortete Saida. „Und natürlich interessiert mich Andros. Alle deine Freunde interessieren mich. Außerdem, vielleicht hat Andros etwas von meinem Vater gehört."

„Okay, dann komm halt mit", gab sich Ikaros geschlagen.

„Wo willst du Andros suchen?", fragte Perdix. „Hier auf der Akropolis lebt er nicht. Das wüsste ich. Du musst dich also in der Unterstadt umsehen."

„Wahrscheinlich hast du recht. Soweit ich weiß, stammt Andros aus der Unterstadt."

„Wie willst du Andros denn in dem Wirrwarr der Unterstadt mit den vielen Handwerkern, Händlern und Sklaven finden?", krächzte es plötzlich vom Dach des Hauses. Und siehe da, dort saß der weisse Rabe. „Wenn du möchtest, kann ich euch gleich zu ihm lotsen. Ich habe längst herausgefunden, wo er wohnt."

Ikaros sah Perdix und Saida triumphierend an, so als wolle er sagen: Seht ihr, wenn es schwierig wird, kommt mein Schutzengel.

„Klar möchten wir", antwortete er, „wir haben nur noch auf dich gewartet!"

Andros, der mutlose Freund

Der weisse Rabe führte Ikaros und Saida zu einem kleinen Lehmziegelhaus, unweit der Agora, dem Versammlungsort der Unterstadt.

„Dort hat Andros seine Töpferei", krächzte er, schlug zum Abschied mit den Flügeln und verschwand in den Lüften.

„Wer macht da draußen denn solch einen Lärm?", hörte man aus dem Haus rufen, und ein dunkelhaariger, kräftiger junger Mann trat – misstrauisch um sich blickend – aus der Tür. Es war Andros.

„Sehe ich richtig oder täusche ich mich?", rief er und lief auf Ikaros zu, um ihn zu umarmen. „Bist du nicht Ikaros, mein treuer Freund aus Kreta?"

„Wer soll ich denn sonst sein?", antwortete Ikaros. „Und die junge hübsche Frau neben mir ist meine Braut Saida aus Phönizien."

„Mann, was bin ich froh, dass auch du dem schrecklichen Kreter König Minos entkommen bist", rief Andros freudestrahlend. „Ich sehe dich noch traurig am Ufer stehen, als unser Schiff aus Kreta abfuhr und Theseus, Ariadne und ich dir von der Reling aus zum Abschied zuwinkten. Kommt in mein Haus und trinkt mit mir einen Becher Wein auf unser Wiedersehen. Dabei kannst du mir erzählen, wie es dir ergangen ist und wie du Saida kennen gelernt hast."

„Und du erzählst mir, was du seit Kreta alles erlebt hast", erwiderte Ikaros.

Und so geschah es.

Ikaros berichtete bei mit Wasser verdünntem Wein, Käse, Zwiebeln, Oliven und Feigen – mehr kann ich euch leider nicht anbieten, hatte Andros entschuldigend gesagt – über die Flucht aus dem Labyrinth, die Notlandung auf der Insel Dia, sein Zusammentreffen mit den beiden nubischen Sklaven Kaschka und Alara, von Saida und deren Flucht vor den Piraten, von der gefährlichen Überfahrt nach Naxos, von ihrem gastfreundlichen naxiotischen Freund Vassilios, und wie Saida und er schließlich Athen erreicht hatten.

„Seither wohnen wir bei meiner Pflegemutter Perdix, oben auf der Akropolis", schloss er seinen Bericht.

„Bei Zeus, du hast seit unserem letzten Zusammentreffen wirklich weit mehr erlebt als die meisten Menschen in ihrem gesamten Leben", staunte Andros bewundernd. „Und was hast du in Athen vor?"

„Oh, ich habe einiges vor. Als Erstes will ich den Tod von Talos aufklären. Dafür könnte ich deine Hilfe gebrauchen. Und dann wollen wir Saidas Vater suchen. Und dann …, ich glaube, in Athen gibt es eine ganze Menge zu tun. Aber jetzt erzähle erst einmal von dir."

Andros druckste herum. „Ach", sagte er verlegen, „ich habe nicht viel zu erzählen. Und ob ich dir helfen kann? Ich befürchte kaum, denn ich bin in Athen nur ein unbedeutender Töpfer ohne jeden Einfluss. Wahrscheinlich gibt es hier sogar einige Leute, die mich lieber tot als lebendig sähen."

„Weshalb denn das?"

„Darüber möchte ich nicht reden."

„Das verstehe ich nicht. Du kannst mir doch alles erzählen. Sind wir denn keine Freunde?"

„Natürlich sind wir Freunde. Aber in Athen ist nichts mehr wie früher. Über bestimmte Dinge schweigt man besser."

„Ein Grund mehr, dass wir miteinander reden. Erzähl mir wenigstens, was aus Ariadne geworden ist?"

Andros wurde blass.

„Gerade darüber kann ich nicht reden", flüsterte er.

„Weshalb flüsterst du?", fragte Ikaros.

„Habe ich das?", erwiderte Andros. Dabei wich er Saidas Blick aus, die ihn prüfend beobachtete. „Ist auf deine Braut Verlass?"

„Dumme Frage", antwortete Ikaros verärgert. „Auf Saida ist genauso viel Verlass wie auf mich. Falls du ihr nicht traust, können wir gleich gehen. Dann wäre es aber auch aus mit unserer Freundschaft."

„Bitte, Ikaros", mischte sich Saida ein, „sag doch nicht so etwas. Vielleicht hat Andros gute Gründe für seinen Argwohn. Ich wäre nicht sauer, wenn ihr euch ohne mich unterhalten wollt."

„Papperlapapp!", rief Ikaros. „Andros muss sich entscheiden. Er bekommt mich nicht ohne dich."

Und plötzlich sprudelte es aus Andros nur so heraus:

„Verzeiht mir bitte, aber die Ereignisse der letzten Zeit und die undurchsichtigen Verhältnisse in Athen haben mich total verunsichert. Du weißt, dass ich kein furchtsamer Mensch bin. Trotzdem habe ich Angst. Überall sehe ich Feinde oder Spitzel. Früher sagte man, trau keinem Kreter. Heute muss man leider sagen, trau keinem Athener."

„Übertreibst du nicht ein bisschen?"

„Das mag sein. Aber ich habe nun einmal Angst."

„Wer könnte dir denn gefährlich werden?"

„Ich habe nur Vermutungen. Aber bitte versteh, dass ich keine Namen nenne. Ich will niemanden zu Unrecht verdächtigen."

„Und weshalb gehst du nicht zu Theseus?

Als König könnte der doch für deinen Schutz sorgen."

„Das ist es ja gerade. Abgesehen davon, dass Theseus gar nicht die Macht hat, mich wirklich zu beschützen, glaube ich nicht, dass er noch hinter mir steht."

„Leider habe auch ich einige schlimme Dinge über Theseus gehört. Stimmt es wirklich, dass er nicht mehr der ehrenhafte und tapfere Mann ist, der er auf Kreta war?"

„Ja, das stimmt leider."

„Was hat ihn denn so verändert?"

„Genau weiß ich das natürlich nicht. Es begann damit, dass wir nicht direkt von Kreta nach Athen fuhren, sondern auf Naxos einen Zwischenstopp einlegten. Angeblich, um unser Schiff überholen zu lassen. Ich sage bewusst angeblich, denn Theseus wurde auf Naxos von einem Boten aus Athen erwartet, mit dem er sich lange unter vier Augen unterhielt. Worüber? Keine Ahnung. Auf meine Frage, was der Bote denn gewollt habe, reagierte er ungewöhnlich grob. Das gehe mich überhaupt nichts an, brüllte er. Der Wutausbruch war für mich eine große Überraschung, denn vorher hatte mich Theseus noch nie angebrüllt. Auf Kreta hatte er sich mir gegenüber immer wie ein Kamerad, fast wie ein Freund verhalten, obwohl er als Kronprinz weit über mir stand. Jetzt aber war er plötzlich ein launischer, unbeherrschter diktatorischer Anführer.

Eine Weile hoffte ich, dass Theseus bald wieder der Alte sein würde. Aber ich hoffte vergeblich. Theseus begann, über alle Maßen Wein zu trinken. Leider auch meine anderen Gefährten. Und betrunken benahmen sie sich wie die Barbaren. Selbst vor Plünderungen und Vergewaltigungen schreckten sie nicht zurück. Theseus schritt nicht ein. Er machte sogar mit."

„Und was geschah mit Ariadne?"

„Theseus ließ Ariadne von heute auf morgen links liegen. Und weil er wohl nicht wollte, dass sie sah, wie er und seine Leute sich auf Naxos austobten, sperrte er sie in ihre Schiffskajüte ein. Mir tat Ariadne sehr leid. Deshalb wagte ich es, Theseus zu fragen, weshalb er sie auf einmal so lieblos behandle. ‚Was heißt lieblos?', antwortete er schroff. ‚Ariadne mitzunehmen war total falsch. Auch dir hätte es klar sein müssen, dass es Probleme geben würde, wenn ich in Athen mit der Tochter des verhassten Kreter Königs auftauche. Weshalb hast du mich nicht gewarnt?"

Wie kann man nur so gemein sein, dachte Saida entrüstet.

„Es gibt Gerüchte, dass Ariadne auf Naxos tot aufgefunden worden ist. Hat Theseus sie etwa umgebracht?", fragte Ikaros.

„Zumindest nicht mit eigenen Händen.

Aber er hat sie aber in den Tod getrieben."

„Wie das?"

Andros zögerte, blickte grübelnd in seinen Weinbecher, als wolle er den Wein um Rat fragen. „Eigentlich habe ich euch schon viel zu viel erzählt", sagte er dann. „Bitte schwört bei Zeus, dass ihr über alles, was ich euch jetzt verrate, absolutes Stillschweigen bewahrt, und zwar ohne Ausnahme gegenüber jedermann. Sonst bin ich verloren."

Ikaros erschrak. „Ist es wirklich so schlimm?", fragte er.

„Das ist es", antwortete Andros.

„Dann solltest du schweigen", sagte Ikaros. „In keinem Fall wollen wir dein Leben gefährden."

„Nein, ich möchte endlich alles loswerden."

„Bist du dir da ganz sicher?"

„Ja, ganz sicher", erwiderte Andros und leerte einen weiteren Becher Wein. Vermutlich wollte er sich Mut antrinken.

Nunmehr erhoben sich Ikaros und Saida, tranken ihre Becher aus und erklärten, den Blick gegen den Olymp gerichtet:

„Wir schwören bei Gottvater Zeus, dass wir alles, was Andros uns heute erzählt, Dritten gegenüber absolut geheim halten werden."

„Danke, Freunde", sagte Andros. „Aber wenn ich es mir richtig überlege, war euer Schwur überflüssig.

Früher oder später wird man mich ohnehin umbringen."

„Sei nicht so pessimistisch", sagte Ikaros. „Chancen gibt es immer. Man muss nur darum kämpfen."

„Wenn du nur recht hättest", antwortete Andros. „Aber sei es, wie es sei, wenige Tage nachdem mir Theseus wegen Ariadne Vorwürfe gemacht hatte und er, was damals selten vorkam, einmal nüchtern war, rief er mich zu sich.

‚Du musst mir helfen', sagte er schwer atmend. ‚In Athen geht alles drunter und drüber. Die Söhne meines Onkels Pallas haben einen Aufstand angezettelt und versuchen, meinen Vater vom Thron zu stürzen. Außerdem sind sie so niederträchtig, das Gerücht zu verbreiten, dass ich gar nicht Aigeus Sohn sei und deshalb als Thronfolger nicht in Betracht komme.'

Ich fragte Theseus, wie ich als unbedeutender kleiner Bürger ihm denn helfen könne.

‚Wer sagt denn, dass du unbedeutend bist?', antwortete er mir. ‚Du bist doch mein Freund, Berater und Vertrauter.'

Geschmeichelt sagte ich, dass ich ihm gerne helfen würde, ich wisse nur nicht, wie. Darauf fragte er, ob ich nicht auch der Meinung sei, dass es im Interesse von Athen liege, wenn er Ariadne aufgebe. Ich widersprach und erinnerte ihn daran, dass er für Athen ein Held sei, weil er den Minotauros getötet und Athen dadurch von dem grausamen Blutzoll befreit habe, immer wieder Menschen als Opfer für den Minotauros nach Kreta schicken zu müssen. ‚Es gibt wohl keinen Athener, der dir deshalb nicht auf alle Ewigkeit dankbar ist. Die Athener werden auch Ariadne lieben, weil sie sehr schön ist und dir auf Kreta gegen Minos geholfen hat', beschwor ich ihn.

‚Sei doch nicht so verdammt naiv', antwortete er. Um mich als Thronfolger auszuschalten, werden die Aufrührer meine Heldentat bestreiten und behaupten, ich sei nichts anderes als der Handlanger des verhassten Kreterkönigs.'

‚Weshalb bleibst du nicht erst einmal auf Naxos und wartest ab, wie sich die Dinge in Athen entwickeln?', schlug ich vor.

Das gehe nicht, antwortete er, der König habe befohlen, dass er sofort nach Athen zurückkehre. Um die Lage in Athen nicht zu verschlimmern, bleibe ihm deshalb nichts anderes übrig, als Ariadne aus seinem Leben zu löschen.

Er ergriff meine Hände und flehte mich an: ‚Wenn du willst, dass ich König von Athen werde, musst du mir helfen.'

Damit hatte mich Theseus in der Falle. Ich versprach ihm, darüber nachzudenken, wie man Ariadne loswerden könne, ohne sie allzu stark zu verletzen. Theseus verabschiedete mich mit dem Befehl, schnell nachzudenken, denn wir hätten nicht mehr viel Zeit."

„Du sagtest, Theseus habe dich in der Falle gehabt. Das verstehe ich nicht. Wieso warst du in seiner Falle?", fragte Saida.

„Nun, ich wollte, dass Theseus König von Athen wird, und ich war stolz, dass er mich als seinen Freund, Berater und Vertrauten betrachtete. Wie konnte ich da seine Bitte ablehnen?"

„Aber du warst doch auch Ariadnes Freund? Hast du für sie keine Verantwortung gespürt?"

„Was hätte ich denn machen können?"

„Weshalb hast du Theseus nicht vorgehalten, dass es hundsgemein sei, Ariadne erst mit dem Versprechen aus Kreta zu locken, sie in Athen zur Frau zu nehmen, und sie dann einfach fallen zu lassen, nur weil es mit ihr als Ehefrau vielleicht Schwierigkeiten geben könnte, König von Athen zu werden?"

„Nicht nur hundsgemein, sondern auch ehrlos", ergänzte Ikaros.

„Ihr habt gut reden", sagte Andros. „Ich habe keine Chance gesehen, Theseus umzustimmen."

„Woher willst du das wissen? Du hast es ja noch nicht einmal richtig versucht", erwiderte Ikaros.

„Vielleicht hast du recht, vielleicht aber auch nicht", antwortete Andros. „Aber bitte, glaubt mir wenigstens, dass ich damals echt gehofft habe, für Ariadne das Schlimmste vermeiden zu können, wenn ich Theseus helfe."

„Was dir aber nicht gelungen ist", sagte Ikaros, „denn Ariadne ist tot. Gibt es etwas Schlimmeres?"

Saida blickte Andros wütend an. Der Kerl war einfach zu feige, Theseus richtig ins Gewissen zu reden, dachte sie.

„Verachtet ihr mich jetzt?", fragte Andros.

„Nein", antwortete Ikaros, „dazu haben wir kein Recht. Wie ging es denn weiter?"

„Ich habe euch bereits erzählt, dass ich Theseus versprochen hatte, mir Gedanken darüber machen, wie man das Problem Ariadne vernünftig lösen könne."

Wie der sich ausdrückt, *das Problem Ariadne vernünftig lösen*, dachte Saida wütend. Ich sollte ihm die Augen auskratzen.

„Da mir nichts Besseres einfiel, beschloss ich, sie in ihrer Kajüte aufzusuchen, um sie davon zu überzeugen, dass es für sie wegen der Unruhen in Athen sicherer sei, nach Kreta zurückzukehren. Aber bevor ich mit Ariadne reden konnte, befahl mich Theseus zu sich: ‚Ariadne ist tot. Sie hat aus einem Schierlingsbecher[8] getrunken', sagte er finster.

Bestürzt bat ich ihn, sie noch einmal sehen zu dürfen.

Das ginge nicht, behauptete er. Abgesehen davon komme es

jetzt erst einmal darauf an, dass nicht bekannt werde, dass sie sich auf seinem Schiff umgebracht habe.

Darauf gab ich ihm zu bedenken, dass doch die gesamte Schiffsbesatzung wisse, dass Ariadne auf seinem Schiff eingesperrt war. Theseus winkte ab und sagte, das solle ich mal seine Sorge sein lassen. Wenn wir es richtig anstellten, würden die Athener nur das glauben, was er als Wahrheit verbreite. Und dabei müsse ich ihm helfen.

,Welche Wahrheit willst du denn verbreiten?', fragte ich ihn.

,Wir werden behaupten, dass ich Ariadne im Auftrag von Dionysos nach Naxos gebracht und sie ihm dort übergeben habe', antwortete Theseus.

Als ich ihn skeptisch ansah, brüllte er: ,Ab jetzt kein Wort mehr über Ariadne.'

Wie er die Schiffsbesatzung dazu gebracht hat, seiner Wahrheit zu glauben, weiß ich nicht. Jedenfalls wurde über Ariadne nicht mehr gesprochen. Sie wurde im wahrsten Sinne des Wortes totgeschwiegen."

Ikaros wechselte das Thema.

„Theseus hatte seinem Vater doch versprochen, nach einem Sieg über den Minotauros die schwarzen Segel durch weisse zu ersetzen. Wieso hat er dies eigentlich nicht getan?", fragte er.

„Das hat Theseus einfach vergessen", antwortete Andros, „denn er war fast immer voll des süßen Weins."

„Dann hat sich König Aigeus ins Meer gestürzt, weil sein Sohn betrunken war", bemerkte Saida verächtlich.

Andros schwieg.

„Hast du noch Kontakt zu deinen Kameraden, die mit dir dem Minotauros geopfert werden sollten?", fragte Ikaros weiter.

„Nein, als wir in Athen landeten, hatte ich anderes zu tun, als mich um sie zu kümmern. Ich musste Theseus rund um die Uhr zur Seite stehen, damit er trotz seiner Widersacher König von Athen werden konnte."

„Was ja offensichtlich geklappt hat. Wie habt ihr das denn hingekriegt?"

„Mein Beitrag dazu war nicht sehr groß. Entscheidend war, dass es Theseus gelang, den mächtigen Hohepriester des Athena-Tempels als Verbündeten zu gewinnen. Wie, keine Ahnung. Jedenfalls munkelt man, dass es bei seiner Krönung nicht mit rechten Dingen zugegangen sei. Wenige Wochen nach der Krönung teilte mir Theseus dann ohne Vorwarnung mit, dass er mich nicht mehr brauche. Ich solle mich in die Unterstadt zurückziehen, wohin ich aufgrund meines Standes gehöre, sagte er."

„Hat dich das nicht sehr gekränkt?", fragte Saida.

„Nein, gekränkt nicht, aber enttäuscht. Anderseits war ich

ganz froh, denn als Handlanger des unberechenbar gewordenen Königs habe ich mich nicht besonders wohl gefühlt."

„Hat Theseus auch deine Kameraden in die Unterstadt verdammt?", fragte Ikaros.

„Ich weiß nicht, was aus ihnen geworden ist", antwortete Andros. „Glaubt man aber den Gerüchten, sind sie alle umgekommen."

„Das wäre dann aber kaum ein Zufall", sagte Ikaros.

„Und genau deshalb habe ich Angst, dass auch mir bald etwas passieren wird. Aber bitte lassen wir das unerfreuliche Thema."

„Meinst du, dass Theseus mich empfangen wird?", fragte Ikaros.

„Vermutlich, zumindest aus Neugierde. Sei jedoch vorsichtig. Theseus steht unter starkem Einfluss des Hohepriesters. Und mit dem ist nicht zu spaßen."

„Danke für den Rat", antwortete Ikaros. „Aber sei uns nicht böse, wenn wir jetzt aufbrechen. Es ist höchste Zeit. Sonst macht sich Perdix Sorgen."

Als sie sein Haus verließen, rief Andros ihnen hinterher: „Bitte vergesst mich nicht. Ihr seid bei mir jederzeit herzlich willkommen!"

„Bist du enttäuscht von Andros?", fragte Saida.

Ikaros überlegte eine Weile und antwortete dann nachdenklich:

„Es ist traurig, wie er sich verändert hat.

Wenn ich an Kreta denke, da war er offen, mutig und optimistisch. Und jetzt? Ich frage mich aber auch, wie ich mich an seiner Stelle verhalten hätte."

„Bestimmt nicht wie er", sagte Saida. „Du bist ein ganz anderer Kerl!"

„Danke für das Kompliment", antwortete Ikaros verlegen. „Sicher bin ich mir insoweit aber nicht."

„Man hat immer eine Wahl. Man kann sich so oder so entscheiden, also auch richtig", widersprach Saida.

„Das sagt sich so leicht", antwortete Ikaros.

„Genau weiß man das erst, wenn es wirklich darauf ankommt. Andros tut mir jedenfalls leid."

„Mir nicht", sagte Saida.

Den Weg zurück zur Akropolis schafften sie ohne Probleme. Niemand hielt sie an, um zu fragen, wer sie seien und wohin sie wollten, vermutlich weil wegen des Panathenäenfestes[9] unzählige Menschen unterwegs waren, unter denen Saida und Ikaros nicht auffielen.

Perdix empfing sie aufgelöst. „Zeus sei Dank, ihr seid endlich zurück", rief sie. „Ich hatte schon das Schlimmste befürchtet."

„Weshalb", fragte Ikaros, „was ist denn geschehen?"

„Vorhin tauchten zwei Tempelwächter auf und wollten von mir wissen, wo du steckst."

„Und was hast du geantwortet?"

„Natürlich habe ich gesagt, dass ich keine Ahnung habe. Ich wüsste noch nicht einmal, ob du überhaupt noch lebst. Aber sie haben mir das nicht abgenommen. Ich solle mir keine falschen Hoffnungen machen, schimpften sie. Niemand könne sich auf Dauer vor dem Hohepriester verstecken."

„Wer kann den Hohepriester denn über meine Rückkehr informiert haben", fragte Ikaros, „etwa Andros?"

„Nein", sagte Saida, „Andros bestimmt nicht. Er hat zwar kein Rückgrat, aber er ist kein Verräter."

„Der Hohepriester ist auch nicht auf Andros angewiesen", ergänzte Perdix. „Der erfährt über sein dichtes Spitzelnetz ohnehin alles, was ihn interessieren könnte. Und er interessiert sich für alles, was in Athen los ist."

„Dann ist es hier ja genauso schlimm wie auf Kreta", sagte Ikaros traurig. „Was ist aus meiner schönen Heimatstadt nur geworden?"

„Wenn ich daran denke, dass Alara und Kaschka nach Athen mitgekommen wären, wird mir ganz schlecht", ergänzte Saida. „Wir hätten sie hier nie schützen können."

„Auch du wärst besser auf Naxos geblieben", sagte Ikaros.

„Wie kommst du darauf?", antwortete Saida, „ich muss doch aufpassen, dass dir hier nichts passiert."

Alsdann berichtete Ikaros seiner Pflegemutter von dem Treffen mit Andros.

Perdix bestätigte, dass der Hohepriester Theseus gegen den Pallas-Clan unterstützt hatte. „Ohne den Hohepriester wäre Theseus niemals König von Athen geworden", sagte sie. „In Athen macht das Wort die Runde, Theseus sei ein König von Gnaden des Hohepriesters."

„Wie hat der Hohepriester Theseus denn geholfen?", fragte Saida. „Und noch wichtiger, weshalb hat er geholfen?"

„Er hat den Athenern Angst gemacht."

„Wie das?"

„Er ließ überall verkünden, dass Athena jeden bestrafe, der die Hand gegen Theseus erhebe. Und weshalb er geholfen hat? Das kann ich nur vermuten. Da er nichts ohne Gegenleistung macht, könnte ihm Theseus einen Teil der auf Naxos geraubten Schätze gespendet haben. Vielleicht hat es dem Hohepriester auch genügt, zu wissen, dass Theseus weiß, von ihm abhängig zu sein."

„Wenn das zutrifft, dürfte Theseus mir wohl kaum dabei helfen, die Wahrheit über den Tod von Talos herauszufinden", seufzte Ikaros.

„Davon musst du ausgehen", sagte Perdix. „Theseus unterlässt alles, was den Hohepriester verärgern könnte. Und der Hohepriester ist aus naheliegenden Gründen daran interessiert, dass die Athener glauben, dass dein Vater Talos getötet hat. Du kannst schon froh sein, wenn dich Theseus nicht an den Hohepriester ausliefert."

„Trotzdem werde ich morgen zum Königspalast gehen und versuchen, an Theseus heranzukommen. Diesmal, liebe Saida, bleibst du aber bei Perdix."

Saida zögerte, zog die Augenbrauen zusammen und antwortete dann: „Wahrscheinlich ist es wirklich besser, wenn ich nicht mitkomme. Falls man dich verhaftet, muss ja einer da sein, der deine Befreiung organisiert. Andererseits würde ich Theseus schon gerne kennen lernen."

„Vielleicht später einmal. Ein bisschen hoffe ich nämlich immer noch, dass die Freundschaft, die er mir auf Kreta geschworen hat, stärker als seine Abhängigkeit von dem Hohepriester ist."

„Würdest du Theseus denn verzeihen, was er Ariadne angetan hat?", fragte Saida.

„Das werde ich wissen, wenn ich mit ihm gesprochen habe."

„Ich weiß zwar, mein lieber Ikaros, dass du – genauso wie dein Vater – meine Warnungen niemals ernst nimmst", sagte Perdix. „Aber versprich mir wenigstens, dass du dich vorsehen wirst. Und provoziere den König nicht. Er ist völlig unberechenbar."

„Einverstanden", antwortete Ikaros. „Was hast du eigentlich als Abendessen vorbereitet?"

„Diese Frage hätte auch dein Vater jetzt gestellt", erwiderte Perdix und führte ihre Gäste in den Innenhof, wo sie, wie am Tag zuvor, von einer festlich geschmückten Tafel mit köstlichen Speisen erwartet wurden.

Theseus, der falsche Freund

Am nächsten Morgen, gleich nach dem Frühstück, machte sich Ikaros auf den Weg zum Königspalast. Auf Saidas Wunsch hatte er Vassilios' Kurzschwert umgebunden. Im Ernstfall wird es mir zwar kaum helfen, sagte er sich, aber es kann nicht schaden, ein Schwert bei sich zu haben. Außerdem, es beruhigt Saida.

Am Palasteingang wurde er von drei bewaffneten Offizieren der königlichen Leibgarde angehalten. „Lege dein Schwert nieder", befahlen sie barsch. „Ist dir nicht bekannt, dass es streng verboten ist, sich dem Palast mit Waffen zu nähern?"

Ikaros gehorchte ohne Widerrede.

„Das habe ich leider nicht gewusst", sagte er mit gespielter Demut. „Ich bin nämlich erst gestern in Athen angekommen."

„Du hast Glück gehabt!", rief der Anführer der Garde, „denn eigentlich lautet unser Befehl, jeden Mann, der sich bewaffnet dem Palast nähert, ohne Warnung zu töten. Also, wer bist du und was willst du hier?"

„Ich bin ein guter Freund des Königs. Bitte melde ihm, dass Ikaros um eine Audienz nachsucht."

„Bist du verrückt? Glaubst du etwa, du könntest hier einfach auftauchen und den König um eine Audienz bitten?"

Ikaros entschuldigte sich höflich. „Ja, das glaubte ich, denn unter König Aigeus war dies das Recht eines jeden Athener Bürgers. Und ich bin ein Athener Bürger. Ich bin der Sohn von Dädalos, des berühmtesten Erfinders und Baumeisters Griechenlands."

„Willst du uns auf den Arm nehmen?", wetterte der Anführer. „Theseus und nicht Aigeus ist unser König. Was Aigeus früher angeordnet hat, interessiert uns nicht. Und Dädalos? Der ist ein Mörder. Verschwinde, sonst verhaften wir dich wegen

Missachtung eines Befehls der königlichen Leibgarde!"

„Das könnte aber deine Karriere beenden", erwiderte Ikaros.

„Weshalb informierst du nicht einfach den König, dass ich ihn sprechen möchte? Du wirst ja sehen, was dann passiert."

Jetzt wurden die Leibgardisten unsicher und zogen sich in den Palast zurück. „Rühre dich nicht vom Fleck", sagten sie noch.

Wenn das mal gut geht, dachte Ikaros. Und es ging gut. Nach einer Weile kehrte der Anführer der Gardisten zurück und bat Ikaros fast unterwürfig, ihm zu folgen. Im Thronsaal wurden sie von Theseus erwartet. Auf einen herrischen Wink des Königs verließ der Gardist den Thronsaal.

„Sorge dafür, dass ich in den nächsten Stunden nicht gestört werde", rief ihm Theseus hinterher.

Anschließend stürzte er auf Ikaros zu und umarmte ihn überschwänglich.

„Mein Freund, weshalb kommst du erst heute? Du weißt gar nicht, wie sehr ich mich über deinen Besuch freue!"

„Leider konnte ich nicht früher", antwortete Ikaros. „Der Weg von Kreta bis zu deinem Palast war sehr weit und abenteuerlich. Ich danke den Göttern, dass es trotzdem geklappt hat."

„Komm, lieber Ikaros, setz dich zu mir, begießen wir unser Wiedersehen mit einem Becher Wein."

Er füllte zwei silberne Becher mit goldschimmerndem Wein. „Der Wein ist mehr als vorzüglich", prahlte er, „meine Truppen haben ihn aus Sizilien mitgebracht."

Ikaros war verblüfft. Mit einem solch freundlichen Empfang hatte er nicht gerechnet.

Will Theseus mich etwa einlullen, überlegte er. Aber weshalb?

Dann rief er sich zur Ordnung.

Haben mich Vassilios und Andros etwa bereits so stark beeinflusst, dass ich Theseus nicht mehr unbefangen gegenübertreten kann, fragte er sich. Es ist doch durchaus möglich, dass er sich wirklich über meinen Besuch freut.

„Weshalb bist du plötzlich so nachdenklich?", fragte Theseus.

„Entschuldige, mein König", antwortete Ikaros, „aber die Gardisten vor deinem Palast haben mich verunsichert. Sie haben mich sehr feindlich behandelt. Sie wollten mich sogar erschlagen, nur weil ich ein Kurzschwert mit mir führte. Dein freundlicher Empfang überrascht mich deshalb ein wenig."

„Bitte mach meinen Gardisten keine Vorwürfe. Sie haben den Befehl, bewaffnete Fremde sofort unschädlich zu machen. In Athen halten sich nämlich immer noch einige Terroristen auf, die es auf mich abgesehen haben", sagte Theseus. „Aber vergessen wir das jetzt. Trinken wir auf unsere Freundschaft."

„Seit unserem Abschied auf Kreta ist so viel geschehen", sagte Ikaros nach dem ersten Schluck. „Ich weiß gar nicht, wie ich mich dir gegenüber verhalten soll. Damals warst du Kronprinz von Athen, jetzt aber bist du mein König."

„Aber ich bin immer noch dein Freund", antwortete Theseus.

„Wo ist also das Problem? Ich bin wahnsinnig gespannt, was du in der letzten Zeit alles erlebt hast. Bitte erzähl!"

Alsdann berichtete Ikaros ausführlich von seiner Flucht aus dem Labyrinth, der Notlandung auf der Insel Dia, der stürmischen Überfahrt nach Naxos und seiner Ankunft in Athen. Die Begegnung mit Vassilios auf Naxos und den gestrigen Besuch bei Andros verschwieg er.

„Und wie ist es dir ergangen, mein König?"

Theseus sah Ikaros prüfend an und sagte statt einer Antwort: „Lass doch bitte das mit dem *mein König* . Für dich bin ich Theseus, zumindest wenn wir alleine sind. Übrigens, wann zeigst du mir deine hübsche phönizische Braut?"

Ikaros stutzte, denn Saida hatte er bislang nicht erwähnt.

Vermutlich weiß Theseus mehr, als ich dachte, überlegte er.

Hoffentlich ist er nicht auch über meine Treffen mit Vassilios und Andros informiert.

Ikaros ließ sich jedoch nichts anmerken und antwortete

zurückhaltend:

„Saida war zu müde, um mich zu begleiten. Aber woher weißt du überhaupt von meiner Braut, wo wir doch erst vorgestern in Athen eingetroffen sind?"

„Vergiss bitte nicht, mein Freund, dass ich König von Athen bin und stets gut informiert sein muss, wenn ich König bleiben will."

„Hast du denn viele Feinde in Athen?", fragte Ikaros.

„Heute kaum noch. Ich hatte aber einige heftige Kämpfe zu überstehen und Probleme zu lösen, bevor ich die Thronfolge antreten konnte. Dies ist aber jetzt Vergangenheit."

„Das war bestimmt nicht einfach für dich?"

„Das stimmt. Außerdem, du kannst es dir gar nicht vorstellen, was für eine Last es ist, regieren zu müssen. Ich weiß aber, dass mich die meisten Athener Bürger lieben, denn sie haben erkannt, dass ich gerecht bin und für sie sorge. Im übrigen habe ich – Athena sei Dank – mächtige Verbündete in Athen. Wenn du willst, erzähle ich dir später mehr darüber. Apropos später, du bleibst doch jetzt in Athen, oder?"

„Ja, mein König, das habe ich vor."

Und dann konnte sich Ikaros einfach nicht mehr versagen, nach Ariadne zu fragen.

Sofort versteinerte sich das Gesicht von Theseus.

Ikaros erschrak. Offensichtlich hatte er einen sehr wunden

Punkt berührt. Bevor Theseus auf die Frage nach Ariadne reagieren konnte, sagte er deshalb: „Ich habe gehört, dass Dionysos Ariadne zu sich genommen hat. Ist das wirklich so?" Theseus entspannte sich. Meine Strategie, Dionysos die Verantwortung für das Verschwinden von Ariadne zuzuschieben, hat offensichtlich auch bei Ikaros geklappt, dachte er erleichtert.

„Ja, leider", antwortete er. „Ariadne ist bei dem Weingott. Gegen den hatte ich natürlich keine Chance."

„War das nicht sehr schmerzlich für dich?"

„Ich war natürlich sehr traurig", antwortete Theseus. „Aber dann habe ich mir gesagt, dass es für Ariadne ehrenvoller ist, an der Seite eines Gottes zu leben als an der Seite eines irdischen Königs. Das hat mir geholfen, mit dem Verlust fertig zu werden."

Theseus hoffte, dass sich Ikaros mit dieser Erklärung zufrieden geben würde. Er wechselte deshalb das Thema und fragte Ikaros nach Dädalos.

„Es ist sehr schade, dass dein genialer Vater nicht auch nach Athen zurückgekehrt ist", sagte er. „Ich habe ihm nämlich noch nicht für seine Unterstützung gegen Minos danken können. Richte deinem Vater bitte aus, dass hier eine hohe Belohnung auf ihn warte. Wo hält er sich eigentlich zur Zeit auf?"

Das reichte Ikaros. Theseus weiß doch ganz genau, dass in Athen auf Vater keine hohe Belohnung, sondern eine Mordanklage wartet. Wenn ich jetzt weiter so tue, als würde ich Theseus glauben, bin ich bald genauso verlogen wie er, sagte er sich. Und auf die Gefahr hin, ihn endgültig zu verärgern, fragte er: „Dürfen sich Freunde anlügen?"

Theseus zuckte zusammen. „Was soll die Frage?", antwortete er lauernd.

„Die Frage ist doch ganz einfach zu verstehen", erwiderte Ikaros. „Dürfen wir uns anlügen, wenn wir Freunde sind?"

Jetzt begriff Theseus, dass er Ikaros nichts mehr vormachen konnte. Er ging zum Gegenangriff über. „Hast du mich etwa angelogen?", fragte er scharf .

„Wenn du eine ehrliche Antwort willst, mein König, dann musst du auch die Wahrheit ertragen", antwortete Ikaros. „Ja, ich habe dich angelogen, sogar mehrfach. Ich habe gelogen, als ich dir verschwieg, dass ich mich bereits mit Andros getroffen habe, um ihn über Ariadne auszufragen, ich habe gelogen, als ich dir verschwieg, dass ich weiß, wie du und deine Mannschaft sich auf Naxos ausgetobt haben, und ich habe gelogen, als ich so tat, als würde ich dir glauben. Aber ich schäme mich für meine Lügen. Denn wenn man einen Freund anlügt, bestiehlt man ihn. Man stiehlt ihm die Wahrheit, auf die er ein Recht hat. Bitte verzeih mir!"

Theseus erblasste. „Ja, wir haben uns gegenseitig belogen", sagte er schließlich. „Auch ich muss dich um Verzeihung bitten." Und nach einer Weile: „Kann ich mich darauf verlassen, dass du trotz allem noch mein Freund bist? Ich wäre sehr traurig, dich als Freund zu verlieren. Seit meiner Krönung habe ich kaum noch Freunde."

„Natürlich bist du noch mein Freund. Und ich, kann ich mich auch noch auf deine Freundschaft verlassen?"

Habe ich soeben nicht schon wieder gelogen, fragte sich Ikaros. Wie kann Theseus mein Freund sein, wenn es stimmt, was Vassilios und Andros über ihn berichtet haben? Oder kann man auch mit einem schlechten Menschen befreundet sein?

„Auf meine Freundschaft kannst du dich immer verlassen. Komme was da kommen wolle", antwortete Theseus.

„Dann erzähle mir bitte", sagte Ikaros, „was mit Ariadne geschehen ist? Du weißt, sie war meine Freundin. Außerdem hast du sie über mich kennengelernt. Ich hatte sie dir anvertraut."

Theseus begann zu schwitzen. Er druckste eine Weile herum und sagte dann, so schien es Ikaros wenigstens, bedrückt: „Was geschehen ist, ist so verdammt kompliziert, dass ich nicht weiß, womit ich anfangen soll."

„Das Einfachste ist, du fängst mit der Wahrheit an", antwortete Ikaros.

„Mit welcher Wahrheit? Meine Wahrheit, Ariadnes Wahrheit oder die, über die man in Griechenland spricht? Lieber Ikaros, es ist nicht immer alles so, wie es auf den ersten Blick erscheint."

„Mich interessiert ausschließlich eine Wahrheit, die Wahrheit meines Freundes Theseus."

„Auch das ist nicht einfach, denn ich bin nicht nur dein Freund, sondern auch der König von Athen. Ich werde es aber versuchen", antwortete Theseus.

Was soll diese Einschränkung, fragte sich Ikaros, ist Wahrheit nicht Wahrheit und Lüge nicht Lüge?

„Wenn ich es mir recht überlege", fuhr Theseus fort, „begann alles damit, dass ihr, das heißt du und dein Vater, Ariadne dazu gebracht habt, mir mit dem von ihr geknüpften Faden zu helfen, nach der Tötung des Minotauros zum Ausgang des Labyrinths zurückzufinden. Anfänglich war ich Ariadne dafür nur dankbar. Dann aber verliebte ich mich in sie. Und als sie schließlich mein Werben erhört und sich bereit erklärt hatte, mir nach Athen zu folgen, war ich der glücklichste Mensch auf

Erden. Ich beschloss, sie zu heiraten und sie später, sobald ich Athener König sein würde, zur Königin von Athen zu machen. Zudem hoffte ich, idealistisch wie ich damals war, durch die Heirat mit der Kreter Königstochter die langjährige Feindschaft zwischen Athen und Kreta beenden zu können. Auf dem Weg nach Athen machten wir auf Naxos halt, weil unser Schiff repariert werden musste. Zu meiner Überraschung wurde ich dort von einem Boten aus Athen erwartet, der mir zwei Befehle meines Vater überbrachte. Nach dem ersten sollte ich sofort nach Athen zurückkehren, um Vater gegen den Aufstand einiger missgünstiger Adelsfamilien zu unterstützen. Dieser Befehl war für mich kein Problem, denn ich wollte ohnehin nach Athen zurück. Der zweite Befehl zerbrach jedoch mein Herz. Ich sollte mich unverzüglich von Ariadne trennen. Zur Begründung ließ mein Vater mir ausrichten, dass es wegen des Aufstandes für das Königshaus höchst gefährlich wäre, wenn in Athen bekannt würde, dass ich die Tochter des Kreterkönigs Minos, des Erzfeindes von Athen, zur Frau nehmen wolle.

Einerseits war es für mich völlig unvorstellbar, dass ich mich jemals von Ariadne trennen könnte. Andererseits fragte ich mich, ob ich einen Befehl meines Vaters, der ja auch mein König war, missachten durfte. Dieser Konflikt brachte mich fast um.

Obwohl ich nicht gewohnt war, Wein zu trinken, versuchte ich, meinen Kummer in Wein zu ertränken. Der Wein half nichts. Im Gegenteil, ich verlor die Kontrolle sowohl über mich als auch über meine Leute. Wir vergaßen alle Regeln der Gastfreundschaft und tobten uns hemmungslos aus. Ich befürchte, auf Naxos sind damals eine Menge unverzeihlicher Dinge geschehen. Zeus sei Dank wurde mir schnell klar, dass ich eine Entscheidung treffen musste.

Eine Entscheidung zwischen meiner Liebe zu Ariadne und der Gehorsamspflicht als Sohn, verbunden mit meiner Verantwortung als Kronprinz gegenüber Athen. Ich beriet mich mit Andros. Aber der konnte mir nicht helfen. Andere Vertraute hatte ich nicht. Ich musste also alleine über das Schicksal von Ariadne und damit auch über mein Schicksal entscheiden. Nach langen inneren Kämpfen kam ich schließlich zu der Überzeugung, dass ich im Interesse von Athen den Aufrührern keine Chance geben durfte, meinen Vater vom Thron zu stürzen. Deshalb beschloss ich, auf Ariadne zu verzichten. Lieber Ikaros, das war die schwerste Entscheidung meines Lebens."

Theseus machte eine Pause, um dann zu fragen: „Hättest du dich denn anders entschieden?"

Er wartete jedoch keine Antwort ab, vermutlich weil er ahnte, was Ikaros antworten würde.

„Du brauchst nicht zu antworten, mein Freund", sagte er, „auch ich hätte mich, glaube mir das bitte, anders entschieden, wenn ich geahnt hätte, wie Ariadne reagieren würde."

„Und wie hat Ariadne reagiert?", fragte Ikaros.

„Als ich Ariadne meine Entscheidung mitteilte, sah sie mich mit ihren tiefbraunen Augen traurig an. Dann bat sie mich, sie allein zu lassen, und zog sich in ihre Kajüte zurück. Am nächsten Tag war sie tot. Sie hatte sich mit Schierlingssaft vergiftet.

Du fragst dich sicher, wer ihr das Gift beschafft hat. Trotz aller Bemühungen habe ich das nicht herausgefunden. Es gab aber noch eine weitere Merkwürdigkeit. Bevor wir Ariadne bestatten konnten, war ihre Leiche verschwunden."

„Kaum zu glauben", sagte Ikaros grübelnd.

„Glaubst du mir etwa nicht?", fragte Theseus.

„Doch, doch, ich glaube dir", antwortete Ikaros. „Wie ging es dann weiter?"

Schon wieder eine Lüge, dachte Ikaros.

„Andros hatte eine geniale Idee. Er schlug vor, dass ich einfach behaupte, ich hätte Ariadne im Auftrag von Dionysos nach Naxos gebracht, und der habe sie da zu sich genommen. Ich fand den Vorschlag gut, zumal – immerhin war Ariadnes Leichnam verschwunden – es ja nicht ausgeschlossen war, dass der Weingott sie tatsächlich zu sich genommen hatte. Jedenfalls habe ich meinen Leuten befohlen, bei Fragen nach Ariadne die von Andros ausgedachte Erklärung zu verbreiten. So mein Freund, jetzt kennst die Wahrheit über das Schicksal deiner Freundin Ariadne."

Ikaros wusste nichts zu antworten. Er erinnerte sich an das, was Andros über das traurige Schicksal von Ariadne erzählt hatte. Wer von den beiden hat wohl die Wahrheit gesagt?

„Befürchtest du nicht, dass dich Dionysos irgendwann einmal wegen der Lüge bestraft?", fragte er schließlich.

„Hatte ich denn eine andere Wahl?", antwortete Theseus. „Die Lüge war notwendig. Sonst hätten die Aufrührer meinen Vater vom Thron gestoßen und ich wäre nicht sein Nachfolger geworden. Außerdem – hat die Lüge auch nur einem einzigen Athener Bürger geschadet? Im Ernstfall wird mir Athens Schutzgöttin Athena gegen Dionysos beistehen. Schließlich habe ich auch im Interesse von Athen gelogen."

„Bist du dir da sicher?"

„Ja, das hat mir der Hohepriester des Athena-Tempels

versichert. Und der muss es wissen. Aber lassen wir das Thema. Sage mir lieber, mein Freund, kann ich irgendetwas für dich tun? Denn ich bin in deiner Schuld. Ohne deine Unterstützung wäre meine Flucht aus Kreta niemals gelungen."

„Ja, das könntest du", antwortete Ikaros. „Ich suche zwei Tempelwächter, die gesehen haben wollen, dass mein Vater Talos vom Dach unseres Hauses in den Tod gestoßen hat. Bitte hilf mir, sie zu finden."

„Weshalb willst du sie denn finden?"

„Die beiden sind die Belastungszeugen für die Mordanklage gegen meinen Vater. Und sie haben gelogen. Ich habe nämlich festgestellt, dass es absolut unmöglich ist, von der Straße aus zu sehen, was auf dem Dach meines Vaterhauses geschieht. Ich muss sie dazu bringen, ihre Aussage zu widerrufen."

„Selbst als König von Athen kann ich dir da nicht helfen", antwortete Theseus verlegen. „Auf den Athena-Tempel und dessen Wächter und Diener habe ich keinen Einfluss. Darüber gebietet ausschließlich der Hohepriester."

„Du bist mit ihm doch verbündet. Kannst du ihn nicht bitten, mir zu helfen? Es geht hier immerhin um die Aufklärung eines Mordes und um Gerechtigkeit."

„Mein lieber ahnungsloser Freund", antwortete Theseus, „wenn die Tempelwächter gelogen haben, taten sie das im Auftrag des Hohepriesters. Also vergiss es."

„Ich verstehe dich nicht", erwiderte Ikaros. „Du hast als König für Gerechtigkeit zu sorgen. Und du hast eine schlagkräftige Leibgarde. Weshalb befiehlst du der nicht einfach, zum Tempel zu marschieren und die Tempelwächter herauszuholen? Ich flehe dich an. Bitte hilf mir! Nicht nur aus Dankbarkeit, sondern auch als Freund."

„Das darf ich nicht", erwiderte Theseus. „Ich habe dem Hohepriester bei der Göttin Athena geschworen, seinen Machtbereich niemals anzutasten. Wenn ich diesen Schwur breche, droht Athens Untergang."

„Wer behauptet das? Ich wette, der Hohepriester. Ist der dir wirklich wichtiger als unsere Freundschaft und deine königliche Pflicht, für Gerechtigkeit zu sorgen?" fragte Ikaros bitter. „Von dem Dank, den du meinem Vater und mir schuldest, will ich gar nicht reden."

Jetzt wurde Theseus wütend.

„Nun lass es aber gut sein!", rief er. „Ich muss mich dir gegenüber doch nicht rechtfertigen. Die Audienz ist zu Ende!" Er stand auf, umarmte Ikaros mit einem unterkühltem auf bald, und verließ den Thronsaal.

Ikaros war vor Enttäuschung nahezu betäubt. „Das war dann wohl das Ende meiner Freundschaft mit Theseus", seufzte er traurig.

Wenig später erschien ein Leibgardist und brachte Ikaros zum Palastausgang. Dort wurde er von einer Gruppe maskierter bewaffneter Männer überwältigt und fortgeschleppt.
Ikaros hatte gegen sie keine Chance.

Der Leibgardist sah teilnahmslos zu.

Der Hohepriester

Ikaros stand unter Schock. Trotz Perdix´ Warnung, mit diesem Überfall hatte er nicht gerechnet. Es vergingen viele Minuten, bis er wieder klar denken konnte.
Wer mag nur hinter dieser hinterlistigen Aktion stecken, fragte er sich. Der Hohepriester? Und wenn ja, hat Theseus ihn über meinen Besuch informiert? Ikaros verwarf den Gedanken. Eine derartige Gemeinheit traute er Theseus nun doch nicht zu.

Ikaros versuchte, mit den maskierten Männern ins Gespräch zu kommen.

„Wer seid ihr und wo bringt ihr mich hin?", fragte er höflich.

Keine Antwort. Wortlos zogen und stießen sie ihn vorwärts.

Vielleicht habe ich es mit einer der in Griechenland herumvagabundierenden Räuberbanden zu tun, die mich für einen wohlhabenden Händler hält und Lösegeld erpressen will, überlegte er. Dies würde erklären, dass sie maskiert sind. Andererseits – Räuber hätten mir wohl kaum am Palastausgang aufgelauert.

„Was wollt ihr für meine Freilassung haben?", fragte er.

Weiterhin Schweigen.

Ikaros dachte auch an eine Flucht. Aber nach Abwägung aller Chancen und Risiken verzichtete er darauf. Vorher muss ich herausfinden, wer meine Gefangennahme angeordnet hat, überlegte er. Dass die maskierten Männer auf eigene Initiative gehandelt haben könnten, schloss er aus.

Nach etwa einer Stunde Marsch tauchte vor ihnen der aus mehreren Gebäuden bestehende Athena-Tempel auf. An der Eingangspforte stand ein im Vergleich zu den Maskierten, die ihn festgenommen hatten, zierlicher Tempeldiener und rief ihnen im Befehlston zu, nicht zu schleichen, sondern ein bisschen mehr Tempo zu machen. Und als sie das Tor erreicht hatten, geschah etwas für Ikaros sehr Überraschendes. Der Tempeldiener verscheuchte seine Bewacher mit einer herrischen Handbewegung, verbeugte sich vor Ikaros, als wäre dieser ein hochrangiger Gast, und geleitete ihn zu dem prächtigsten Gebäude innerhalb des Tempelkomplexes.

Seltsam, dachte Ikaros, erst werde ich wie ein Verbrecher verhaftet und jetzt behandelt man mich wie einen Ehrengast.

Aus dem Gebäude trat ein hoch gewachsener, imposant aussehender älterer Mann. Er trug ein makellos weisses, von einem kostbaren reich verzierten Gürtel zusammengehaltenes, knöchellanges Gewand aus chinesischer Seide und stützte sich auf einen kräftigen Stab aus Elfenbein, dessen Griff die Form eines Stierkopfes hatte.

„Hier ist er, hoher Herr", sagte der Tempeldiener, zeigte auf Ikaros und verneigte sich unterwürfig. Anschließend zog er sich wortlos zurück.

Der Mann reagierte zunächst nicht, sondern sah Ikaros nur stumm an. Dann begannen seine dunklen Augen Ikaros zu sezieren. Sie wanderten von oben nach unten und von unten nach oben, so als suchten sie etwas. Nach einer Weile nickte er und sagte freundlich:

„Danke, dass du meine Einladung angenommen hast. Du

siehst erschöpft aus. Bitte folge mir in den Tempel. Dort ist es kühler als hier draußen."

Ikaros begriff. Er stand vor dem gefürchteten Hohepriester. Eigentlich sieht der ja ganz okay aus, dachte er. Mal sehen, was er von mir will. Jedenfalls soll er nicht glauben, dass ich Angst habe.

„Einladung ist gut, wenn man mit Gewalt zu seinem Gastgeber geschleppt wird", antwortete er zurückhaltend.

„Entschuldigung, mein Sohn. Aber wärst du freiwillig gekommen?"

„Sollte ich das?"

„Bitte tu doch nicht so ahnungslos, Ikaros, Sohn des Dädalos. Du weißt doch ganz genau, dass es ein Menge Dinge gibt, die wir besprechen müssen", antwortete der Hohepriester.

„Ich habe zwar keine Ahnung, was wir zu besprechen haben, aber wenn du mich darum bittest, werde ich in den nächsten Tagen bei dir vorbeikommen. Jetzt möchte ich jedoch schnellstens zurück zu meiner Pflegemutter und zu meiner Braut. Die machen sich bestimmt schon Sorgen um mich."

„Du weißt offensichtlich nicht, wen du vor dir hast", antwortete der Hohepriester scharf.

Man merkte ihm an, dass er keinen Widerspruch gewohnt war.

„Selbstverständlich weiß ich, dass Ihr der ehrenwerte

Hohepriester des Athena-Tempels seid", erwiderte Ikaros respektvoll. „Aber das gibt Euch doch nicht das Recht, einen unbescholtenen Athener Bürger mit Gewalt zu Euch herschleppen zu lassen. Oder sehe ich das falsch?"

Das Gesicht des Hohepriesters verzerrte sich und sein Körper begann zu zittern. Dann brüllte er hasserfüllt:

„Du bist genauso überheblich wie Dädalos. Auch der hat gemeint, er dürfe meine Autorität anzweifeln. Willst du etwa so enden wie dein Vater?"

„Wie wird mein Vater denn enden?"

„Ich werde ihn jagen, bis er auf Knien vor mir liegt und um Gnade winselt. Gnade wird es für ihn jedoch nicht geben. Er hat nichts anderes als den Tod verdient."

Ikaros schluckte. Ein Glück, dass Vater in Sizilien ist und der Machtbereich des Hohepriesters sich auf Athen beschränkt.

„Ihr müsst meinen Vater ja sehr hassen. Was hat er Euch denn angetan?", fragte er.

„Ach was, ich hasse ihn nicht", antwortete der Hohepriester, jetzt wieder mit normaler Stimme. „Es ist die Göttin Athena, die ihn durch mich hasst."

„Wirklich? Weshalb sollte sie das? Vater hat doch wunderschöne Athena-Statuen gebaut und dadurch allen Griechen gezeigt, wie sehr er sie verehrt."

„Wie kannst du das nur glauben?", antwortete der Hohepriester. „Hat man dich nicht gelehrt, dass es eine schwere Gotteslästerung ist, wenn sich ein Sterblicher das Recht herausnimmt, Götter nach seinen persönlichen Vorstellungen zu gestalten? Und genau das hat dein Vater getan. Er wollte einfach nicht akzeptieren, dass nur wir Priester wissen, wie die Götter aussehen. Als ich ihm das vorhielt, hat er mich auch noch spöttisch ausgelacht. Leider stand er damals unter dem Schutz von König Aigeus, sodass ich ihn nicht so ohne weiteres zur Verantwortung ziehen konnte."

„Und heute, was denkt König Theseus über meinen Vater?"

„Wen interessiert das? Theseus weiß genau, dass er seine Krone verliert, wenn er sich mir in den Weg stellt."

„Ist das mit der Gotteslästerung alles, was Ihr gegen meinen Vater habt? Wenn er sich bei Euch entschuldigt, könntet Ihr ihm dann nicht verzeihen?"

„Junger Mann, Gotteslästerung ist das schwerste aller Verbrechen", antwortete der Hohepriester. „Kein Staat kann existieren, wenn seine Bürger nicht mit eiserner Hand gezwungen werden, die Götter zu achten und die den Göttern dienenden Priester zu respektieren. Außerdem ist dein Vater nicht der einmaligen Gotteslästerung schuldig. Er hat ständig versucht, meine Autorität als Hohepriester zu untergraben.

So etwas ist unverzeihlich, denn es rüttelt an den Grundfesten unserer Ordnung."

„Ist das wirklich so, hoher Herr?", fragte Ikaros, vielleicht ein wenig zu ironisch. „Woher wisst Ihr das so genau?"

„Vorsicht, mein Sohn", antwortete der Hohepriester. „Bezweifelt du etwa die mir von Athena verliehene Gabe, stets zu wissen, was richtig oder falsch und wahr oder unwahr ist?"

„Nein, so etwas Ungebührliches würde ich mir nie erlauben", antwortete Ikaros betont ehrerbietig. „Aber gibt es denn überhaupt keine Möglichkeit, meinen Vater zu begnadigen? Er lebt doch jetzt auf Sizilien, wo er Eure Autorität nicht untergraben kann."

„Du denkst zu kurz, Ikaros. Wenn ich nicht für seine Bestrafung sorge, bleibt die uns von den Göttern gegebene Ordnung, ohne die die Welt im Chaos versinken würde, beschädigt. So etwas nehmen die Götter auf Dauer nicht hin. Sie würden Athen früher oder später vernichten."

Jetzt begriff Ikaros. Mit dem Hohepriester konnte man nicht vernünftig reden. Offenbar glaubte der wirklich, er sei der Götter Auge, Ohr und Werkzeug und von ihnen beauftragt, Vater zu töten.

„Meinst du nicht", fuhr der Hohepriester nach einer Weile fort, „dass du als guter Athener Bürger verpflichtet bist, Schaden von Athen abzuwenden?"

„Selbstverständlich bin ich das", antwortete Ikaros. „Weshalb fragst Ihr?"

„Ich wollte es aus deinem Mund hören. Und ich bin sehr froh über deine Antwort. Du weißt also, dass du verhindern musst, dass die Götter Athen für etwas bestrafen, was dein Vater angerichtet hat, oder?"

Ikaros stutzte. Er ahnte, worauf der Hohepriester hinauswollte. Um Gewissheit zu erlangen, fragte er: „Wie könnte ich die Götter daran hindern? Ich habe doch keinen Einfluss auf sie."

„Mein lieber Ikaros", antwortete der Hohepriester, „haben wir uns bislang nicht gut verstanden? Weshalb wirst du dann plötzlich so spitzfindig? Natürlich bist du in der Lage, Schaden von Athen abzuwenden. Du musst nur deinen Vater nach Athen locken."

„Erwartet Ihr tatsächlich, dass ich meinen Vater verrate?", rief Ikaros empört.

„Was heißt verraten?", erwiderte der Hohepriester. „Dädalos ist ein Verbrecher. Einen Verbrecher zu fangen, ist niemals Verrat. Im Gegenteil, jeder Bürger ist dazu verpflichtet, denn es geht letztlich um das Wohl von Athen. Was ist wichtiger, dein Vater oder Athen? Außerdem ist er ein schlechter Vater. Er hat dich belogen und im Stich gelassen!"

Das reichte Ikaros. Woher nimmt sich der Kerl das Recht, zu behaupten, Vater sei ein schlechter Vater, fragte er sich. Was weiß er überhaupt von meinem Vater?

Als sich Ikaros dann auch noch daran erinnerte, was Perdix über die Flucht seiner Mutter aus dem Tempel erzählt hatte, brach es aus ihm heraus: „Ihr habt vollkommen recht, es geht nicht um meinen Vater", rief er wütend. „Es geht aber auch nicht um Athen. Es geht ausschließlich um Eure ganz persönliche Eifersucht. Ihr wollt Vater vernichten, weil er Euch meine Mutter weggenommen hat! Und genau deshalb behauptet Ihr auch wider besseres Wissen, er habe Talos ermordet."

Kaum hatte Ikaros das letzte Wort ausgesprochen, da bereute er seinen Wutausbruch. Verdammt, beschimpfte er sich, wie konnte ich in meiner Situation nur so blöd sein, dem Hohepriester die Wahrheit um die Ohren zu hauen?

Der Hohepriester erstarrte. Dann hob er seinen Stab, um auf Ikaros einzuprügeln. Ikaros duckte sich und versuchte zu fliehen. Er hatte aber noch nicht den Ausgang erreicht, als er den Hohepriester rufen hörte: „Halt, warte, wo willst du denn hin? Glaubst du etwa, du könntest mir entkommen?

Außerdem, wenn du mir hilfst, werde ich dir deine dummen Vorwürfe verzeihen."

Ikaros blieb stehen und sah den Hohepriester skeptisch an.

„Stimmt es etwa nicht, dass Ihr auf meinen Vater eifersüchtig seid?", fragte er.

„Das ist vollkommener Unsinn. Ein Hohepriester kennt so etwas wie Eifersucht nicht."

„Was geschah denn wirklich mit meiner Mutter?"

„Die reine Wahrheit ist, dass deine Mutter als Tempeldienerin der Göttin Athena geweiht ist und deshalb auf alle Ewigkeit dem Athena-Tempel gehört. Kein Sterblicher darf sie antasten, selbst ich nicht. Richtig ist, dass ich sie geliebt habe, so wie ich jede einzelne meiner Tempeldienerinnen liebe. Ich habe sie jedoch niemals begehrt. Alles war gut, bis sie von deinem gottlosen Vater mit plumpen Schmeicheleien und Versprechungen verführt und zur Flucht überredet wurde. Anschließend hat er sie ihrem Schicksal überlassen, sodass bis heute niemand weiß, ob deine Mutter noch lebt. Auch das werfe ich deinem Vater vor."

„Aber wenn es der sehnlichste Wunsch meiner Mutter war, den Tempel zu verlassen, um in Troja als freie Bürgerin leben zu können, und wenn Vater ihr nur geholfen hat, in ihre Heimat zurückzukehren?", wandte Ikaros ein.

„Mein Sohn, das ist undenkbar", antwortete der Hohepriester.

„Für eine Frau gibt es nichts Schöneres, als in einem Tempel zu leben und einer Göttin geweiht zu sein."

Was für eine lächerliche Erklärung, dachte Ikaros. Ein Glück, dass Saida nicht hier ist. Sie hätte dem Kerl schon etwas erzählt. Außerdem war es ihm ausgesprochen unangenehm, von dem Hohepriester als Sohn angesprochen zu werden.

„Weshalb redet Ihr mich mit *mein Sohn* an?", fragte er. „Ich bin nicht Euer Sohn. Oder habt Ihr mit meiner Mutter das Lager geteilt?"

„Entschuldigung, das mit dem Sohn ist mir so raus gerutscht. Du musst das nicht wörtlich nehmen", antwortete der Hohepriester.

Dann begann er aber nachzudenken. Ist es denn wirklich absolut unmöglich, dass Ikaros mein Sohn ist? Und wenn er tatsächlich mein Sohn wäre, was mache ich dann mit ihm? Sein Gedankenspiel wurde von Ikaros unterbrochen. Der fragte ihn ohne Übergang, was er denn über den Tod von Talos wisse.

„Ist das wichtig? Talos ist tot. So etwas passiert halt", erwiderte der Hohepriester.

„Für Euch ist das vielleicht nicht wichtig, denn Ihr kanntet ihn nicht. Ich jedoch, ich muss seinen Tod aufklären. Das schulde ich Talos, denn er war mein bester Freund. Außerdem will ich meinen Vater von dem schrecklichen Verdacht befreien, ihn ermordet zu haben."

„Das ist dein persönliches Problem", sagte der Hohepriester.

„Dann verratet mir wenigstens, weshalb Ihr Euren Wächtern befohlen habt, zu behaupten, sie hätten meinen Vater dabei beobachtet, wie er Talos vom Dach gestoßen habe?"

„Das war notwendig", antwortete der Hohepriester kalt.

„Ihr habt den Wächtern also befohlen, die Unwahrheit zu sagen?"

„Verdammt noch mal, ja, das habe ich, denn es musste sein!", rief der Hohepriester genervt.

„Wieso musste es sein?"

„Ich habe dir doch schon erklärt, dass dein Vater damals von König Aigeus geschützt wurde und ich ihn deshalb nicht wegen Gotteslästerung und Störung des öffentlichen Ordnung anklagen konnte. Da kam mir der Tod von Talos höchst gelegen. Ich hielt es für ein Gottesgeschenk, als mir berichtet wurde, dass Talos vom Dach deines Vaterhauses gestürzt sei. Ich sagte mir, selbst Aigeus kann eine Verurteilung von Dädalos nicht verhindern, wenn ich es hinkriege, dass er wegen Ermordung seines Neffen Talos angeklagt wird. Und deshalb habe ich meine Zeugen zu der nicht ganz wahren Aussage veranlasst. Deren Aussage brauche ich aber nicht mehr, weil Aigeus jetzt tot ist und der gottesfürchtige Theseus die Krone von Athen trägt."

„Ihr gebt also zu, dass mein Vater unschuldig ist?"

„Was unterstellst du mir schon wieder?", antwortete der Hohepriester verärgert. „Dädalos ist und bleibt ein Verbrecher. Ob er wegen Mordes an Talos oder wegen Gotteslästerung und Störung der öffentlichen Ordnung bestraft wird, ist den Göttern egal. Es kommt ihnen ausschließlich darauf an, dass er bestraft wird."

Obwohl seinem Vater immer noch die Todesstrafe drohte, fiel Ikaros ein großer Stein vom Herzen. Endlich hatte er die Bestätigung, dass sein Vater Talos nicht getötet hatte, also kein Mörder war. Er schwieg.

„Geht es nicht in deinen Kopf, dass dein Vater in jedem Fall ein Verbrecher ist?", fuhr der Hohepriester fort. „Wirst du mir nun helfen, den Willen der Götter zu erfüllen?"

„Und falls ich nein sage?"

„Hast du vergessen, dass du als Sohn einer Tempeldienerin dem Athena-Tempel gehörst, mir also bedingungslos gehorchen musst?"

„Woher wollt Ihr wissen, dass ich der Sohn einer deiner Tempeldienerinnen bin? Wart Ihr denn dabei, als ich geboren wurde?", konterte Ikaros. „Ich erinnere mich jedenfalls nicht, dass meine Mutter eine Tempeldienerin war."

„Überspann nicht meine Sanftmut", antwortete der Hohepriester drohend. „Bislang habe ich dich geschont. Ich kann auch anders."

Ikaros spürte, dass es jetzt gefährlich wurde und reagierte schnell. „Entschuldigt bitte, das war nicht ernst gemeint. Ich wollte Euch nicht verärgern", entgegnete er.

„Nun gut, ich weiß zwar nicht weshalb, aber ich will dir noch einmal eine Chance geben. Also, wenn du mir hilfst, deinen Vater nach Athen zu holen, bleibst du straffrei und darfst Athen als freier Mann verlassen."

Ikaros wollte das Ansinnen sofort zurückweisen. Dann aber zögerte er. Ich muss unbedingt Zeit gewinnen, sagte er sich. Denn wenn ich erst einmal eingekerkert bin, wird es verdammt schwer, mich aus den Klauen des Hohepriesters zu befreien. Deshalb bat er, vor einer endgültigen Antwort mit seiner Braut Saida sprechen zu dürfen.

„Musst du etwa deine Braut fragen, ob du mir helfen darfst?", fragte der Hohepriester spöttisch.

„Nein, das nicht", erwiderte Ikaros, „ich möchte nur von ihr wissen, ob sie mich begleitet, wenn ich Athen verlasse."

„In Ordnung", sagte der Hohepriester, „ich werde sie in den Tempel bringen lassen. Dann kannst du sie fragen."

Ikaros erschrak. Es reicht vollauf, dass ich in seiner Gewalt bin, dachte er und sagte schnell: „Eigentlich brauche ich Saida nicht zu fragen. Sie wird mich bestimmt begleiten. Und wenn nicht, was solls? Aber gebt mir bitte einen Tag Zeit."

„Einverstanden. Auf einen Tag kommt es mir nicht an. Wichtig ist nur, dass du dich richtig entscheidest."

„Was geschieht denn, wenn ich mich falsch entscheide?"

„Dumme Frage. Ich werfe ich dich zum Nachdenken in den Kerker. Und wenn du dir dann zu viel Zeit nimmst, um die richtige Entscheidung finden, wirst du wegen Gotteslästerung und Störung der öffentlichen Ordnung vor Gericht gestellt und erhältst die Strafe, die du eigentlich bereits jetzt verdient hast, die Todesstrafe", antwortete der Hohepriester. „Ich hoffe jedoch, dass wir uns das ersparen können. Denn du bist ja kein Dummkopf. Insbesondere wenn ich dir jetzt auch noch verrate, was mit der hübschen Saida geschehen würde: Ich werde sie dann in meinen Tempel holen. Vielleicht gibt sie eine genau so gute Tempeldienerin ab wie es deine Mutter war."

Der Hohepriester lächelte hinterhältig.

Anschließend stieß er mehrfach mit seinem Stab auf den Boden. Sofort erschienen zwei Tempelwächter.

„Bringt den jungen Mann in die Zelle für besondere Gäste und sorgt dafür, dass er sich wohl fühlt", befahl er. „Ihr bürgt mit eurem Leben, dass er nicht flieht!"

Die Tempelwächter verbanden Ikaros die Augen, nahmen ihn in ihre Mitte und führten ihn ab.

Ikaros wehrte sich nicht. Aber er dachte bei jedem Schritt an Flucht, denn wenn er Saida vor dem traurigen Schicksal einer Tempeldienerin bewahren wollte, musste er sie schnellstens aus dem Machtbereich des Hohepriesters bringen. Aber wie? Ikaros dachte auch an seine beiden Wächter, die sich gegenüber dem Hohepriester mit ihrem Leben dafür verbürgen mussten, dass er nicht flieht. Mit Erschrecken wurde ihm bewusst, dass seine Flucht den Tod der Wächter bedeuten würde. Andererseits wäre ich es ja nicht, der sie tötet, sondern der Hohepriester, überlegte er. Aber trotzdem, ihr Leben liegt in meiner Hand. Fliehe ich, sterben sie. Fliehe ich nicht, bleiben sie am Leben. Was ist eigentlich wichtiger, überlegte er weiter, meine Flucht, um für Saidas Sicherheit zu sorgen und Vater nicht verraten zu müssen, oder das Leben der Wächter? Muss ich auf ihr Leben Rücksicht nehmen? Zeus gebe, dass ich richtig handele, wenn es so weit ist, hoffte er.

Wegen der Augenbinde konnte Ikaros nicht erkennen, wohin ihn die Wächter brachten. Noch nicht einmal, ob sie innerhalb des Tempelkomplexes blieben. Schließlich stießen sie ihn über eine Treppenstufe in einen Raum. Er stolperte und fiel hin.

„Entschuldigung, das wollten wir nicht", riefen die Wächter. „Wir hatten vergessen, dass du nicht sehen kannst. Du darfst die Binde jetzt abnehmen."

Ikaros blickte um sich. Er befand sich in einer kleinen, unbeleuchteten Zelle. Nur ein winziges Fenster spendete ein wenig Licht. In einer Ecke lagen Ziegenfelle. Vermutlich das Lager. Daneben ein Krug Wasser und eine Schale mit Feigen. „Dies ist nunmehr dein Zuhause", sagte der kleinere der beiden Wächter. „Du kannst froh sein, dass dir unser Herr eine solch bequeme Zelle zugewiesen hat. Bitte versuche nicht zu fliehen. Leider müssten wir dich dann töten."

Dann verließen sie ihn.

Ikaros stürzte zum Fenster, um sich über die Lage der Zelle zu orientieren. Sie befand sich zu ebener Erde. Vom Fenster aus blickte man in einen relativ kleinen, von Wirtschaftsgebäuden umgebenen Innenhof ohne direkten Ausgang. Wenn ich hier raus will, muss ich also nicht nur die Wächter überlisten, sondern auch durch eines der Gebäude kommen, was eine Flucht nicht einfacher macht, überlegte Ikaros. Er setzte sich auf ein Fell, aß ein paar Feigen und trank aus dem Krug. Das Wasser war abgestanden und schmeckte scheußlich. Es löschte aber seinen Durst.

Ikaros, und das merkte er erst jetzt, war total erschöpft. Die Unterhaltung mit Theseus und das Gespräch mit dem Hohepriester hatten ihm stark zugesetzt. Besonders schmerzhaft war die Erkenntnis, dass Theseus nicht nur Ariadne, sondern auch ihn verraten hatte, nur um König von Athen zu werden und zu bleiben.

Den Hohepriester hatte sich Ikaros ganz anders vorgestellt. Auf der einen Seite war er verbindlich und entgegenkommend, fast väterlich, auf der anderen Seite aber hochtrabend, unerbittlich verbohrt und bösartig.

Dass er mich benutzen will, um sich an Vater zu rächen, kann ich zwar noch irgendwie verstehen, dachte Ikaros, denn Eifersucht ist eine schlimme Sache. Aber meine Saida zu benutzen, damit ich Vater verrate, das geht zu weit. Ich schwöre bei Zeus, dass ich mit allen Mitteln, aber auch mit allen Mitteln, verhindern werde, dass der Kerl Saida in seine Gewalt bekommt.

Mit diesem Schwur schlief er ein.

Es war ein unruhiger Schlaf. Ikaros wälzte sich hin und her. Er träumte von seiner Mutter, der geflohenen Tempeldienerin. Sie war wunderschön und lächelte ihm zu. Als er sie gerade fragen wollte, wie es ihr gehe und ob sie jetzt bei ihm bleiben würde, schwebte sie davon und Pegasos trabte in seinen Traum.

„Bist du nunmehr bereit, mit mir nach Atlantis zu fliegen?",
fragte er. Bevor Ikaros antworten konnte, ja sogar bevor er
überhaupt eine Antwort wusste, verwandelte sich Pegasos in
den Hohepriester. „Aufstehen, mein Sohn", befahl der, „ich
mache mich jetzt auf die Suche nach deiner Mutter. Du musst
mitkommen!"

Ikaros wachte schweißgebadet auf. Die Vorstellung,
gemeinsam mit dem Hohepriester seine Mutter suchen zu
müssen, erschreckte ihn. Grauenhaft, wenn sich dabei
herausstellen sollte, dass der Hohepriester mein Vater ist,
dachte er.
Was solls, sagte er sich schließlich, selbst wenn der
Hohepriester mein Vater wäre, ich bliebe derselbe Mensch.
Plötzlich wurde die nächtliche Stille durch ein aufgeregtes
Krächzen unterbrochen. Es war der weisse Rabe, der auf dem
Fensterbrett saß.
„Hier hast du dich also verkrochen?", krächzte er.
„Wie kannst du nur denken, ich hätte mich verkrochen",
antwortete Ikaros von dem unerwarteten Besuch total
überrascht.
„Verstehst du denn keinen Spaß mehr?"

„Den hat mir der Hohepriester ausgetrieben. Er hat gedroht, Saida zur Tempeldienerin zu machen, wenn ich nicht helfe, Vater nach Athen zu locken."

„Und was hat er dir angedroht?", fragte der weisse Rabe.

„Mich will er zu Tode verurteilen lassen. Diese Drohung kann er sich jedoch sonst wo hinstecken. Schlimm ist nur, dass ich erpressbar bin, solange er in der Lage ist, seine Finger nach Saida auszustrecken", antwortete Ikaros. „Aber bitte verrate mir, wie du in meine Zelle gelangen konntest. Werde ich nicht mehr bewacht?"

„Du weißt doch, mich kann niemand aufhalten", krächzte der weisse Rabe. „Und deine beiden Wächter? Die sitzen draußen vor deiner Zelle und schlafen."

„Dann lass uns sofort abhauen!", rief Ikaros.

„Das geht nicht. Du kommst aus dem Innenhof nicht raus. Und selbst wenn dir dies gelingen sollte, die Schergen des Hohepriesters würden dich sehr schnell wieder einfangen. Und was dann passiert, will ich mir gar nicht vorstellen. Im Augenblick bist du hier in der Zelle sicherer als draußen in Athen."

„Und was schlägst du vor? Soll ich hier etwa Däumchen drehen? Warten, bis der Hohepriester Saida in den Tempel schleppt oder wer weiß was mit ihr anstellt?"

„Mach dich jetzt bloß nicht verrückt, mein Freund", krächzte der weisse Rabe. „Einen Schritt nach dem anderen. Als Erstes muss Saida aus dem Machtbereich des Hohepriesters, damit er dich nicht mehr erpressen kann. Insoweit habe ich auch schon eine Idee. Saida sollte unverzüglich, möglichst in Begleitung von Perdix, zum Heiligtum von Delphi[10] pilgern und dort um Asyl bitten. Über das Heiligtum hat der Hohepriester keine Macht. Die Pilgerreise wäre außerdem völlig unverfänglich. Falls Saida aufgehalten wird, könnte sie nämlich vorgeben, dass sie das Orakel von Delphi über das Schicksal ihres Vaters befragen möchte. Und sobald die beiden Frauen in Sicherheit sind – ich schätze, sie brauchen einen Tag bis nach Delphi –, denken wir über deine Flucht nach."

„Genial", rief Ikaros, „Saida in Delphi, das wäre eine große Erleichterung für mich!"

„Kannst du den Hohepriester noch zwei Tage hinhalten?"

„Mir wird schon etwas einfallen", antwortete Ikaros.

„Hoffentlich", krächzte der weisse Rabe. „Ich werde mich jetzt auf den Weg machen, um deine manchmal recht eigenwillige Braut dazu zu bringen, sofort nach Delphi aufzubrechen."

Alsdann stolzierte er gravitätisch aus der Zelle und flog davon.

„Viel Glück", rief ihm Ikaros hinterher.

Ikaros war sich absolut sicher, dass es ihm früher oder später gelingen würde, aus dem Athena-Tempel zu fliehen. Doch was mache ich danach, fragte er sich. In Athen bleiben? Nein, in einer Stadt, in der der Hohepriester unbehelligt das Recht beugen darf und deren König nicht in der Lage ist, für Gerechtigkeit und Ordnung zu sorgen, möchte ich nicht leben. Außerdem müsste ich untertauchen. Aber wo? Wem kann ich außer Perdix vertrauen? Ich könnte mich natürlich nach Delphi durchschlagen. Aber als Asylant den unverständlichen Weissagungen der Orakelpriesterin ausgeliefert zu sein? Keine gute Idee. Auf Dauer würde das auch Saida nicht gefallen. Und zu Vater nach Sizilien? Was sollte ich bei ihm? Der ist bestimmt so sehr mit seinen Erfindungen und Bauten beschäftigt, dass ich nur stören würde. Eigentlich bleibt nur Naxos. Zurück zu Vassilios, Alara und Kaschka. Saida wäre bestimmt einverstanden. Und das ist das Wichtigste. Ohne Saida gibt es keine Lösung. Aber wie kommen wir an ein Schiff nach Naxos, bevor uns die Häscher des Hohepriesters finden?

Ikaros seufzte. Was gäbe ich, wenn mir Pegasos noch einmal anbieten würde, mich nach Atlantis zu bringen. Dann wüsste ich, was ich täte. Allerdings nur gemeinsam mit Saida. Und vorausgesetzt, dass wir Atlantis auch wieder verlassen dürfen, wenn es uns da nicht mehr gefällt.

Endlich frei

Als die Sonne sich langsam hinter dem Horizont zurückzuziehen begann, wurde Saida unruhig. Weshalb nur ist Ikaros noch nicht zurück, fragte sie sich. Hoffentlich hat es mit Theseus keinen Ärger gegeben.

Sie suchte Perdix auf, die sich in ihre Gemächer zurückgezogen hatte.

„Bitte verzeih, dass ich dich störe", rief sie ihr zu. „Ich mache mir um Ikaros Sorgen. Er ist noch immer nicht zurück!"

„Du störst mich nicht, Mädchen", antwortete Perdix schläfrig. „Und wegen Ikaros mach dir bitte keine Sorgen. Theseus und er haben sich bestimmt eine Menge zu erzählen."

„Das mag sein, aber doch nicht bis in die Nacht hinein? Ich werde zum Königspalast laufen, um zu sehen, wo Ikaros bleibt?"

„Wie stellst du dir das vor? Einfach den Königspalast aufsuchen und dort fragen, wo Ikaros ist? Weißt du nicht, dass es Frauen untersagt ist, ohne männliche Begleitung herumzulaufen? Außerdem würde es Ikaros nicht gefallen, wenn du ihm nachspionierst."

„Ich will ihm doch nicht nachspionieren", antwortete Saida.

„Aber wenn Theseus Ikaros an den Hohepriester verraten hat, können wir nicht einfach nur herumsitzen und nichts tun. Vielleicht braucht Ikaros unsere Hilfe."

„Selbst wenn das der Fall wäre, als Frau könntest du doch nichts ausrichten, zumal kein Athener dir beistehen würde. In Athen wagt es niemand, sich mit dem Hohepriester anzulegen."

„Mir würde schon etwas einfallen", rief Saida. „Ich bin kein feiger Athener."

„Du tust uns Athenern unrecht", erwiderte Perdix traurig. „Wir sind nicht feige. Aber wir sind nicht so dumm, uns den übermächtigen Hohepriester zum Feind zu machen. Es gibt in Athen mehr ihm aufs Wort gehorchende Tempelwächter und Tempeldiener, als der König Soldaten und Leibgardisten hat."

„Wer sagt denn, dass ich mir den Hohepriester zum Feind machen will? Aber wenn er Ikaros etwas antut, dann ist er mein Feind. Da kenne ich nichts!", rief Saida.

Und nach einer Weile: „Ich bin mit den Piraten fertig geworden, da werde ich auch mit eurem Hohepriester fertig werden."

Perdix schüttelte ungläubig den Kopf. „Sei mit deinen Sprüchen bitte vorsichtig", flüsterte sie. „Hoffentlich hat das niemand gehört. Hier haben selbst die Wände Ohren."

Alsdann schlug Perdix, die sich inzwischen von Saidas Angst um Ikaros hatte anstecken lassen, vor, einen Boten zu Andros zu schicken, um ihn zu bitten, sich nach Ikaros zu erkundigen. „Wie ich Andros einschätze, ist das keine gute Idee", sagte Saida. „Andros hat zu viel Angst. Der wird es bestimmt nicht wagen, sich im Königspalast oder gar im Athena-Tempel umzuhören."

„Wozu braucht ihr Andros, ihr habt doch mich", krächzte es plötzlich, und vor den beiden Frauen landete der weisse Rabe. „Ich habe längst herausgefunden, wo Ikaros ist."

„Wo ist er und wie geht es ihm?", rief Saida aufgeregt. „Bitte spann uns nicht auf die Folter!"

„Ruhig Blut, Ikaros ist wohlauf", antwortete der weisse Rabe. „Allerdings hat ihn der Hohepriester im Athena-Tempel eingesperrt. Er will ihn dazu bringen, Dädalos nach Athen zu locken."

„Da wird er auf Granit beißen", sagte Saida, „Ikaros wird seinen Vater niemals verraten!"

„Aber der Hohepriester benutzt dich als Druckmittel", krächzte der weisse Rabe. „Falls Ikaros nicht nachgibt, wird er dich als Tempeldienerin in den Athena-Tempel holen. Und das ist bestimmt keine leere Drohung. Um seine Ziele zu erreichen, schreckt der Hohepriester vor nichts zurück."

„Na und?", entgegnete Saida. „Notfalls gehe ich freiwillig in den Tempel, wenn ich Ikaros damit helfen kann."

„Spinnst du?", krächzte der weisse Rabe. „Das wäre total sinnlos. Der Hohepriester würde Ikaros selbst dann nicht freilassen, wenn du ihn auf Knien darum bittest. Ikaros und ich haben eine viel bessere Idee. Du musst sofort nach Delphi aufbrechen und dort um Asyl bitten. In dem Heiligtum wärst du außerhalb des Machtbereichs des Hohepriesters und könntest nicht mehr als Druckmittel missbraucht werden."

„Und was wird dann aus Ikaros?", fragte Saida.

„Der Hohepriester würde ihn so lange im Kerker schmoren lassen, bis er endlich nachgibt und seinen Vater nach Athen lockt. Ich bin mir aber sicher, dass Ikaros dem Hohepriester vorher entkommen wird."

„Und wenn nicht?", rief Saida. „Glaubst du allen Ernstes, dass ich mich in Delphi verstecke, während Ikaros eingesperrt ist und um sein Leben fürchten muss? Niemals! Ich werde in Athen bleiben und um seine Freiheit kämpfen. Wenn es so sein soll, bis zum bitteren Ende."

„Aber Saida", beschwor Perdix das junge Mädchen, „bitte übernimm dich nicht. Du kannst Ikaros am besten helfen, wenn du in Delphi untertauchst. Dann müsste er sich wenigstens um dich keine Sorgen mehr machen und könnte sich auf seine Flucht konzentrieren."

„Freunde, ihr unterschätzt mich gewaltig", erwiderte Saida.

„Das mag sein", krächzte der weisse Rabe, „aber wie willst du ihn denn aus dem Tempel herausholen?"

„Hast du nicht gesagt, dass mich der Hohepriester in den Athena-Tempel holen will? Diese Mühe erspare ich ihm. Ich werde ihn freiwillig aufsuchen", erwiderte Saida.

„Um was zu tun?", fragte der weisse Rabe verwundert. „Ich habe dir doch schon erklärt, dass dies sinnlos wäre."

„Ich werde ihm vorgaukeln, dass ich Ikaros dazu bringen könne, Dädalos nach Athen zu locken. Er müsse mir nur erlauben, mit Ikaros eine Weile unter vier Augen zu sprechen. Und wenn ich dann bei Ikaros bin, wird uns schon ein Fluchtplan einfallen. Zu zweit geht das besser, als wenn man alleine darüber nachbrüten muss."

„Meinst du wirklich, der Hohepriester geht auf deinen Vorschlag ein und lässt dich ohne Bewachung zu Ikaros?", krächzte der weisse Rabe.

„Ja, das meine ich. Vielleicht bringe ich ihm einen Krug Wein als Gastgeschenk mit. Und vielleicht werde ich den Wein mit ein wenig Schierlingssaft versüßen", antwortete Saida böse lächelnd. Es war ihr anzusehen, dass sie selbst über Leichen gehen würde, um Ikaros zu retten.

„Um Himmels willen", rief Perdix entsetzt, „einen Hohepriester zu vergiften? Der Fluch der Götter würde dich treffen!"

„Davor habe ich keine Angst. Der Fluch der Götter hat mich bereits zweimal getroffen. Das erste Mal, als die Piraten unser Schiff gekapert haben, und das zweite Mal, als ich meinen in Ketten gelegten Vater bei den Piraten zurücklassen musste", erwiderte Saida. „Schlimmer kann es nicht werden. Außerdem will ich den Hohepriester nicht töten, sondern nur außer Gefecht setzen."

„Das sieht nach einem vernünftigen Plan aus", krächzte der weisse Rabe. „Ich bin dabei. Sobald die Sonne aufgegangen ist, bringe ich dich zum Tempel."

„Dann bin ich auch dabei", rief Perdix. „Ich werde mich um den Wein und den Schierlingssaft kümmern. Weißt du denn überhaupt, mein tapferes Mädchen, wie viel Saft du in den Wein mischen musst, damit das Gift den Hohepriester nicht tötet sondern nur außer Gefecht setzt?"

„Natürlich, ich hatte in Phönizien einen höchst gelehrten ägyptischen Sklaven als Lehrer. Der konnte mit Heilkräutern umgehen und hat mir viel beigebracht, auch das Giftmischen." Perdix wunderte sich.

Kurz vor Sonnenaufgang wurde Saida durch lautes Krächzen des weissen Raben geweckt.

„Es ist an der Zeit, wir müssen los!", drängte er ungeduldig.

Saida hatte sehr unruhig geschlafen, nicht weil sie den Hohepriester fürchtete, sondern weil sie entgegen ihrer Behauptung in Wirklichkeit keine Ahnung hatte, wie man mit dem giftigen Schierlingssaft umgeht.

Was mache ich nur, wenn der Hohepriester durch das Gift stirbt, überlegte sie. Darf ich ein solches Risiko eingehen?

Sie fand keine zufriedenstellende Antwort. Wenn es sein muss, stirbt er halt, sagte sie sich schließlich.

Trotzdem fragte sie den weissen Raben auf dem Weg zum Athena-Tempel, ob es Unrecht sei, wenn sie den Hohepriester töte, um Ikaros zu retten.

„Diese Frage kann ich nicht mit einem einfachen Nein oder Ja beantworten. Da ist dein Gewissen gefragt", krächzte der weisse Rabe.

Was für eine wachsweiche Antwort, dachte Saida. Wenn ich zwischen dem Tod von Ikaros und dem des Hohepriester entscheiden muss, habe ich doch keine Zeit, mein Gewissen zu befragen. Dann bleibt nur die Liebe als Ratgeber. Aber davon versteht mein gefiederter Freund vielleicht nichts.

„Ich weiß genau, was du gerade gedacht hast", krächzte der weisse Rabe.

Saida schämte sich.

Der weisse Rabe lotste Saida so geschickt durch die Gassen, dass sie den Tempelbezirk erreichte, ohne von irgendwelchen Männern angepöbelt zu werden. Er zeigte ihr, wo der Hohepriester zu finden war, nämlich in dem prächtigsten Gebäude des Tempelbezirks, wünschte ihr Erfolg und flog dann zu dem Gebäude, in dem Ikaros eingesperrt war.

Der Hohepriester schien nicht besonders überrascht, als ein Tempeldiener Saida in seine Residenz brachte.

„Du bist ja noch hübscher, als man mir berichtet hat", sagte er charmant. „Ich danke dir, dass du mich freiwillig aufsuchst."

Sein Spitzelnetz funktioniert offenbar hervorragend, dachte Saida. Woher sollte er sonst wissen, wie ich aussehe.

„Ich hoffe, du bist gekommen, um Ikaros zur Vernunft zu bringen", sagte der Hohepriester weiter. „Ich verstehe wirklich nicht, weshalb er Dädalos schützt. Weiß er nicht, was für ihn auf dem Spiel steht?"

„Ist das so?", fragte Saida ausweichend. „Vielleicht schützt er Dädalos, weil er sein Vater ist. Würdet ihr Euren Vater denn nicht auch schützen?"

Der Hohepriester zuckte zusammen. Zum einen war er Fragen von Frauen nicht gewohnt, zum anderen passte ihm die Frage nicht.

„Wurde dir nicht beigebracht, dass Frauen dem Hohepriester keine Fragen stellen dürfen?"", brauste er auf.

„Bitte verzeiht mir, hochwürdiger Herr, das war mir nicht bekannt", antwortete Saida und lächelte den Hohepriester kokett an, „in meiner Heimat Phönizien dürfen Frauen das."

„Was für barbarische Sitten", grummelte der Hohepriester. „Aber jetzt verrate mir endlich, weshalb du gekommen bist."

„Ich mache mir Sorgen um Ikaros. Ich habe gehört, dass man ihn in deinen Tempel gebracht hat. Außerdem, habt Ihr vorhin nicht gesagt, dass Ihr auf meine Hilfe hofft, Ikaros zur Vernunft zu bringen? Wie könnte ich helfen, ohne zu Euch zu kommen?"

Der Hohepriester war über die kecke Antwort so verblüfft, dass er gar nicht merkte, dass Saida ihm schon wieder eine Frage gestellt hatte.

„Mädchen, Mädchen", sagte er nachdenklich. Dabei sah er sie an, als wolle er sie mit seinen Augen ausziehen.

Saida, der dies nicht verborgen blieb, wurde speiübel.

„Du gefällst mir", fuhr er fort, „wir werden bestimmt gut miteinander auskommen. Setze dich zu mir."

Widerwillig folgte Saida seinem Wunsch.

Er tätschelte ihr den Rücken. „Mein schönes Mädchen, wirst du mir nun helfen, Ikaros umzustimmen?", fragte er.

„Weshalb sollte ich?", fragte Saida zurück.

„Weil du damit sein Leben retten würdest. Wenn du ihn dazu bringst, Dädalos nach Athen zu locken, darf er Athen als freier Mann verlassen, und, wenn du willst, sogar zusammen mit dir."

„Das klingt gut", antwortete Saida. „Allerdings wird es nicht einfach sein, denn Ikaros ist ziemlich störrisch. Ich müsste eine Weile unter vier Augen mit ihm sprechen. Dann könnte es klappen."

„Kein Problem, ich werde gleich veranlassen, dass du zu ihm gebracht wirst."

Jetzt erinnerte sich Saida an den Schierlingssaft, der in einer kleinen Flasche unter ihrem Umhang versteckt war, und an den Wein, den sie als Gastgeschenk mitgebracht hatte.

„Wollt Ihr nicht erst einmal meinen Wein probieren?", fragte sie betont höflich. „Er schmeckt köstlich."

„Das ist der richtige Vorschlag zur richtigen Zeit, denn ich bin sehr durstig", antwortete der Hohepriester und stand auf, um den Wein zu holen.

„Wartet", rief Saida, „es ist meine Aufgabe, Euch zu bedienen. Jedenfalls hat man mir das in Phönizien beigebracht."

Der Hohepriester setzte sich wieder. „Du bist nicht nur hübsch, sondern auch recht gelehrig. Da hinten findest du die Becher, aus denen ich am liebsten trinke", sagte er zufrieden.

Er zeigte stolz auf eine Sammlung reich verzierter Weinbecher aus purem Gold.

Saida nahm einen der Becher und bewegte sich alsdann so geschickt auf den kleinen Tisch zu, auf dem sie ihren Weinkrug abgestellt hatte, dass dem Hohepriester die Sicht versperrt war, goss den Schierlingssaft in den Krug und füllte anschließend den Becher randvoll mit dem nunmehr vergifteten Wein.

„Weshalb bringst du nur einen Becher?", fragte der Hohepriester, als Saida ihm den Becher mit einem Knicks reichte. „Wir wollen den Wein doch gemeinsam genießen."

„Die Einladung ehrt mich, hochwürdiger Herr", antwortete Saida, „aber lasst mich bitte vorher mit Ikaros reden. Sobald ich ihn von der Großherzigkeit Eures Angebotes überzeugt habe, stoße ich liebend gerne mit Euch an."

„Wenn du das meinst, dann soll es so sein", sagte der Hohepriester zufrieden. „Ich werde mit dem Wein jedoch nicht bis zu deiner Rückkehr warten."

Er hob den Becher an die Lippen und leerte ihn mit einem einzigen Schluck.

Hoffentlich schmeckt der Kerl den Schierlingssaft nicht heraus und hoffentlich wirkt das Gift nicht, bevor ich bei Ikaros bin, dachte Saida.

Es ging alles gut. Der Hohepriester verzog genüsslich das Gesicht. „Das ist wirklich ein großartiger Wein", sagte er, rief einen Tempeldiener und befahl ihm, Saida zu Ikaros zu bringen. Saida atmete tief durch.

Wenig später stand sie vor dem Gebäude, in dem Ikaros eingesperrt war. Die beiden davor dösenden Wächter schauten kurz auf. Nunmehr zusätzlich eine junge Frau bewachen zu müssen, berührte sie offenbar nicht.

Als Saida die Zelle betrat, stürzte Ikaros auf sie zu, umarmte sie überschwänglich und küsste sie, erst auf die linke Wange, dann auf die rechte und dann, ganz zart, auf den Mund.

„Du kannst dir überhaupt nicht vorstellen, wie glücklich ich bin, dass wir wieder zusammen sind", rief er. „Jetzt wird bestimmt alles gut."

Er unterbrach sich: „Aber weshalb bist du nicht in Delphi? Hat dir der weisse Rabe nicht gesagt, dass es für dich besser ist, dort um Asyl zu bitten?"

„In Delphi? Was sollte ich da? Ich gehöre doch zu dir", antwortete sie mit weichen Knien, noch total von der liebevollen Begrüßung überwältigt.

„Und wie es es dir gelungen, mich zu finden und in meine Zelle zu gelangen?"

„Mit Hilfe unseres weissen Raben war das ein Kinderspiel. Ich habe sogar den Hohepriester getroffen."

„Was wolltest du denn bei dem Hohepriester?", fragte Ikaros.

Alsdann berichtete Saida über ihr Zusammentreffen mit dem Hohepriester, von dem vergifteten Wein, über die Zusage des Hohepriesters, Ikaros freizulassen, wenn sie ihn dazu bringe, Dädalos nach Athen zu locken, und dass sie darauf eingegangen sei, damit ihr erlaubt werde, Ikaros unter vier Augen zu sprechen.

„Da siehst du wieder einmal, mein Freund, was für eine mutige und pfiffige Braut du hast", krächzte der weisse Rabe, der sich in der dunkelsten Ecke der Zelle versteckt hatte, als der Tempeldiener mit Saida aufgetaucht war.

„Falls das ein Kompliment sein soll", sagte Saida errötend, „dafür ist jetzt wirklich nicht die richtige Zeit. Man wird nämlich bald entdecken, dass der Hohepriester vergiftet worden ist, und dann alles auf den Kopf stellen, um den Giftmischer zu finden."

„Etwas Besseres kann uns doch gar nicht passieren", rief Ikaros. „In dem Chaos wird es ein Leichtes sein, hier abzuhauen."

„Und was machen wir mit den beiden Wächter da draußen?",
fragte Saida.

„Die übernehme ich", krächzte der weisse Rabe.

„Wie das?", fragte Saida weiter.

„Ich werde ihnen befehlen, euch aus dem Tempelbezirk zu
bringen und dafür zu sorgen, dass niemand euch aufhält."

„Soll das ein Witz sein?", fragte Ikaros.

„Dann pass mal gut auf", antwortete der Rabe, hüpfte aus der
Zelle, stieg hoch in den Himmel, drehte eine große Runde um
den Tempelbezirk und landete flügelschlagend vor den
friedlich vor sich hindösenden Wächtern.

„Ihr Diener der Göttin Athena", krächzte er ohrenbetäubend
laut, „Gottvater Zeus hat einen höchst wichtigen Auftrag für
euch."

Die Wächter schreckten hoch und warfen sich zu Boden.
Wussten sie doch, allerdings nur gerüchteweise, dass die
Götter ihre Befehle manchmal auch über einen weissen Raben
erteilten.

„Was will der Göttervater von uns?", riefen sie zitternd. „Wir
sind doch seiner Tochter Athena verpflichtet."

„Darauf kommt es heute nicht an", schnarrte der weisse Rabe, „denn es ist ein derart schreckliches Unheil geschehen, dass Zeus persönlich eingreifen musste. Der Hohepriester ist vergiftet worden.

Zeus befiehlt, dass ihr die beiden Gefangenen sofort aus dem Tempelbezirk geleitet. Niemand, absolut niemand, darf sie antasten!"

Die Wächter sprangen auf, schlugen die Hacken zusammen und brüllten: „Zu Befehl, hoher Herr!"

„Recht so, der Dank des Göttervaters ist euch gewiss!", krächzte der weisse Rabe, plusterte sich Respekt erheischend auf, umkreiste hüpfend und heftig mit den Flügeln schlagend die beiden Wächter, stieg gen Himmel und verschwand in den Wolken.

Saida und Ikaros, die die Szene durch das Zellenfenster beobachtet hatten, grinsten.

Als die Wächter gerade dabei waren, ihre Gefangenen aus der Zelle zu holen, begann es in dem Tempelbezirk unruhig zu werden. Aus der Richtung der Residenz des Hohepriesters hörte man den Befehl, dass sich alle Tempeldiener und Tempelwächter umgehend in dem Athena-Tempel einzufinden hätten.

Dies war für die Wächter der letzte Beweis, dass der weisse Rabe tatsächlich als Bote des Göttervaters Zeus zu ihnen gesprochen hatte, dass sie also die beiden Gefangenen aus dem Tempelbezirk bringen mussten.

Sie nahmen Ikaros und Saida in die Mitte und führten sie zur Eingangspforte des Tempelbezirks. Niemand hielt sie auf. Dort stoppten sie. Was machen wir nun, fragten sie sich. Der weisse Rabe, also Zeus, hatte ja nicht befohlen, die Gefangenen an der Pforte freizulassen, sondern nur, sie aus dem Tempelbezirk zu geleiten. Sie freilassen oder weiter geleiten und wenn ja, wohin? Um keinen Fehler zu machen, wandte sich der kleinere der beiden Wächter – offenbar der Wortführer – an Ikaros und fragte ihn, wohin er und Saida denn jetzt wollten.

„Nach Piräus, zum Hafen", erwiderte Ikaros spontan. „Was wartet ihr noch? Los, bringt uns dahin. Wir haben es sehr eilig."

„Das dürfen wir nicht. Unser Auftrag endet hier", erwiderte der Wächter. „Bist du dir da ganz sicher?", fragte Saida. „Auch wenn ich euch das hier schenke?"

Sie zeigte ihnen zwei goldene Armreifen aus dem Piratenschatz, die sie für den Fall der Fälle mitgenommen hatte.

„Schaut sie euch nur in Ruhe an. Sie sind aus purem Gold."

Die Wächter nahmen die Armreifen, betasteten sie, wogen sie in ihren Händen und sahen sich dann einander an.

„So ganz sicher sind wir uns doch nicht", antwortete der Wortführer, „aber…"

Saida unterbrach ihn. „Meint Ihr tatsächlich, Zeus hätte etwas dagegen, wenn ihr starken Männer uns bis zum Hafen beschützt?", fragte sie. Sie überreichte ihm einen weiteren Armreifen. Der Wächter zögerte kurz, blickte zu seinem Kollegen hinüber und als der nickte, ließ er die Armreifen unter seinem knielangen Chiton[11] verschwinden.

„Wie konnten wir nur so dumm sein. Selbstverständlich will Zeus, dass wir euch bis zum Hafen schützen", riefen sie wie aus einem Mund. „Also schnell zum Hafen. Hier könnte es nämlich bald unruhig werden."

Und in der Tat, im Tempelbezirk war das Chaos ausgebrochen. Tempeldiener und Tempelwächter rannten planlos durcheinander, und aus allen Ecken hörte man Befehle, zum Teil einander widersprechend, sowie laute Rufe und Schreie.

Saida spielte die Ahnungslose. „Was ist da los?", fragte sie und sah die Wächter mit unschuldigen Augen an.

„Gottlose Verbrecher haben versucht, unseren geliebten Hohepriester zu ermorden", antwortete der Wortführer. „Aber

Athena sei Dank, er hat das Attentat überlebt. Jetzt beginnt die Jagd auf die verruchten Attentäter."

Saida atmete auf. Sie war erleichtert, dass der Hohepriester noch lebte. Der misstrauische Kerl hat wohl nur einen Becher meines Weins getrunken, dachte sie. Sonst wäre er bestimmt tot. Glück für ihn und gut für mein Gewissen.

Ikaros hingegen wurde unruhig. Wenn der Hohepriester tatsächlich noch am Leben sein sollte, war es ein Fehler gewesen, den Wächtern zu verraten, dass wir zum Hafen wollen, überlegte er. Denn man wird jetzt schnell herausfinden, dass Saida die letzte Besucherin des Hohepriesters war und dass deshalb nur sie den vergifteten Wein eingeschenkt haben konnte. Und dann wird man unsere beiden Wächtern fragen, wohin sie uns gebracht haben. Das heißt, wir dürfen nicht mehr zum Hafen.

Ikaros war aufgefallen, dass sich die Wächter bei dem Gedanken, den Tempelkomplex verlassen und die weite Strecke bis zum Hafen laufen zu müssen, nicht besonders wohl fühlten. Wahrscheinlich wollten sie lieber in den Tempelbezirk zurück, um sich an der Jagd nach den Attentätern beteiligen zu können. Daraus muss sich doch was machen lassen, überlegte er.

Wenig später wusste er die Lösung. Stöhnend ließ er sich auf einem Steinbrocken nieder. „Leute, ich kann nicht mehr gehen. Ich habe einen fürchterlichen Wadenkrampf", stöhnte er.

Die Wächter blickten ihn verwundert an: „Wir dachten, du willst so schnell wie möglich zum Hafen?"

„Das stimmt, denn da wartet ein Schiff nach Naxos auf uns. Aber was soll ich machen? Meine Waden. Ich kann jetzt wirklich nicht weiter."

Die Wächter berieten miteinander.

„Das ist dein Problem", sagte schließlich der Wortführer. „Darauf können wir keine Rücksicht nehmen. Wir haben auch noch andere Pflichten. Also, entweder wir brechen sofort auf, oder ihr müsst euch alleine zum Hafen durchschlagen."

„Bitte lasst uns nicht in Stich", flehte Saida. „Ohne euch kommen wir niemals zum Hafen. Ikaros wird es bestimmt schnell wieder besser gehen."

„Wenn das nur so wäre", widersprach Ikaros. „Aber ich verstehe, dass ihr zurück wollt. Der Hohepriester braucht euch jetzt. Geht nur. Wenn ich wieder fit bin, kommen wir mit einigem Glück auch ohne euren Schutz zum Hafen."

„Vielen Dank und alles Gute", antworteten die Wächter erleichtert und verschwanden im Tempel.

„Halt, wartet!", rief ihnen Saida hinterher. „Ihr könnt doch nicht einfach abhauen und meine kostbaren Armreifen behalten."

Ihr Ruf blieb ohne Antwort.

Als die Wächter außer Sichtweite waren, sprang Ikaros auf.

„War ich nicht super?"

Saida sah ihn fragend an.

Nunmehr erklärte er ihr, dass er den Krampf nur vorgetäuscht hatte, um die Wächter loszuwerden und den Hohepriester auf eine falsche Fährte zu setzen.

„Das ist ja alles schön und gut", sagte Saida nachdenklich, „jetzt sind wir die Wächter los, aber auch ihren Schutz. Was machen wir nun?"

„Wir verstecken uns bei Perdix. Der Hohepriester wird davon ausgehen, dass wir auf dem Weg zum Hafen sind. Für so blöd, dass wir bei Perdix sind, hält er uns bestimmt nicht."

„Meinst du das wirklich?", fragte Saida. Und nach einer Pause: „Aber irgendwann werden sie uns auch bei Perdix suchen."

„Damit müssen wir rechnen", antwortete Ikaros. „Fürs Erste sind wir bei ihr aber sicher und können in Ruhe überlegen, wie wir dem Hohepriester endgültig entkommen können. Uns wird schon etwas einfallen. Und wenn nicht, haben wir ja noch den weissen Raben."

Kaum war das ausgesprochen, da landete der weisse Rabe auf dem Steinbrocken, auf dem Ikaros kurz zuvor gesessen hatte.

„Seid ihr lebensmüde?", krächzte er aufgeregt.

„Gleich werden die Häscher des Hohepriesters in Scharen aus der Pforte strömen und Jagd auf euch machen. Nehmt die Beine in die Hand und folgt mir!"

Der weisse Rabe lotste sie durch dieselben Gassen zur Akropolis, durch die er Saida zuvor zum Tempelkomplex geführt hatte. Niemand hielt sie auf. Die Stadt war wie ausgestorben. Die Athener hatten sich wegen der Unruhen im Tempelbezirk in ihre Häuser zurückgezogen.

Nach etwa einer Stunde hatten sie ihr Ziel erreicht. Perdix empfing sie überglücklich.

„Ich hatte große Angst um euch!", rief sie, und schloss die beiden in ihre Arme. „Kommt schnell ins Haus. Es hat sich bereits herumgesprochen, dass der Hohepriester euch sucht."

„Hört auf die kluge Perdix", krächzte der weisse Rabe, „rein ins Haus! Bislang hattet ihr viel Glück. Das muss aber nicht so bleiben, denn das Glück ist ein äußerst ungetreuer Geselle."

„Das wissen wir. Aber wir hatten nicht nur Glück. Wir haben auch auf uns aufgepasst", antwortete Saida selbstbewusst.

„Und wir hatten dich", ergänzte Ikaros.

Anschließend, als sie sicher im Haus waren, fragte der weisse Rabe die beiden nach ihren Plänen. „Solange der rachsüchtige Hohepriester Athen beherrscht, könnt ihr auf keinen Fall in Athen bleiben", krächzte er.

„Wir haben keine konkreten Pläne", antwortete Ikaros. „Was schlägst du denn vor?"

„Zuallererst müsst ihr euch darüber klar werden, was ihr wirklich wollt. Die Flucht vor dem Hohepriester ist nur eine Sache. Ihr müsst auch entscheiden, wie und wo ihr künftig leben wollt."

„Aber das hängt doch nicht nur von uns ab", wandte Saida ein. „Was nützen meine Wünsche, wenn ich sie nicht verwirklichen kann?"

„Woher willst du das im Voraus wissen?", krächzte der weisse Rabe. „Selbst Träume werden manchmal wahr."

„Wirklich?"

„Ganz bestimmt. Und genau deshalb sind Wünsche und Träume wichtig. Denn wenn du weder Wünsche noch Träume hast, können sie auch nicht in Erfüllung gehen. Und das wäre doch schade wäre, oder?"

Mit diesen Worten verabschiedete sich der weisse Rabe. „Machts gut", krächzte er noch und verschwand hinter den Wolken.

Perdix, Saida und Ikaros winkten ihm hinterher.

„Hast du denn Träume ?", fragte Ikaros seine hübsche Braut.

„Oh, ein, zwei habe ich schon. Ich werde sie dir aber erst verraten, wenn sie wahr geworden sind. Und was ist mit dir?"

„Für Träume habe ich keine Zeit. Sie würden mich nur stören. Viel besser als tausend Träume wäre jetzt eine Idee, wie wir dem Hohepriester entkommen können."

„Das schließt einander nicht aus", erwiderte Saida. „Denn Träume kommen von den Göttern, während man sich die Ideen selbst ausdenken muss. Unabhängig davon, was willst du machen, wenn wir es geschafft haben, dem Hohepriester endgültig zu entkommen?"

„Wir suchen deinen Vater. Aber vorher, bevor wir überhaupt etwas machen, brauche ich dringend etwas Schlaf."

„Ich bin auch ziemlich erschlagen", antwortete Saida. „Aber danke, dass du mir bei der Suche nach Vater helfen willst."

„Das ist doch selbstverständlich. Wir müssen ihn ja finden, damit er dich mir zur Frau geben kann."

Saida nickte verlegen.

Alsdann fragte Ikaros seine Pflegemutter, ob er sein Schlaflager im Innenhof des Hauses aufschlagen dürfe.

„Weshalb willst du nicht im Haus schlafen?", antwortete sie, „da ist es doch viel bequemer."

„Bequemer schon, liebe Perdix", antwortete Ikaros, „aber ich möchte die Nacht im Kerker vergessen. Und das geht unter den Sternen viel besser als im Haus."

„Ich möchte auch im Freien schlafen", schloss sich Saida an.

„Unter den Sternen erreichen mich die Träume leichter. Wir werden dir auch keine Arbeit machen. Zum Schlafen genügen ein paar Felle."

„Wenn ihr das unbedingt möchtet, was sollte ich dagegen haben?", antwortete Perdix. „Aber wollen wir nicht erst gemeinsam eine Kleinigkeit essen? Mit leerem Magen schläft es sich schlecht."

„Bitte sei nicht böse, wenn wir auf das Nachtmahl verzichten. Nach dem aufregenden Tag sind wir sind einfach zu kaputt", erwiderte Ikaros. Und Saida, die merkte, dass Perdix über die Absage enttäuscht war, ergänzte: „Aber wir freuen uns schon auf das morgige Frühstück. Dann werden wir dir auch ausführlich berichten, was heute alles passiert ist."

„Ist schon in Ordnung", antwortete Perdix.

Wenig später lagen Ikaros und Saida nebeneinander auf weichen Fellen, die ihre Gastgeberin in den Innenhof hatte bringen lassen. Über ihnen ein sternenklarer Himmel.

Trotz Müdigkeit konnte Ikaros nicht einschlafen. Viele Gedanken schwirrten ihm durch den Kopf. Wenn ich doch nur wüsste, wie ich künftig leben will und wo, fragte er sich. Bislang war das kein Problem gewesen. Als ich noch ganz jung war, hat Vater alles bestimmt. Und danach hatte ich klare Ziele. Ich wollte zurück nach Athen, ich wollte Vater von dem

Verdacht befreien, Talos ermordet zu haben, und herausfinden, weshalb mich Mutter verlassen hat, und schlussendlich, was mit Ariadne geschehen ist. Diese Ziele habe ich erreicht. Aber was hat mir das gebracht? Ich bin zwar in Athen. Athen ist jedoch nicht mehr die Stadt, in der ich leben will. Ich weiß jetzt zwar, dass Vater an dem Tod von Talos unschuldig ist. Trotzdem will der Hohepriester immer noch seinen Tod. Es ist zwar ein gutes Gefühl, zu wissen, dass mich Mutter nicht aus Gleichgültigkeit verlassen hat, sondern weil sie verhindern wollte, dass ich als Sklave aufwachse. Aber ob ich sie jemals umarmen kann? Und Ariadne? Was ich über ihr Schicksal herausgefunden habe, ist mehr als schmerzlich. Vielleicht wäre es besser gewesen, ich hätte dies nie erfahren. Aber sei es drum, die große Frage ist, wie es jetzt weitergehen soll. Weshalb ist es nur so verdammt schwer, den richtigen Weg zu finden? Endlich dort anzukommen, wo man hingehört? Gehöre ich überhaupt irgendwo hin? Ikaros seufzte.

„Was ist mit dir? Weshalb seufzt du?", fragte Saida besorgt. Sie hatte nur so getan, als würde sie schlafen. Nach den Aufregungen des Tages konnte aber auch sie nicht einschlafen.

„Ich grübele darüber nach, wie es mit uns weitergehen soll", antwortete Ikaros. „Wenn ich daran denke, mit welchen

Hoffnungen ich nach Athen aufgebrochen bin und was ich dann hier vorgefunden habe, könnte ich heulen."

„Du grübelst zu viel", versuchte Saida Ikaros zu trösten. „Sieh es doch einfach so: Du hattest einen Traum, und der ist geplatzt. Aber du bist frei, gesund und hast mich. Das ist doch eine ganze Menge, oder?"

„Du hast ja recht", antwortete Ikaros. „Wir sind frei, gesund und haben uns. Und wir haben Perdix, drei gute Freunde auf Naxos und den weissen Raben als Schutzengel. Wer ist da schon der in seinem Wahn eingesperrte Hohepriester? Uns steht die ganze Welt offen."

Saida ergriff seine Hand, drückte sie sanft und sagte: „Das klingt viel besser als dein Geseufze."

„Danke, dass du mich zurechtgerückt hast", flüsterte Ikaros. „Schlaf gut. Morgen sehen wir weiter."

Kurz vor Mitternacht war es mit dem Schlaf vorbei.

„Hey, Leute", schallte es über den Innenhof. „Aufwachen! Wir haben nicht viel Zeit."

Ikaros schreckte hoch. Es war stockdunkel. Selbst die Sterne waren erloschen.

Aus der Richtung, aus der Befehl gekommen war, hörte er ein leises Schnauben und das vorsichtige Stampfen von Hufen. Ikaros wusste sofort, wer da gerufen hatte: Pegasos.

Dann wurde es von einer Sekunde zur anderen taghell. Und vor ihm stand das geheimnisvolle weisse Pferd mit den zwei mächtigen Flügeln links und rechts hinter dem edel geformten Kopf. Es war erheblich größer als ein normales Pferd, hatte einen eleganten schlanken Körper mit üppigem Schweif, und vier kraftvolle Beine mit schwarzen Hufen.

„Hast du endlich ausgeschlafen?", fragte Pegasos.

„Nicht richtig", antwortete Ikaros. „Du hast mich ein wenig zu früh geweckt. Weshalb bist du gekommen?"

„Mir wurde zugetragen, dass sich dein Traum von Athen nicht erfüllt hat. Willst du nunmehr mit nach Atlantis."

„Heißt das, dass du mir eine weitere Chance gibst? Mir die zwei Körbe, die ich dir bereits gegeben habe, also nicht übel nimmst?"

„Ja, Freund der Götter. Ein dritter Korb wäre allerdings der letzte."

„Dein Angebot ist sehr verlockend. Aber es kommt sehr überraschend. Außerdem kann ich nicht mehr alleine entscheiden. Ich bin nämlich jetzt zu zweit."

„Ja, wir sind zu zweit", mischte sich Saida ein, die inzwischen auch wach geworden war.

„Na und?", fragte Pegasos. „Das Angebot gilt natürlich auch für Saida."

„Trotzdem muss ich dein Angebot erst einmal mit ihr besprechen. Ohne sie gibt es für mich kein Atlantis. Außerdem haben wir ein sehr ernsthaftes Problem. Saidas Vater wurde von Seepiraten entführt. Wir möchten ihn nicht im Stich lassen."

Seltsam, dachte Saida, genau das wollte auch ich gerade sagen.

„Ich weiß um das Schicksal deines Vaters. Sei zuversichtlich, liebe Saida, du wirst ihn bald in die Arme schließen", antwortete Pegasos.

„Etwa in Atlantis?", fragte Saida. „Und wenn nicht, dürften wir dann in unsere Welt zurück, um ihn dort weiter zu suchen?"

Seltsam, dachte Ikaros, genau das wollte auch ich gerade fragen.

„Ich weiß nicht, wo du deinen Vater treffen wirst", antwortete Pegasos, „das haben die Götter zu entscheiden. Ich weiß nur, dass ihr wieder zusammenkommt. Im übrigen ist Atlantis kein Gefängnis. Selbstverständlich könnt ihr Atlantis jederzeit verlassen. Allerdings hat dies bislang noch kein Mensch gewünscht, der das Glück hatte, in das paradiesische Inselreich eingeladen zu werden."

„Bitte gib uns wenigstens bis Sonnenaufgang Zeit", bat Ikaros. „Wir möchten noch einmal nachdenken. Außerdem wollen wir uns von Perdix verabschieden."

„Ihr verlangt viel", antwortete Pegasos. „Begreift ihr denn nicht, dass mein Angebot ein einmaliges Geschenk der Götter ist?"

„Was sind für die Götter schon die paar Stunden bis zum Sonnenaufgang?", erwiderte Ikaros.

„Woher willst du das wissen", sagte Pegasos. „Aber sei's drum. Entscheidet euch bis zum Sonnenaufgang. Mein Angebot endet mit dem ersten Sonnenstrahl. Es endet auch, falls ihr irgendjemanden davon erzählt. Selbst von Perdix dürft ihr euch nicht verabschieden."

Kaum waren seine Worte verklungen, wurde es wieder stockdunkel.

Saida rieb sich die Augen und stieß Ikaros an.

„Habe ich geträumt? Oder war dies soeben tatsächlich Pegasos? Will er uns wirklich nach Atlantis mitnehmen?", fragte sie.

„Es sieht ganz so aus", antwortete Ikaros. „Würdest du denn mit nach Atlantis kommen?"

„Wenn du das möchtest, immer. Möchtest du?"

„Interessieren würde mich der seltsame Inselstaat schon."

„Mich auch", gähnte Saida.

Wenig später waren beide wieder eingeschlafen.

Als Perdix am Morgen den Innenhof betrat, um Ikaros und Saida zum Frühstück abzuholen, waren sie verschwunden.

Epilog

Ich wollte natürlich herausfinden, was mit Ikaros und Saida geschehen ist, insbesondere ob sie Pegasos nach Atlantis gefolgt sind. Meine Recherchen blieben leider vergeblich.

Die Legenden des antiken Griechenlands schweigen insoweit. Und zeitgenössische Niederschriften gibt es nicht. Auch mein Zeitzeuge, der weisse Rabe, hat gepasst. Er hat mir jedoch berichtet, dass er der völlig verzweifelt nach Ikaros und Saida suchenden Perdix erzählt habe, die beiden hätten so überstürzt nach Atlantis aufbrechen müssen, dass sie sich von ihr nicht mehr verabschieden konnten. Sie hätten ihn jedoch gebeten, ihr für die liebevolle Gastfreundlichkeit auf das allerherzlichste zu danken und anzukündigen, dass sie bald in ein dann hoffentlich besseres Athen zurückkehren würden.

Ich meine, für einen Raben war dies eine ausgesprochen menschliche Geste.

Personenverzeichnis

Agluja
Ariadnes schöne Sklavin aus Troja, wurde von den Schergen
des Kreterkönigs Minos zu Tode gefoltert

Aigeus
König von Athen, Vater von Theseus

Aiolos
Gott der Winde

Alara
aus Kreta geflohener nubischer Sklave, älterer Bruder von
Kaschka

Androgeos
Kronprinz von Kreta, Ariadnes Lieblingsbruder, wurde in
Athen in einen Hinterhalt gelockt und ermordet.

Andros
Athener Jüngling, gehört zu den 14 Athener Jünglingen, die
gemeinsam mit Theseus dem Minotauros geopfert werden
sollten

Apollon
Gott der Sonne, des Lichts, der Poesie, der Pest und der
Prophetie, Schutzpatron des Orakels von Delphi

Aristoteles
griechischer Philosoph, 345-325 v. u. Z.

Ariadne
Tochter des Kreterkönigs Minos

Artemis
Göttin der Jagd und des Mondes

Athena
Göttin der Weisheit, der Künste, und der Wissenschaften,
Athens Schutzpatronin

Dädalos
Athener Bildhauer, Erfinder und Baumeister, Vater von
Ikaros, nach der Legende Konstrukteur des weltweit ersten
funktionsfähigen Fluggeräts für Menschen

Dionysos
Gott des Weines, der Trauben, der Freude, der Fruchtbarkeit,
der Ekstase und des Wahnsinns

Ikaros
Athener Jüngling, Sohn von Dädalos

Josua
von Seepiraten entführter phönizischer Kaufmann aus Sidon,
Saidas Vater

Kaschka
aus Kreta geflohener nubischer Sklave, jüngerer Bruder von
Alara

334

Kelios
ehemals Ariadnes Lehrer, von Minos aus Knossos verbannt

Kokalos
König von Sizilien

Koronis
Geliebte des Apollon, von diesem wegen vermeintlicher
Untreue getötet

Minos
tyrannischer König von Kreta

Minotauros
im Labyrinth eingesperrtes menschenfressendes Ungeheuer,
halb Stier halb Mensch, das Produkt einer abartigen
Leidenschaft der Königin von Kreta zu einem Stier.

Pegasos
geheimnisvolles geflügeltes Pferd, auch als Dichterross
bekannt (vgl. Anmerkungen Ziffer 2)

Perdix
Pflegemutter von Ikaros, Dädalos Schwester und Talos
Mutter

Platon
griechischer Philosoph, 428-347 v. u. Z.

Poseidon
Gott des Meeres, der Erdbeben und der Pferde

Saida
attraktives Mädchen aus Sidon in Phönizien, fast schon eine
junge Frau

Sokrates
griechischer Philosoph, 469-399 v. u.Z., Platons Lehrer

Talos
Sohn von Perdix und Jugendfreund von Ikaros

Theseus
Athener Kronprinz, Bezwinger des Minotauros, nach dem Tod
von Aigeus, zwielichtiger König von Athen

Tyche
Göttin des Schicksals

Vassilios
Besitzer einer Schiffswerft auf Naxos, Geschäftsfreund von
Saidas Vater Josua, gewährte Alara und Kaschka Asyl

Anmerkungen

1. **Ikaros fliegt sich frei**, 2. Auflage, tredition 2018, ISBN: 978-3-7469-6392-1; als E-Book, ISBN: 978-7469-6394-5.

2. Nach der griechischen Mythologie war **Pegasos** ein geflügeltes Pferd, das Produkt einer Liebesbeziehung zwischen dem Meeresgott Poseidon und der Gorgone Medusa. Pegasos wurde von den Göttern für besondere Aufgaben eingesetzt. Pegasos ist auch als Dichterross bekannt. Es trägt die Poeten auf dem langen und mühseligen Weg zu den Höhen und Tiefen der Poesie.

3 **Atlantis** ist ein mythisches vor langer Zeit untergegangenes Inselreich, das erstmals von dem griechischen Philosophen Platon (428-347 v. u.Z.) beschrieben wurde. Laut Platon war es ein von Philosophen gelenktes Staatswesen, in dem Weisheit und Gerechtigkeit herrschten. Darüber, ob, wann und wo Atlantis existiert hat, wird heftig gestritten. Rund 25.000 Bücher und Schriften befassen sich mit dem Geheimnis. Unzählige Fach- und Hobby-Archäologen haben an der unterschiedlichsten Orten nach Spuren des Inselreichs gesucht. Bis heute vergeblich.

4. In der Zeit, in der unser Buch spielt, war **Nubien** eine ägyptische Provinz, von den Ägyptern auch Kusch genannt. Es war das Gebiet zu beiden Seiten des Nils, südlich des ersten Nilkatarakts bei Assuan. Bewohnt wurde Nubien von schwarzafrikanischen Nomaden, die von Ackerbau und Viehzucht lebten. Viele Nubier wurden damals Opfer von Sklavenhändlern. Heute ist Nubien der nördliche Teil des Sudans.

5. Die wichtigsten **Götter des antiken Griechenlands** waren die auf dem Olymp thronenden zwölf olympischen Götter. Dies waren: Zeus, der Göttervater; seine Geschwister Hera, Familiengöttin und zugleich seine eifersüchtige Gattin; Poseidon, Gott des Meeres, der Erdbeben und der Pferde; Demeter, Göttin der Erde un der Fruchtbarkeit; Apollon, Gott der Poesie, des Lichts, der Pest und der Prophetie; und Hestia, jungfräuliche Göttin des Herd - und Opferfeuers; sowie seine Kinder Artemis, Göttin der Jagd und des Mondes; Athena, Göttin der Weisheit, der Künste, der Wissenschaften, des Ackerbaus und Schutzpatronin Athens; Ares, Gott des Krieges und der Schlachten; Aphrodite, Göttin der Liebe und Schönheit; Hermes, Gott der Diebe, des Handels und der Reisenden; sowie Hephaistos, Gott der Vulkane, des Feuers, der Schmiedekunst und der Architektur. Neben den olympischen Göttern gab es unzählige andere Götter wie Hades, Gott der Unterwelt; Aiolos, Gott der Winde; Asklepios, Gott der Heilkunst; Morpheus, Gott der Träume; Tyche, Göttin des Schicksals u.v.a.m.

6. Als **Phönizien** bezeichnete man in der griechischen Antike den schmalen Landstreifen an der östlichen Mittelmeerküste, auf dem heute Israel, Libanon und Syrien liegen. Phönizien erstreckte sich von dort im Süden über Tyros, Sidon, Beirut, Byblas und Arwad bis Tartus im Norden. Die Phönizier galten als geschickte Handwerker, raffinierte Händler und kühne Seefahrer, die nach und nach den gesamten südlichen und nördlichen Mittelmeerraum durch Handelsniederlassungen kolonisierten. Wichtigste Exportgüter waren das für den Schiffsbau benötigte Zedernholz aus dem Libanongebirge, Metalle, Erze, Tafelgeschirr, Elfenbeinschnitzereien und mithilfe von Purpurschnecken gefärbte Stoffe.

7. **Dionysos**, der jüngste Sohn von Zeus, der griechische Gott des Weines, der Trauben, der Freude, der Fruchtbarkeit, der Ekstase aber auch des Wahnsinns.
Er galt als Schwarm aller Frauen. Nach der griechischen Mythologie nahm er auf Naxos die kretische Königstochter Ariadne zu Frau und erhob sie zur Göttin.

8. Als **Schierlingsbecher** bezeichnete man in der griechischen Antike einen mit dem giftigen Saft des gefleckten Schierlings gefüllten Becher, den zu Tode Verurteilte trinken mussten. Das Gift des Schierlingssafts führt zum Tod durch Atemlähmung. Es ist ein qualvoller Tod, denn er erfolgt bei vollem Bewusstsein. Das berühmteste Opfer des Schierlingsbecher war der Philosoph Sokrates, der 399 Jahre v. u. Z. wegen Gottlosigkeit und Gefährdung der Jugend zum Tode verurteilt wurde. Sokrates bestritt die Vorwürfe, lehnte Rettungsversuche seiner Anhänger jedoch ab, weil eine Flucht als Schuldeingeständnis hätte gewertet werden können. Die Wahrheit war ihm wichtiger als sein Leben.

9. Das **Panathenäenfest**, oder richtiger, das Fest in Panathenäen, war das größte religiös-politische Fest des antiken Athens. Es wurde jedes vierte Jahr zu Ehren der Athena, Athens Schutzgöttin, gefeiert.

10. Das **Orakel von Delphi** galt im antiken Griechenland als das wichtigste Orakel. Es war Apollon geweiht und wurde vor allen größeren Unternehmungen (z.B. Kriege, Gründung von Kolonien) befragt. Dadurch wurde es zu einem bedeutenden politischen Faktor. Als Medium diente Pythia, eine Priesterin. Vor ihren Weissagungen versetzte sie sich, vermutlich durch Inhalation von ethylenhaltigen Gasen, in Trance. Interpretiert wurde ihre Orakelsprüche dann von einem Oberpriester des Apollon.

11. **Chiton** war das im antiken Griechenland unmittelbar am Körper getragene Unterkleid.

Weitere Bücher des Autors

Ikaros fliegt sich frei
tredition GmbH, 2. Auflage, 2018, ISBN: 978-3-7469-6392-1

Ikaros auf der Suche nach der Wahrheit
tredition GmbH, 1. Auflage, 2017, ISBN: 978-3-7439-3234-0

Mit dem weissen Raben durch die Zeit
Frieling-Verlag, Berlin, ISBN 978–3–8280–2781–7

Der weisse Rabe und das Wunschspiel
Frieling-Verlag, Berlin, ISBN 978–3–8280–3144–9

Der weisse Rabe und die Rettung der Labradore
Frieling-Verlag, Berlin, ISBN 978-3-8280-3140-1

Der weisse Rabe und der Beginn einer Freundschaft
Frieling-Verlag, Berlin, ISBN 978-3-8280-3138-8

Die Bücher sind auch als E-Book erhältlich.

MIX

Papier | Fördert
gute Waldnutzung

FSC® C083411

Zeitfracht Medien GmbH
Ferdinand-Jühlke-Straße 7
99095 Erfurt, Deutschland
produktsicherheit@kolibri360.de